Fig. 2599. — Intérieur d'école. Coupe peinte par Douris (2e revers).

사람들은 저마다 근거를 대며 호메로스 시대에 이미 책이 존재했다고 주장하지만, 실제 두루마리 책은 기원전 500년 이후에나 존재했다고 입증되었다. 그 시대의 병과 접시를 살펴보면 유럽 책의 초창기 역사를 증명하는 장면들을 볼 수 있다. 그리스의 도화가陶畫家 두리스Duris는 기원전 약 480년에 하나의 접시를 완성했는데, 수염을 기른 스승이 두루마리 책을 펼치고 앉아 있으며, 그 앞에 제자가 서 있는 모습을 그렸다. —12쪽

움베르토 에코Umberto Eco는 《장미의 이름Der Name der Rose》에서 중세 초기의 필사실 내부를 자세하게 묘사했다. 그의 소설은 1327년을 배경으로 한다. 이 시대에는 많은 필사실이 운영되었는데, 그 안에서 최대 60여 명의 필사가가 작업했다. 그 외에 낭독자, 편집자, 표제어를 필사하는 사람, 필사본에서 붉게 표시된 문장 서두만 필사하는 사람, 초벌화가 및 필사화가도 있었다. 소설에 묘사된 바와 같이 사람들은 책상과 독서대에서 작업했다. 하지만 이런 기구들은 중세 후반기가 되어서야 필사실에 들어오기 시작했다. ─46쪽

필사화가와 특수 도서 장식화가는 오늘날에도 경탄과 탄성을 자아내는 예술서적을 만들었다. —53쪽

필사실에서 수사들만 작업했던 건 아니다. 수녀들도 작품 보존에 중요한 역할을 수행했다. 무수한 중세 사본 간행 목록과 그림을 포함한 예술적인 내용은 섬세한 여성의 손을 거쳐 나온 것이었다. —57쪽

15세기 도서관의 모습. 당시에는 책을 쇠사슬로 서가에 묶어두기도 했다. 당시의 도서관은 독서를 장려하는 시설이라기보다는 도서를 보존하는 시설로 인식하는 경향이 강했다.

읽지 않는 책들 | 제바스티안 브란트Sebastian Brant가 1494년에 펴낸 《바보배》는 중세 말기의 걸작이다. 유럽 각국의 언어로 번역되어 종교개혁과 르네상스 운동의 도화선이 되기도 했다. 이 책에서 브란트는 15세기 초반의 서적 홍수를 비판한다. 안경이 있어도 연단에 앉아 책만 바라보는 바보는 자기가 읽는 책을 이해하지 못한다.

11세기 중엽부터 13세기 말까지, 250년 동안 대학과 사무실의 건립, 종이의 전파, 사회의 완만한 도시화, 안경 발명 등의 변화를 거치는 사이에 독서에 익숙한 상위층이 생겼다. 이들 덕분에 도서 생산이 눈에 띄게 증가했다. 손으로 필사하는 방법으로는 그 수요를 충족시킬 수 없었다. —65쪽

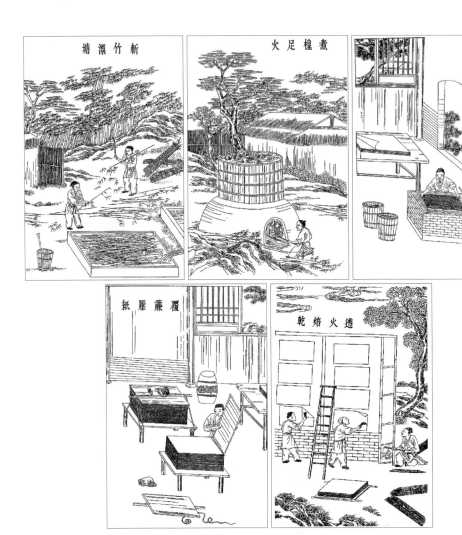

종이를 만드는 다섯 가지 주요 공정을 설명한 명나라 시대의 목판화.

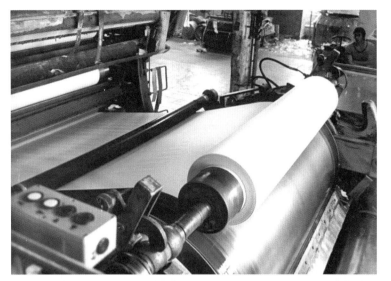

오늘날 자동화 공정으로 종이를 생산하는 모습.

요하네스 구텐베르크Johannes Gutenberg는 도서인쇄나 인쇄술 자체를 고안한 것이 아니라 가동활자를
이용한 인쇄 방식을 발명했다. 이를 활판인쇄술이라고 한다. —77~78쪽

구텐베르크의 발명은 어떤 의미가 있을까? 단순하지만 활자를 이용한 인쇄라는 점에서 그의 천재적인 발명품은 매우 중요하다. 더구나 그는 현존하던 인쇄기술을 활판인쇄에 맞게끔 상당히 많은 부분을 개선했다. 결정적으로 구텐베르크의 독창적인 아이디어는 납, 주석, 안티몬 같은 금속을 최적의 비율로 합금해 다양한 활자를 만들어낸 것이었다. ─82쪽

금속활자를 이용해 인쇄한 구텐베르크 성서 | 다양한 노력 덕분에 오늘날 세상에 남아 있는 《B-42》 중 한 권을 살펴보면, 조화로운 서체, 종이와 인쇄의 질, 그리고 무엇보다도 호화로운 삽화에 누구든 감동할 것이다. ―87쪽

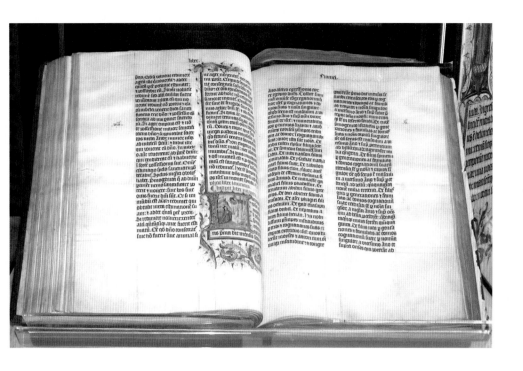

잉글랜드 월트셔 지역 맘스베리 수도원에 전시되어 있는 불가타 성서. 1407년 벨기에에서 제작되었다.

구텐베르크는 불가타Vulgata 성서를 기본 판본으로 삼았는데, 이는 유럽에 광범위하게 유포된 라틴어판 성서였다. —86쪽

공부에 열중인 성聖 히에로니무스. 로마 가톨릭교회의 신학자이자 4대 교부 중 한 사람으로 391년부터 406년까지 성경을 라틴어로 번역했다. '번역된 출판'이라는 뜻의 불가타versio vulgata 성서는 로마 가톨릭교회의 정본이 되었다.

성경을 번역 중인 히에로니무스의 모습. 알브레히트 뒤러의 판화. 뒤러는 르네상스 시기의 미술가로 목판화, 동판화에서 남다른 재능을 보였다.

양피지를 만들고, 종이를 뜨고, 활자를 만들고, 책을 제본하는 모습을 표현한 판화

활판인쇄술이 매체의 역사에 끼친 영향은 엄청나다. 활판인쇄 방식은 책을 찍을 때 판版을 제작해 완벽하게 동일한 내용을 무제한으로 재생산할 수 있었다. 그 시대에는 일반적으로 300~500권을 한 쇄刷로 찍었다. 필경사가 한 권을 제작하는 데 드는 시간의 한 토막만 있어도 수백 부의 책을 생산할 수 있었다. 또한 납 활자는 다른 책을 인쇄하는 데 사용될 수 있었고, 전혀 다른 형태의 활자를 주조하기 위해 다시 용해할 수도 있었다. 이렇게 발전된 인쇄 방식으로 말미암아 단행본의 가격이 급격히 떨어졌다. 독서를 원하는 폭넓은 계층이 손쉽게 책을 구할 수 있었다. 책이 유일한 대중매체가 되는 길이 그 시대에 열렸다. —84쪽

마르틴 루터는 가톨릭교회의 부패와 비리를 비판하는 95개 논조를 독일 비텐베르크에 있는 성곽 교회(슐로스키르헤) 정문에 붙였다.

1521년 프리드리히 선제후의 비호 아래 루터가 라틴어로 된 신약성경을 독일어로 번역한 장소.

"인쇄술은 신이 내린 최고이자 최선의 선물이다. 왜냐하면 신은 이런 수단을 통해 진정한 종교를 세계 끝까지 알리고자 하시며 모든 언어로 전달하고자 하시기 때문이다." 어느 탁상 연설에서 밝힌 루터의 이런 확신은, 그가 자신의 이념을 유포하기 위해 인쇄술에 어떠한 가치를 두고 있었는지를 명확하게 보여준다. 독일어 성경의 발행부수와 관련된 기록은 마르틴 루터가 16세기의 가장 성공한 작가였다는 사실을 증명할 뿐 아니라 종교개혁이 출판물을 타고 바람처럼 빠르게 퍼졌음을 명확히 보여준다.
—113쪽

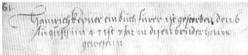

서적행상인 | 근대 서적 거래의 초창기에는 서적상들이 한정된 고객층을 방문했다. 교회, 수도원, 대학을 비롯한 부유한 시민들이 여기에 속한다. 또한 서적상들은 박람회, 시장, 시청, 여관 등 중대한 민원 업무를 처리하는 장소에도 책을 공급했다. 그들은 종종—자발적인 동기였건 혹은 인쇄업자가 부추겼건 간에—여러 인쇄소의 도서를 취급했다. 그들은 행상 무역을 했고, 책을 보호할 목적으로 이를 통, 관, 가죽 가방에 넣어 다녔기에 서적행상인Buchführer이라 불렸다. —99쪽

라이노타이프 │ 가동활자를 생산하던 구텐베르크의 주조 도구가 1838년에 활자 주조기로 대체되어 마침내 금속활자 주조가 자동화되었다. 손으로 활자를 선별하던 식자 방식도 19세기에는 인쇄소에서 거의 사라졌다. 두서너 번의 자동화 시도를 거쳐 1883년에 오트마 메르겐탈러Ottmar Mergenthaler는 라이노타이프를 완성했다. 이로써 기계적인 조판 방식으로 책, 신문, 잡지 등의 간행물을 100년 가까이 찍어냈다. —165쪽

Nachricht.

1) Alle drei Monate wird von der Jubilate-Messe 1812 an ein Band dieses Werks erscheinen, so daß innerhalb zwei Jahren dasselbe wird vollständig seyn.

2) Jeder Band enthält, wie dieser erste, ungefähr 40 bis 44 Bogen.

3) Der Preis jedes Bandes ist 2 Thlr. 12 Gr. im ordinären Ladenpreise.

4) Wer bis zur Erscheinung des zweiten Bandes mit 4 Thlr. beim Empfang des ersten Bandes pränumerirt, erhält für diese vier Thaler die vier ersten Bände. Beim Empfange des vierten wird alsdann wieder mit 4 Thlr. für den fünften bis achten Band pränumerirt.

5) Die Besitzer der ersten Auflage können sich diese zweite, gegen Zurückgabe der ersten von acht Bänden, zu 6 Thlr. verschaffen, von welchen sie 4 Thlr. beim Empfang des ersten Bandes pränumeriren, und den Rest mit der Zurückgabe des ersten Werks beim Empfange des vierten Bandes.

6) Durch alle Buchhandlungen kann dieses Werk zu diesen Bedingungen bezogen werden.

7) Die Buchhandlungen und Privat-Personen, welche Exemplare dieses Werks zu dem Pränumerations-Preise beziehen wollen, werden ersucht, mit der Ordre, entweder sogleich das Geld baar oder pr. Anweisung einzusenden, oder doch zu bemerken, wo man in Leipzig bei der Ablieferung den Betrag erheben könne, indem sonst keine Absendung erfolgen kann.

Conversations-Lexicon

oder

Hand-Wörterbuch

für

die gebildeten Stände

über die

in der gesellschaftlichen Unterhaltung und bei der Lectüre

vorkommenden

Gegenstände, Namen und Begriffe

in Beziehung

auf Völker- und Menschengeschichte; Politik und Diplomatik; Mythologie und Archäologie; Erd-, Natur-, Gewerb- und Handlungs-Kunde; die schönen Künste und Wissenschaften;

mit Einschluß

der in die Umgangssprache übergegangenen ausländischen Wörter

und

mit besonderer Rücksicht

auf die

älteren und neuesten merkwürdigen Zeitereignisse.

In 8 Bänden.

Erster Band.

A bis Comparativ.

Zweite, ganz umgearbeitete Auflage.

Leipzig, 1812.

Im Verlage des Kunst- und Industrie-Comptoirs von Amsterdam.

1912년판 《화담용 백과사전》 | 출판사는 사람들의 욕구에 맞춰 출간을 기획해 사람들의 교육 욕구와 그들의 관심에 부응했다. 예를 들어 프리드리히 아르놀트 브로크하우스Friedrich Arnold Brockhaus (1772∼1832)는 1806년에 《화담용 백과사전Conversationslexikon》을 처음으로 6권짜리 판본으로 발간했다. —170쪽

1605년에 출간된 《돈키호테》 초판 표지 | 1863년에 귀스타브 도레가 작업한 세르반테스의 《돈키호테》 판화작품은 생생한 묘사력으로 극찬을 받았다. 반 고흐는 도레를 최고의 민중화가로 칭송했다.

1605년 미구엘 데 세르반테스(1547~1616)는 풍자소설 《돈키호테》의 첫 부분을 발간했다. …… 많은 사람이 그의 소설을 기다리는 가운데 오늘날까지 정체가 알려지지 않은 사람이 1614년에 알론소 페르난데스 데 아벨라네다Alonso Fernández de Avellaneda라는 필명으로 세르반테스의 연재소설을 펴냈다. 스페인 독자들은 이 작품의 작가가 세르반테스가 아니라는 사실을 알고 있었다. 그럼에도 판권이 없는 이 연재물은 세르반테스의 소설처럼 엄청나게 판매되었다. ―239~240쪽

근래 국제적으로 알려진 표절 논란이 허다하다. 그중에서 특히 다양한 매체에서 엄청난 주목을 받은 네 가지 가건이 있다. 파트리크 쥐스킨트Patrick Süskind의 《향수Das Parfum》(1985), 댄 브라운Dan Brown의 스릴러물 《신성모독Sakrileg》(2003), 프랑크 쉐칭Frank Schätzing의 베스트셀러 《변종Der Schwarm》(2004), 안드레아 마리아 셴켈Andrea Maria Schenkel의 추리물 《살인의 마을 탄뇌드》(2006)가 그것이다. 이런 사건을 보면 표절 시비에서 무엇이 중요한지가 명확해지는데, 그것은 바로 돈이었다. —258쪽

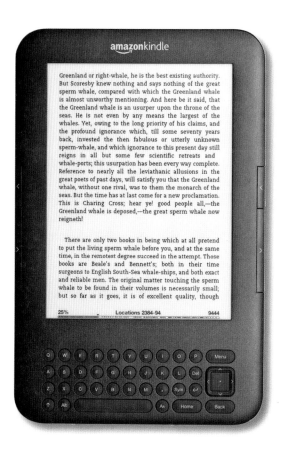

아마존은 2007년 10월에 전자책E-book을 읽는 새로운 기계인 킨들Kindle로 또 한 번 새로운 세계적인 유행의 출발 신호를 알렸다. —232쪽

구텐베르크시대의활판인쇄기는 새로운 매체의 기술적인 가능성을 인식하고 사용될 때까지 수십 년이 걸렸다. 그 이후 비로소 표지, 본문, 단순한 목판, 컬러판 인쇄기술이 도입되었다. 하지만 이런 과정은 전자책에서는 광속으로 완수된다. 텍스트, 이미지, 문서, 웹 링크, 비디오, 오디오 등 생각할 수 있는 모든 기술이 전자책에 사용된다. 새로운 매체는 이제 막 시작되었으나 엄청나게 방대한 복잡성, 기능성, 편리성을 지닌 하나의 생산품으로 거듭났다. —304쪽

구글 북스 라이브러리 프로젝트 | 2004년 구글은 과거에 발간된 모든 책을 디지털화하겠다는 목표와 함께 미국 주요 도서관의 장서를 스캔하기 시작했다. 그사이 유럽 도서관도 이 프로젝트에 참여했고, 독일에서는 바이에른 주립도서관이 참여했다. 이로써 약 700만 권의 책이 구글 온라인 도서관 장서가 되었다. …… 구글은 가장 거대한 도서관의 사서이자 글로벌 서적상이 될 것이다. 그리고 "전 세계의 정보를 체계화하여 모두가 편리하게 이용할 수 있도록 하는" 목표에 근접하게 될 것이다. 그것이 우리 모두의 복지를 위해서인지는 두고 봐야 할 것 같다. —320~324쪽

책의 문화사

책의 문화사

우리는 어떻게 책을 쓰고 읽고 소비하는가?

데틀레프 블룸 지음 | 정일주 옮김

생각비행

차례

시인의 평범함은 경멸받는다.
사람들도, 신들도 평범함을 허용하지 않는다.
서점의 광고 전단조차도.

― 호라티우스Horatius (기원전 65～서기 8)

평균치는 모든 사물의 척도다.

―20세기 격언

태초에 책이 있었다
———

고대 애서가의 거래와
표절 송사

《사자死者의 서書》, 영웅서사시와 글 쓰는 노예에 대해

약 4500년 전, 이집트 사람들은 무덤에 문학작품을 함께 묻어주었다. 주술문은 방부처리가 된 시신, 즉 망자亡者가 저세상으로 가는 길을 닦아주고, 죽은 이들의 왕국에서 길잡이가 되어준다. 이집트인들은 죽어 영생永生으로 나아가는 길은 악마가 조작한 위험한 여정이라고 생각했다. 수많은 장소와 무수한 시험을 거치며 망자의 영혼은 사라질 수도 있다. 이때 《사자의 서》는 영생에 도달하기 위한 여행의 안내자였고, 이 책 없이 망자는 영생을 누릴 수 없었다.

이집트 고왕조 시대에는 찬란하게 꾸민 무덤의 벽에 《사자의 서》에 있는 주문呪文을 새겼다. 이 시대에는 오직 파라오들만 주문의 도움을 받아 영생의 길을 찾을 수 있었다. 중왕조 시대인 기원전 2000년부터는 석관의 안쪽 면에 이 주문을 넣었다. 그로 인해 이제 파라오 가족과 왕궁의 고위 공직자도 영생으로 가는 길을 찾을 수 있었다. 신왕조 시대인 기원전 1500년부터 사제가 《사자의 서》를 파피루스 두루마리 형태로 완성하여 죽은 자의 무덤에 두었다. 이 때 비로소 파라오와 고위 공직자뿐 아니라 모든 망자에게 사자死者의 왕국에서 영생으로 나아갈 가능성이 열렸다.

파피루스로 만든 가장 화려한 《사자의 서》는 파라오의 서기관인 아미Ami의 무덤에서 나왔다. 기원전 1250년에 만든 것으로 추정하는 이 책은 현재 대영박물관에 보관되어 있다. 이 무렵부터 사제는 《사자의 서》를 다량으로 생산했는데, 요즘처럼 한 번에 몇천 부씩 만들기도 했다. 이렇게 미리 만들어둔 책에는 망자의 이름을 넣을 수 있도록 공간을 비워두었다. 또한 지위가 높은 사람들을 위한 책에는 비용이 많이 드는 삽화를 넣었다. 이런 사치 비용은 이집트 최고위층 공무원의 반년치 월급보다 많이 들었다.

이처럼 당시 이집트에서 《사자의 서》는 사제들이 만들어서 파는 물건이었다. 지금까지 발견된 역사 기록 중에 책을 거래한 것으로는 《사자의 서》가 처음이다.

유럽 도서문화의 기원을 말하려면 호메로스Homeros라는 이름으로 시작해야 한다. 그는 고대 최초의 작가이자, 유명한 시인일 뿐 아니라, 새로운 시대를 여는 상징적인 인물이기도 하다. 기원전 8세기에 그가 작품을 쓸 무렵, 입으로 전해지던 이야기를 문자로 기록하는 형식이 생기기 시작했다. 《일리아스Illias》와 《오디세이Odyssee》는 서양 문학에서 가장 오래된 작품이다. 이와 더불어 전승문학傳承文學에도 근본적인 변화가 일어났다. 이야기를 들려주는 사람이 리라를 든 가수에서 한 손에 지팡이를 든 음유시인으로 바뀌었다. 그뿐 아니라 유럽 정신사의 여명기에는 구술로 전승되던 영웅서사시에서 문자로 기록되는 시문학으로 넘어가는 과도기가 뚜렷하게 나타난다. 이 순간을 유럽 역사 최초의 매체 혁명이라 부를 수 있다. 그 결과 문자 기억과 신체 기억이 나뉘었다. 인류는 이전까지 돌, 점토 조각, 나무나 동물 가죽에 글을 썼다. 하지만 파피루스 두루마리를 사용하면서 비로소 복잡한 내용의 문맥을 문자로 기록할 수 있게 되었다. 그때부터 구술 전승은 문자로 적힌 책에 그 자리를 내준다. 비로소 제대로 된 의미의 책이 탄생한 것이다. 말로 전하는 방법이 아닌 문자를 기록하는 새로운 방식에는 확실한 장점이 있었다. 문학 창작물은 집필자가 나름의 형식을 갖춰서 쓰기 때문에 동시대인과 후대인들이 모두 같은 글을 읽는다. 예전에는 가수나 음유시인이 내용을 빼거나 덧붙이거나 아예 바꿔버릴 수도 있었지만, 책은 원본에 충실하게 (만약 필사본이 잘못된 게 아니라면) 내용을 재생산할 수 있고, 시간에 관계없이 언제든 읽을 수 있다. 문학의 향유자가 청자에서 독자로 바뀌면서, 독자는 작품에 대한 시·공간적 제약에서 벗어나게 되었다. 사람들은 그 내용을 쉽게 퍼뜨리고—우선은 협소한 범위에서라도—상업적으로 이용할 수도 있었다.

무엇보다도 매체혁명의 특징적 현상이 보인다. 첫째, 동일한 내용이 아무런 변형 없이 새로운 매체로 옮겨진다는 점이다. 둘째, 새로운 매체의 내용·형식적 가능성이 드러난다.

예를 들면, 호메로스의 영웅서사시가 문자로 적힐 때 구술문학의 운율 구조는 서술문학의 행^{行}으로 바뀐다. 전승된 텍스트는 구술문학처럼 화자에 따라 변형되지 않고, 저자가 고안했던 원래 형태 그대로 기록된다. 서정시 운율형식에서부터 산문이라는 서술형식이 발전한다. 늘 그렇듯, 사람들은 변화가 일어나고 어느 정도 시간이 흐른 뒤에야 그것이 어떤 변화였는지를 알아차리기 시작한다. 듣는 문학에서 읽는 문학으로 매체가 바뀐 이 혁명적인 변화에서도 마찬가지였다. 저자는 작품을 문자로 기록함으로써 작품의 최종 형태를 확정할 수 있지만, 이로 인해 자신의 지적 재산물인 작품을 도용하는 행위로부터 보호받지 못했다. 누군가 필사본을 하나씩 만들 때마다 저자가 일일이 추적할 수도 없는 일이었다. 또 필사한 사람이 의도했거나 혹은 무신경하거나 실수 때문에 작품의 내용이 바뀔 수도 있었다. 마찬가지로 누군가 어떤 작품을 자기가 쓴 것이라고 내놓아도 막을 수 없었다. 설사 저작권 도용에 대해 전해 들었다 한들 그 시대에는 먼 곳에서 벌어지는 사건에 일일이 대응할 수 없었다. 통신과 교통수단이 발달하지 않았기 때문이다.

책이 등장한 지 얼마 되지 않은 이 시대에 벌써 다른 이의 저작권을 도용한 흥미로운 사건이 보고되었다. 전하는 이야기로는, 포카이아^{Phokaia}의 유명한 시인 테스토리데스^{Thestorides}는 호메로스를 만나 한 가지 제안을 했다. 작품을 기록한 문서를 자기에게 넘겨준다면, 여행 경비를 대겠다는 얘기였다. 호메로스는 금전적인 이유로 이 제안에 귀가 솔깃했을 것이다. 호메로스가 떠나자 테스토리데스는 키오스Chios로 옮겨가, 그곳에 학교를 설립하고 호메로스의 작품을 마치 자기 것인 양 강의했다. 이렇게 해서 그는 부와 명성을 얻었다고 한다. 나중에 호메로스가 소식을 전해 듣고, 사기꾼을 처리하기 위해 키오스로 향했다. 그러나 테스토리데스는 호메로스가 온다는 소식을 듣고 다른 섬으로 도망쳤다고 한다.

후대에 문자로 기록된 이 이야기에서 두 가지 재미있는 사실을 발견할 수 있다. 첫째, 이 이야기에는 진짜 저작권자 앞에서 도망친 표절자 테스토리데스의 죄책감이 포함되어 있다. 둘째, 전승된 이 이야기는 저작권 강탈을 도덕적으로 비난한 가장 오래된 사례임에 틀림없다. 우리는 기원전 6세기에 이러한 불법적인 생각과 다시 한 번 마주친다. 그때쯤이면 분명 아이소포스Aisopos*의 우화가 널리 알려졌을 것이다. 아이소포스의 삶은 호메로스만큼이나 전설적이다. 그럼에도 우화 창시자의 작품은 논쟁할 필요도 없이 세계문학의 정전正典에 속한다. 1765년 고트홀트 에프라임 레싱Gotthold Ephraim Lessing은 허영심 많은 까마귀에 대한 이솝 우화(원제: 낯선 깃털을 단 까마귀)를 다음과 같이 재구성했다.

"거만한 까마귀는 화려한 공작에게서 떨어진 깃털로 자신을 치

---

* 흔히 영어식 이름 이솝Aesop으로 알려진, 기원전 6세기경 이야기꾼. 사모스 섬에 사는 이아드몬의 노예였다가 자유인이 되어 각지를 떠돌며 수많은 이야기를 남겼다. 《이솝 우화》로 지금까지 전해지는 작품 전부를 그가 지은 것은 아니며, 반기독교적이거나 반도덕적인 내용은 일부 소실되거나 각색되기도 했을 것으로 추정한다.

장하고, 이만하면 충분하다고 믿는 듯, 대범하게 주노^{Juno} 신의 휘황찬란한 새들 사이로 섞여 들어갔다. 그는 곧바로 주목을 끌었다. 그러자 뾰족한 부리를 가진 공작새가 까마귀의 거짓된 화려함을 벗겨내려고 재빨리 달려들었다."

이 우화는 문학사에서 늘상 저작권 강탈과 관련해 인용된다.

❦

사람들은 저마다 근거를 대며 호메로스 시대에 이미 책이 존재했다고 주장하지만, 실제 두루마리 책은 기원전 500년 이후에나 존재했다고 입증되었다. 그 시대의 병과 접시를 살펴보면 유럽 책의 초창기 역사를 증명하는 장면들을 볼 수 있다. 그리스의 도화가^{陶畵家} 두리스^{Duris}는 기원전 약 480년에 하나의 접시를 완성했는데, 수염을 기른 스승이 두루마리 책을 펼치고 앉아 있으며, 그 앞에 제자가 서 있는 모습을 그렸다.

이 시기에는 책의 발명에 대해 여러 가지 비판이 있었다. 초기 문자 문화에 대한 가장 유명한 비판은 소크라테스^{Sokrates}(기원전 469~399)의 입에서 나왔다. 그의 제자인 플라톤^{Platon}은 〈파이드로스^{Phaidros}〉에 소크라테스의 말을 기록했다. "이런 (글쓰기라는) 발명품은 기억하는 데 소홀하게 만들어 배우는 자를 오히려 쉽게 망각으로 이끕니다. 왜냐하면 그들은 즉각 기억하려 하지 않고, 외부에 있는 낯선 기호를 매개로만 기억하기 때문이지요." 소크라테스는 기억력이 약화되는 것 이외에도 독자가 책을 읽고 그 내용을 다 알고 있다고 생각해 거만해진다고 비판하기도 한다. 철학자인 발터

12

크리스토프 침머리 Walther Christoph Zimmerli는 이에 대해, "플라톤은 이런 (글쓰기)기술을 비판했지만, 그는 이를 기록했다. 그는 문자를 이용하면서 이를 비판하고 있다"고 언급했다.

하지만 소크라테스의 이의 제기로 새로운 전달 방식을 막을 수는 없었다. 당시에 책을 베끼는 일은 특별히 교육받은 노예들에 의해 이루어졌다. 기원전 350년경 그리스에서는 '속기술'을 사용해 책을 필사하는 시간을 반으로 줄였다. 비극작가 에우리피데스 Euripides(기원전 480~406)가 자신을 글 쓰는 노예로 여겼다는 이야기는 유명하다. 그는 많은 책을 소유한 최초의 인물이었다. 덧붙이자면 그 시대 그리스에서 기업형 도서 거래에 관한 증거도 나타난다. 유폴리스 Eupolis(기원전 446~411)는 도서를 팔기 위해 특정 장소에 자리 잡은 서점에 대해 언급한다. 유폴리스와 동시대 사람인 아리스토메네스 Aristomenes와 니코폰 Nikophon은 '도서 판매자'라는 직업을 언급하기도 했다. 아리스토파네스는 기원전 414년에 상연한 〈새 Die Vögel〉라는 희극에 아테네 사람들이 아침을 먹은 뒤 바로 "책을 향해 서둘렀다"는 표현을 썼다. 고고학자들의 의견을 따르면, 이는 교육받은 아테네인이 신간을 살펴보고 토론하기 위해 아침에 도서 판매자를 찾아가곤 했다는 표현으로 이해할 수 있다.

신들의 대변인은 저작권을 알지 못했다

기원전 720년경 그리스 식민지 이주민들은 타란토 Taranto 만에 시바리스^{Sybaris}라는 도시를 세웠다. 이 도시는 급성장하여 이탈리아에서 가장 거대한 폴리스가 되었다. 시바리스 사람들은 남부 이탈리아에서 가장 비옥한 땅을 경작했고, 25개의 식민지를 거느리면서, 무역으로 거대한 부를 축적했다. 하지만 그들은 곧 거만해졌다. 시바리스인은 눈부신 태양을 피하기 위해 거리를 천으로 덮고, 귀족 통치자들의 거주 지역에는 소음이 나는 수공업을 금하고 닭을 기르지 못하게 했다. 귀족들이 방해받지 않고 잠을 잘 수 있도록 한 조치였다. 또한 새로운 사치품을 발명하기 위해 상금을 걸기도 했고, 여자들은 진홍색이나 사프란 노랑으로 염색한, 밀레토스산 최고급 면으로 옷을 지어 입었다. 옷에 달린 장식용 자수는 기교가 뛰어나고 화려했다. 아리스토텔레스^{Aristoteles}는 귀족의 사치스러운 외투를 자세하게 묘사하기도 했는데, 이 외투는 시라쿠스^{Syrakus}의 전제군주인 디오니시오스^{Dionysios}가 하사한 것이었다.

시바리스인들은 화려하고 사치스러운 생활양식 때문에 평판이 좋지 않았다. 시바리스인들의 생활양식을 표현하는 시바리즘^{Sybarism}은 오늘날 폭음폭식과 향락욕을 나타내는 단어다. 그들은 훌륭한 식사에 대한 욕구가 강했다. 귀족들의 다른 사치스러운 태도보다도 훨씬 강했다. 요리사가 최대한 맛있는 식사를 발명하게끔 시바리스인들은 법률조항을 만들기도 했다. 그리스 문법학자인 나우크라티스의 아테나이오스^{Athenaios}는 자신의 주저 《학자의 향응^{Das Gastmahl der Gelehrten}》에 이렇게 썼다. "어떤 요리사가 훌륭한 요리를 개발하면 1년간 다른 사람은 이 요리를 활용할 수 없었다. 요리를 개발한 사람 이외에 그 누구에게도 허용되지 않았다. 오직 개발자

만이 이 기간에 자신의 요리로 영업 이익을 볼 수 있었다. 이 때문에 다른 사람들은 전력을 다해 개발품을 뛰어넘으려고 노력했다." 이 법조항은 지금까지 우리에게 알려진 역사상 최초의 저작권 규칙이다.

이제 이 전승 기록의 진위 여부에 대해 근거 있는 이의 제기가 전문 분야에서 나타났다는 사실을 언급해야 할 것 같다. 아테나이오스는 저작권 규정을 언급한 유일한 고대 작가이지만 시바리스가 몰락한 지 1000년 즈음 세상에 태어났기에 그의 서술은 그리 믿을 만한 것은 아니다. 하지만 진위와 상관없이(결론은 아직 유보된 상태다) 서기 2세기에 살았던 역사기술자歷史記述者 아테나이오스는 저작권 보호라는 법률적인 사고를 고대시대에 도입했다.

고대 세계에는 저작물에 대한 성문화된 법률, 저작권과 판권 및 저자 원고료가 없었다. 소유권은 대상화된 작품, 말하자면 책 혹은 두루마리에 적용할 수 있을 뿐 내용에는 적용되지 않았다. 따라서 누구든 내용을 베껴 쓰고 바꿀 수 있었다. 저자들이 원고를 세상에 내놓으면 필사본이 제작되어 내용이 수정되거나 변조될 위험이 있었다. 그리스와 로마 작가들 또한 이런 위험에 주의를 기울였다.

고대 그리스에서 예술가는 작품의 창조자로 간주되지 않았다. 오히려 그들은 신들이 선택한 대변인으로서 존경을 받았다. 사람들은 창작의 과정을 발명, 지각, 받아들임의 일종으로 평가했다. 이 때문에 호메로스는 《오디세이》에서 음유시인이라 언급되는 작가의 존재에 관해 이렇게 기록했다. "뮤즈가 음유시인에게 고귀한 노래를 가르치고, 그를 관리한다." 플라톤한테서도 이러한 견해를 발견할 수 있다. 초기 대화편인 《이온^Ion》에서 소크라테스는 플라톤에게 형이상학적인 시학론의 종류에 대해 강연한다. "그도 그럴 것이 시인 티니코스^Tynnichos를 보면 신들은 우리에게 아주 제대로 다음과 같은 사실을 보여주는 것 같다. …… 이런 아름다운 시들은 인간적인 것도, 인간이 만든 것도 아니다. 신적인 것이요, 신들이 만든 것이니, 시인은 신의 대변인일 뿐이다."

작가는 산문과 희극, 시와 비극, 철학적이며 과학적인 출판물을 통해 명성과 존경을 얻었고, 물질적인 가치도 얻을 수 있었다. 고대 작가들은 대부분 부유했다. 일부 작가는 도시에서 제후나 부유한 상인들이 제공하는 후원금으로 살았다. 하지만 오늘날의 의미로 원고료에 해당하는 돈은 없었다. 뛰어나고 명석한 사람들을 위한 사적, 공적 지원이 있었을 뿐이었다. 앞서 살펴봤듯이 작품의 내용에 대한 저작권이 없었기 때문에 사람들은 표절과 위조를 자행했고, 간혹 그에 대한 논쟁이 일어나기도 했다. 저작권에 대한 법률적인 규약은 없었지만, 창작의 결과가 작가에게 귀속된다는 윤리적인 지각은 확실히 존재했다. 타인이 작가의 작품을 위조하거나 자신의 것이라고 사칭하는 행위에 대한 시샘 어린 각성도 있었다.

일반적으로 사람들은 고대 그리스 시인이라고 하면 사이프러스*로 울타리를 친 지방의 저택 혹은 지중해 해안가에 홀로 살면서, 완

*　측백나무과에 속하는 상록 침엽교목. 아시아, 유럽, 북아메리카 온화한 기후대에 널리 분포한다.

벽한 운율과 기발한 단어 조합을 만들기 위해 노력하고, 언제나 초월적인 이상을 구현하는 고귀한 정신의 소유자로 생각하는 경향이 있다. 하지만 현실은 확연히 다르다. 우리는 문학사에서 중요한 최초의 표절 논쟁에 대해 모호한 정보를 가지고 있을 뿐이지만, 이런 단편적인 자료를 통해 그리스 작가들 사이에서 치열한 각축전이 벌어졌음을 예상할 수 있다.

아티스 희극문학의 전성기(지금으로부터 약 2500년 전)에는 레나이온Lenäen과 디오니소스Dionysien 축제*가 거대한 연극제와 더불어 열렸다. 이 축제에서 상을 받으면 유명세와 명예, 부, 청중의 호감 등을 얻을 수 있었다. 따라서 고대 그리스의 시인들 사이에서 경쟁이 치열했다. 이 시기에 문학사에서 의미 있는 최초의 표절 논쟁이 발생했다는 사실은 우연이 아니다.

아리스토파네스Aristophanes는 당대 문학 분야의 초대형 스타로, 오늘날까지 그리스 문학사에서 높은 순위를 차지하고 있는 몇 안 되는 사람 중 하나다. 그는 기원전 448년 아테네에서 태어나 18세의 나이로 희곡작가가 되는 교육을 받기 시작했다. 3년도 안 되어 그는 〈연회형제Die Schmausbrüder〉라는 희극으로 디오니소스 축제에서 2위를 차지했다. 이 시기에 아리스토파네스는 동년배와 다름없는

---

* 레나이온은 디오니소스 신을 기리는 그리스의 연극축제다. 원래는 아테네 아고라에 있는 디오니소스 레나이오스Dionysos Lenaios라는 신성한 지역, 레나이온에서 시작되었고, 기원전 5세기 중엽에는 아크로폴리스 남동쪽 비탈에 있는 디오니소스 극장에서 열렸다. 축제 기간은 디오니소스제와는 달리 1월과 2월에 3일 정도였고, 희극이 중점적으로 상연되었다. 희극은 다섯 편, 비극은 기껏해야 두 편이 상연되었다. 풍자극은 제외되었다. 디오니소스 축제는 해마다 3월과 4월에 총 8간 열렸다.

유폴리스Eupolis와 끈끈한 우정을 유지하고 있었다. 그는 아리스토파네스와 마찬가지로 젊은 시절에 성공한 희곡작가로서 위상을 굳히고 있었다. 그러나 두 사람의 우정은 오래가지 못했다.

기원전 423년 디오니소스 축제에서 오늘날에도 중요하다고 간주되는 아리스토파네스의 희극 〈구름Die Wolken〉이 초연되었다. 그는 기원전 421~417년 사이에 희극을 수정·보완하면서 1장 부분에서 그리스 희극에서 중요한 합창단의 여단장에게 다음과 같은 말하게 했다. "아테네인들이여, 내가 그대들에게 자유로이 진실을 말하도록 허락해주오./ 나를 키웠던 디오니소스를 걸고 하는 숨김없는 진실이오!/ 나는 오늘 기예의 거장으로서 상을 원하오./ 내가 그대들의 감식안을 토대로만./ 그리고 내가 최고로 여겼던 희곡을 토대로만 작품을 지었다는 점은 사실이니 믿어주시오./ 내가 그대들에게 이 연극을 맛보기로 제공했을 때, 진정 나는 최대한의 노력을 기울였다오!/ 그럼에도 사람들은 나보다 서투른 젊은이를 더 좋아하는구려./ 이런 부당함을 나는 현명한 전문가인 그대들에게 하소연하오. 그대들을 위해 나는 전력을 다했소." 이런 내용은 아테네 사람들보다 매년 열리는 축제 기간에 상을 결정하는 심사위원을 향한 것이었다. 아리스토파네스는 가리지 않고 다양한 동시대인을 조롱한 다음 솔직하게 예전의 친구도 공격했다. "유폴리스, 그가 〈마리카스Marikas〉를 끌고 들어오는구려./ 창피하기도 하지! 옷을 뒤집어 입다니! 내 〈기사Die Ritter〉를 어리석게 망쳐놓다니!" 이와 관련해서 아리스토파네스는 자기의 구상을 "흉내냈다"며 유폴리스와 다른 희곡작가들을 비난하면서 합창단장의 낭독을 이렇게 끝낸다. "아니오, 나는 그러한 서투른 자를 비웃는 사람들의 박수를 원하는 게 아니오./ 하지만 내 뮤즈의 재치 있는 유희가 그대들을 즐겁게 한다면/ 그대들은 영원히 미적감각을 지닌 사람처럼 보인다오."

아리스토파네스의 비난이 어디에서 유래하는가라는 질문에 대한 답은 유감스럽게도 상세히 알 수 없다. 원전이 불완전한 상태이기 때문이다. 아마도 유폴리스가 아리스토파네스에게 희곡의 소재를 넘겨주었고, 그는 그 소재를 희곡에 활용하여 기원전 424년 레나이온 연극축제에서 최초로 상을 거머쥐었다. 유폴리스가 이런 사실을 희곡 〈바프타이Baptei〉에서 주장했고, 이런 주제를 자신의 희곡 〈마리카스〉에서 전개해도 된다는 권리를 유추해낸 것 같다. 이는 아마도 아리스토파네스가 자기의 생각을 각색해 성공을 거두자 이를 시기해서 벌어진 일인 듯하다.

도서 거래의 변화: 알렉산드리아Alexandria 도서관 건립

최초의 도서관 건립에 대해 알아보기 전에, 고대 그리스의 도서 거래 역사에 관해 다시 한 번 주의를 환기시켜야 할 것 같다. 늦어도 기원전 399년에 서점은 유명한 장소에 존재했다. 다시 말하자면 아크로폴리스Akropolis와 아레오파고스Areopags 언덕 사이에 오케스트라Orchestra라고 불리는 원형경기장 근처에 있었다. 크세노폰Xenophon(기원전 426~355)은 자신이 쓴 《소크라테스의 회상Memorabilien》이란 책에서, 소크라테스가 《변명》에 서점에서 철학서를 싼 값에 살 수 있다고 언급했다고 전한다. 크세노폰은 살미데수스^{Salmydessus} 근방 트라키아^{Thrakia} 해안에서 선박 사고가 일어났고, 그때 좌초된 선박의 화물 중에 책이 많이 있었다는 사실도 알려준다. 이는 아테네인과 그리스 식민지 주민들이 책을 가지고 장거리 무역을 했다는 증거다.

플라톤의 제자인 헤르모도로스^{Hermodoros}는 기원전 4세기 중엽에 스승의 저서를 시칠리아에 판매해 명성을 얻었다. 플라톤의 저작은 대체로 잘 팔리는 상품이었다. 아티카^{Attika}의 서적상은 인기 있는 작품을 그리스 언어권 전역에 공급했다. 이 시대에는 책을 대중에게 팔기 위해 이곳저곳으로 돌아다니는 외판 서적상도 있었다. 그들은 중간 상인으로 일하면서 현장에서 동료들에게 책을 배달했을 것이다.

꽃무늬 장식

고대 그리스의 도서관 업무는 기원전 5세기에 시작되었다고 한다. 앞서 언급한 나우크라티스의 아테나이오스는, 사모스 섬의 폴리크라테스^{Polykrates}와 아테네의 페이시스트라토스^{Peisistratos}가 도서관을 설립했다고 전한다. 그 당시 최초의 기업형 도서 거래에 관한 증거들이 있기에, 도서관과 서점의 발전 사이에 밀접한 연관이 있다고 추측할 수 있다. 이는 알렉산드리아의 도서관 건립에서 명확해진다.

사서(司書)의 초대형 프로젝트는 기원전 3세기 초에 착수되었다. 이집트 프톨레마이오스 1세^{Ptolemaios I}(기원전 305~282)의 통치 아래 알렉산드리아에는 그리스를 모범으로 하여 대규모 학술원인 무세이온^{Museoin}이 생겼다. 학술원의 중심은 당대의 중요한 책들을 모아 놓은 도서관이었다. 도서관은 국제적으로 연결된 서적상 덕분에 탄생할 수 있었다. 그들은 파피루스 두루마리를 도서관에 공급했다. 서적상은 도서관과의 계약으로 이득을 얻으며 지속적으로 성장했다.

알렉산드리아 대도서관 사서는 특별한 방식으로 대출 업무를 보았다. 아테네 사람들은 기원전 330년경에 제작된 국립문서보관소의 도서, 말하자면 아이스킬로스^{Aischylos}, 소포클레스^{Sopokles}와 에우리피데스 같은 희곡작가들의 책을 필사하기 위해서 담보물을 걸고 대출했다고 한다. 도서관의 반납 독촉이 심해지면 사람들은 필사본을 반납했다. 도서관은 이를 조정하기 위해 보증 상환금을 포기했다. 희귀한 책을 찾기 위해 항구에 들어오는 배를 수색했다는 보고도 있다. 희귀 도서는 압수한 다음에 필사본만 돌려주었다. 하지만 앞서 말했듯이 도서관은 주로 서적상을 통해 책을 구입했다.

도서관의 장서량에 관한 진술은 제각각이다. 2세기 라틴어 작가인 아우루스 겔리우스^{Aulus Gellius}의 진술이 신뢰할 만하다고 보는데, 그는 70만 개의 두루마리가 있다고 추정한다. 오늘날 책으로 환산하면 이는 중간 두께의 책으로 약 12만 권에 맞먹는다. 실로 그 당시 책이라고 생각하기에는 상상할 수 없는 엄청난 양이다. 유럽 대륙에서 각종 분야의 책들이 수합되었고, '이방' 언어로 된 책들은 특별히 그리스어로 번역되었다. 무세이온에서 연구하는 학자들은 프톨레마이오스 왕이 친히 지명했다. 그들은 무료로 숙식하며 세금이 면제된 봉급을 받았다. 그들의 주요 업무는 책을 조달하고 도서 목록을 만들고, 다양한 판본들을 검토하여 원작을 재구성하는 것이었다. 그들의 작업은 고전 문헌학의 기틀을 세우며 고대의 문헌들이 잊히지 않도록 보호했다.

오랫동안 사람들은 알렉산드리아 도서관이 기원전 48년에 카이사르Caesar 때문에 불길에 휩싸였다고 알고 있지만 하지만 새로운 연구에 의하면 이 화재로 큰 항아리 옆에 외부잡지 한 권만 소실되었다고 한다. 도서관의 주요 장서는 3세기 말경에 대부분 유실되었다고 한다. 서고에 있던 4만 개 이상의 두루마리가 소실됨으로써 결국 알렉산드리아 도서관은 391년에 영원히 사라졌다. 380년에 세례를 받은 로마 황제 테오도시우스 1세Theodosius I는 앞서 이교도의 숭배와 신전에 대한 칙령을 공표했는데, 이에 의해 도서관은 희생물이 되었다.

이런 사실을 보면, 알렉산드리아 도서관은 주문자로서 거의 700년간 국제적인 서적 거래상 네트워크로부터 이익을 보면서 도서 거래의 확장과 발전을 지속적으로 후원했다고 할 수 있다.

두루마리 책, 코덱스와 문고판의 발명

기원전 2세기까지 긴 글은 오로지 파피루스Papyrus에 기록했다. 이 시대에는 파피루스 두루마리를 주로 나일강 하구 삼각주에서 자라는 지사초紙莎草의 심과 가지에서 얻었다. 그리스와 로마에서 사용하는 파피루스 두루마리의 길이는 6~10미터 사이였다. 두루마리 책은 여러 저자의 다양한 작품을 담고 있었다. 여러 권으로 나누어진 작품집도 있었다.

고대 서점에서는 동방의 가두시장에서 나는 것 같은 냄새가 났다. 파피루스 두루마리가 훼손되지 않도록 백향목 기름과 사프란을 칠했기 때문이었다. 가장자리가 풀리지 않도록 두루마리 단면은 광택을 내고 색을 들였다. 두루마리는 쉽게 사용할 수 있게 살을 중심으로 돌려 감도록 만들었다. 강독을 한 뒤 파피루스 두루마리는 다시 처음 상태로 되감았다. 각각의 작품을 쉽게 찾을 수 있도록 위쪽 가장자리에는 티툴루스titulus를 달았는데, 이 띠에 작가와 작품의 이름을 적어놓았다. 도서관을 이용하는 사람들은 책을 읽은 후 두루마리들을 장이나 서가에 차곡차곡 쌓아두었다. 도서관Bibliothek이라는 단어는 그리스어로 책을 의미하는 비블리온biblion과 서랍장을 의미하는 테크theke의 합성어다.

연로한 플리니우스Plinius den Alteren*에 의하면, 이집트 왕 프톨레마이오스 6세Ptolemaios VI(기원전 180~145)는 파피루스를 페르가몬Pergamon으로 반출하는 것을 금했다고 한다. 이집트 도서관이 알렉산드리아 도서관과 경쟁하는 까닭에 다른 책들을 필사하지 못하게 하려는 조치였다. 이에 페르가몬 왕 에우메네스 2세Eumenes II(기원전

---

* 서기 23년에 출생한 로마의 관리, 군인, 학자. 여러 황제를 모시며 다양한 지식을 쌓았다. 후에 백과사전과 같은 책《박물지Natural History》를 썼다. 베수비우스 화산 폭발 때 유독가스에 질식사했다. 이름이 같은 조카 역시 관리이자 학자였으며 후에 집정관을 지냈다. 조카와 구분하기 위해 연로한 플리니우스(혹은 대 플리니우스)라 부르고, 조카는 어린 플리니우스(혹은 소 플리니우스)라 부른다.

23

221~158)는 파피루스 수급 부족을 해결하기 위해 동물 가죽을 서사지書寫紙로 만드는 전통적인 무두질 방법을 개량하도록 지시했다고 한다. 페르가몬에서는 이런 서사용 소재가 질적으로 개선되기 시작했다. 이런 과정을 보면 양피지Pergament라는 이름이 어떻게 붙었는지를 알 수 있다.

양피지가 계속해서 발전한 까닭은 파피루스 두루마리의 견고성이 떨어졌기 때문이기도 하다. 고대 작가들은 문서 두루마리를 빈번하게 사용하면, 이를 200년 이상 유지할 수 없을 것이라고 보았다. 어쨌거나 기원전 2세기부터 양피지에 옮긴 그리스어 문서들이 낯설지 않게 되었고, 1세기에 양피지는 학술적인 작품을 담는 확실한 재료가 되었다. 이 새로운 종이는 장점이 뚜렷했기 때문에 인기가 급상승했다. 보존력이 뛰어난 양피지는 양면에 문자를 적을 수 있어 공간과 소재를 절약할 수 있었다.

양피지에서 발전한 전혀 새로운 방식의 도서 형식이 발명됨으로써 유럽 도서 역사의 두 번째 매체 혁명이 일어났다. 코덱스라고 하는 특수한 도서 형태가 1세기에 생겨났다. 이 개념은 라틴어인 코덱스codex에서 유래했다. 사람들은 이를 움직이기 쉽게 연결된 흑판 블록이라고 했다. 고대의 코덱스가 한 '대'로 구성된 반면 4세기부터는 여러 '대'로 구성된 코덱스가 완성되었다. '대'는 낱장의 종이 묶음을 뜻한다. 여러 대로 구성된 책은 각각의 대를 포갠 뒤 책등을 실로 꿰매어 만들었다. 완성된 종이 묶음은 훼손되지 않도록 나무나 딱딱한 가죽으로 만든 표지로 감쌌다. 이로써 책장을 넘길 수도 있고, 읽고 난 다음에 매번 돌려 말아야 했던 파피루스 두루마리보다 쉽게 다룰 수 있는 책이 완성되었다. 책의 유용성을 높이기 위해 이후 장의 표제와 목록이 덧붙여졌다. 하버드대학 도서관 관장이자 공인된 도서역사가인 로버트 단튼Robert Darnton은 코덱스의 발전이 최초로 지식을 새롭게 체계화한 것이라고 강조하면서, 이 과정을 인류 역사에서 가장 중요한 성과라고 평가했다.

코덱스는 3세기에 두루마리를 점점 밀어내기 시작했다. 4세기에 생산된 양으로 따지자면 코덱스는 파피루스 두루마리를 넘어섰다. 파피루스 두루마리는 6세기까지 문학작품을 적기 위해 쓰였다. 이후 파피루스는 증명서, 법령, 행정적인 문서 용도로만 이용되었다.

파피루스 두루마리에서 합본 코덱스로 넘어가는 과도기는 600년 이상이 걸렸다. 아마도 두 가지 형태를 오랫동안 함께 썼기 때문에 사람들은 이를 독일어뿐 아니라 그리스어나 라틴어로도 '책'이라고 불렀던 것 같다. 최근에는 새로운 도서 형태가 생겼다. 오디오북과 전자책 혹은 디지털 도서가 그것이다. 더 나은 이해를 위해 덧붙여 쓴다 해도, 여기에도—다른 개념이 없거나 이 개념이 여전히 쓸 만하다고 확신하기 때문인데—'책'이라는 단어가 사용된다. 디지털 도서에 대해 논의할 때 이런 생각을 머릿속에 담고 있어야 한다. 오늘날 책이라는 단어는 다양한 형태를 지칭하는 용어다. 나중에 다양한 방법으로 습득할 수 있고, 다양한 형태로 시장에 내놓을 수 있는 책에 관해 언급하겠다.

❦

마르쿠스 발레리우스 마르티알리스Marcus Valerius Martialis는 로마의 풍자시인이다. 《격언시^{Epigramme}》로 오늘날까지 잘 알려져 있다. 정확하지는 않지만, 그는 서기 40년경 3월에 태어났다고 한다. 그래서 3월을 상징하는 로마 전쟁의 신 마르스^{Mars}의 이름을 딴 것이다. 독일어로 편입된 '전투적인^{martialisch}'이라는 형용사가 마르스 신에서 온 것인지 시인 마르티알리스로부터 온 것인지 지금으로서는 알 수 없다. 하지만 마르티알리스라는 호전적인 존재에서 이 단어가 파생되었다고 추측하는 학자가 많다. 마르티알리스는 매체혁명과 관련하여 시대를 대표하는 증인일 뿐 아니라 코덱스 형태로 문학작품의 생산을 언급한 최초의 고대의 저자이기도 하다.

　　자네가 나의 책들을 어디에서나 품에 지니고서 다니고 싶어 한다면/ 그리고 그것이 긴 여행의 동반자가 되기를 바란다면,/ 여기에서 이것을 사게나: 양피지는 책을 얇게 줄여준다네./ 두루마리는 대작^{大作}을 담는다지만, 내 책은 한 손에 쥘 수 있다네.

　　위의 시를 통해서 마르티알리스는 근본적인 변화를 증명하고 있다. 비록 몇백 년이나 걸리긴 했지만, 이는 매체혁명으로 간주된다. 왜냐하면 네 번의 매체혁명─육체의 기억에서 문자 기억으로, 파피루스 두루마리에서 코덱스 도서 형태로, 필사본에서 인쇄본으로, 인쇄본에서 디지털 도서*로의 이행─중에서 이 시대에 전형적인

---

*　디지털 신조어. 전자 방식으로 유포할 목적으로 편집된 문서 혹은 디지털화를 거친 최종 생산물을 일컫는다. 그에 대한 예로는 PDF 형식의 문서나 스캔한 이미지를 들 수 있다.

과정이 완결되었기 때문이다. 즉 오래된 내용이 새로운 매체에 기록되고, 책의 형식이 매체 기술적으로 바뀐 것이다.

마르티알리스는 《격언시》에서 파피루스 두루마리에 비해 뛰어난 코덱스의 장점을 입이 마르도록 칭찬했다. 그는 특히 다량의 텍스트가 압축되어 다루기 편해진 책의 형태에 열광했다. 말하자면, "아주 작은 외피로 압축되어 있는 장대한 리비우스Livius*. 리비우스를 온전히 포박하기에 내 도서관으로는 턱없이 부족하다." 자세히 보면 마르티알리스는 여기에서 문고판 도서의 발명을 언급하고 있다. 코덱스라는 새로운 형태는 마르티알리스 시대에 처음으로 학술용으로 도입되었다. 마르티알리스는 이를 무척 좋아한 나머지 코덱스 옹호자가 되었는데, 고대 후기까지도 두루마리는 교양 있는 사회 고위층이 선호하는 도서 형태로 남아 있었기 때문이다. 코덱스가 도입되었음에도, 몇백 년 동안 로마 사회의 중·하위 독자층에게서만 제한적으로 퍼져 있었다. 코덱스를 옹호하는 마르티알리스의 선동적인 태도를 다음의 상황으로 설명할 수 있다. 코덱스로 엮은 그의 작품이 폭넓은 계층의 독서물이 되면서 엘리트 집단과 멀어졌다. 마르티알리스는 "이제 로마 전체가 이제 나의 노래를 칭송하고 사랑하며 노래한다"며 《격언시》 6권—서기 90년—에 기뻐할 수 있었다.

게다가 코덱스가 우월한 책의 형태로 발전한 것은 기독교와 밀접하게 관련되어 있다. 즉 1세기말에 바울 서신에 등장하는 티모테

*　티투스 리비우스 파타비누스Titus Livius Patavinus 고대 로마의 역사가. 40년 동안 142권 분량의 《로마 건국사》를 썼다. 여기서는 리비우스의 방대한 저작물을 뜻한다.

우스^{Timotheus}에게 보내는 두 번째 서한에 양피지로 만든 책이 언급된다. "자네가 올 때 내가 트로아스^{Troas}의 카르푸스^{Karpus} 집에 둔 겉옷을 가지고 오고, 책은 특별히 양피지에 쓴 것을 가지고 오게." 이로써 교회가 코덱스를 선호했음이 드러난다. 이 시대부터 그 이후 오랫동안 기독교인은 동시대의 엘리트들과 거리를 두었다. 고위층 및 교양계층이 꾸준히 두루마리라는 도서 형태를 선호한 반면 생긴 지 얼마 되지 않은 교회는 코덱스를 학술적 용도로 이용했다. 오늘날 성경책은 코덱스로 쓰였거나 코덱스에 다시 옮겨 쓴 것이다. 후자는 구약성서에 해당된다. 결과적으로 보면 기독교가 오랜 전통을 지닌 로마 종교들을 물리치고 4세기 말 국가종교로 도입되었다는 사실은, 코덱스가 로마 사회 전역에서 우세한 도서 형태로 발전한 일과 서로 연관되어 있다.

고대 세계에서 보존된 가장 중요한 코덱스는 347장을 묶은《코덱스 시나이티쿠스^{Codex Sinaiticus}》다. 이 그리스어 필사본이 중요한 까닭은 고대로부터 내려온 가장 방대한 책이기도 하지만, 처음으로 신약 완결본이 갖춰진 세상에서 가장 오래된 성경이기 때문이다.《코덱스 시나이티쿠스》는 4세기에 만들어졌으며, 추측하건데 콘스탄티누스 대제가 주문했던 것 같다. 당시에 완전한 성경이 거의 없었다는 상황도 이 책을 주목하게 한다. 전승된 대부분의 성경 필사본은 복음서, 구약의 예언서, 그 외의 경전 텍스트만 포함하고 있다. 귀중한 코덱스는 4세기에 생산되기 시작한다. 예술적인 책을 만들기 위해 더 훌륭한 방법이 동원되었고, 그 결과 호화로운 형태의 성서가 제작되었다. 이는 교회의 재현 욕구와 더불어 달라진 기

독교의 문화적인 위상을 보여준다. 교부教父 히에로니무스Hieronymus
는 장문의 편지에서 귀족과 교회 집단의 사치벽을 비판했다. "사람
들이 양피지는 보라색으로 물들이고, 글자는 금으로 쓰고, 책을 상
아로 치장하는 동안, 헐벗은 예수가 그대들의 문 앞에 서서 죽어가
고 있다."

로마의 상황: 서점, 도서관과 출판사

📖

기원전 2세기 중엽 로마는 헬레니즘 권력을 물리치고 정치적으로
강력해졌다. 100년 후 로마에는 처음으로 특정 장소에 고정된 서점
이 있었다. 로마의 시인 카툴루스Catullus는 기원전 55년 소설집에서
"날이 밝자마자 아퀴나스Aquinus, 카에시우스Caesius, 수페누스Suffenus
의 책을 사기 위해서 모두가 서점으로 몰려든다"고 썼다. 앞서 아
리스토파네스가 언급했듯이, 오전에 서점으로 발걸음을 옮기는 일
은 로마의 교양 있는 독자들로서는 일상이었던 듯하다.

이와 반대로 카툴루스와 동시대 사람인 호라티우스는 로마 서점
에 대해 좋은 평가를 내리지 않았다. 또한 그는 자신의 책을 사서
읽는 것에 큰 가치를 두지도 않았다. 오히려 그는 만연한 표절 행태
를 염려했다. 아이소포스가 첫 문집을 펴낸 지 500년이 지났지만,
호라티우스는 앞서 언급한 까마귀의 우화를 정신적인 도둑질에 대
한 경고로 이해했다. 그는 《서한시집Epistulae》 첫 권에서 다른 이의
원고를 베끼지 말라고 동료에게 경고했다.

셀시우스^{Celsius}는 무엇에 열중하고 있는 중인가? 그에겐 우리의 경고가 필요했고, 필요하지/ 가진 것으로 창작하고 다음의 책들은 건드리지 말게,/ 아폴로^{Apollo}가 팔라틴^{Palatin}* 신전에 보관하고 있는 저술들 말일세:〔신전에는 공립 도서관이 있다〕./ 그렇지 않으면 까마귀에게 벌어진 일이 똑같이 일어날 테니./ 새떼가 깃털을 내놓으라고 몰려들 때처럼 말일세: 도둑은/ 화려한 모습은 빼앗아도 비웃음밖에 얻지 못하리니.

《이솝 우화》에 나오는 우쭐대는 까마귀는 자신이 모은 남의 깃털을 아직도 빌려 입고 있다. 호라티우스는 표절에 대해 말할 때면 목소리를 높인다. 이런 격양된 태도는 로마에서 표절 행위가 격렬한 논쟁의 대상이었다는 사실에 대한 증거이기도 하다.

카툴루스와 후세 로마 작가들은 작품에 오직 '리브라리스^{libraris}'(서점)만 언급된 반면 마르티알리스의 《격언시》 4권(서기 88년)에는 직업 명칭인 '비블리오폴라^{bibliopola}'(서적상)라는 개념이 처음으로 등장한다. 과거에는 다른 이와 계약하여 원고를 베끼는 사람을 가리켰던 용어로 '리브라리우스^{librarius}'가 사용되었다. 장차 이 개념은 직업적으로 책을 생산하고 판매하는 사람을 일컫게 되었다. 물론 리브라리우스에 담긴 원래의 뜻도 유지되었다. 마르티알리스가 처음으로 쓴 비블리오폴라는 온전히 책만 만들어 파는 사람들을 일컬었다. 로마어에 이런 직업 명칭이 생겼다는 사실은 기원 후 1세기

---

* 로마 7언덕 중 하나.

에 서적 분야가 지속적으로 발전해나갔다는 사실을 의미한다.

⁂

서적 무역이 전성기에 도달하기 전 로마 고위층의 별장에는 방대한 개인 도서실이 있었다. 1세기에 카툴루스는 도서실 없이는 살수 없을 것 같다고 했다. 오비드^{Ovid}는 흑해로 추방된 후 자기 도서실에서 받은 지적^{知的} 자극을 그리워했다. 마르티알리스 시대에 자신이 모은—전투에서 승리를 거둔 지방에서 전리품으로 약탈한 것이 아니라—책으로 가득 찬 개인 도서실을 소유했다는 것은 높은 지위의 전형적인 상징이었다. 한편 상당수의 사설 도서관은 단지 소유자의 허영심을 채우기 위해 꾸며졌다. 몇몇 지성인은 이 점을 신랄하게 조롱했다. 세네카^{Seneca}는 《영혼의 조화를 위하여^{Über die Ausgeglichenheit der Seele}》라는 대화집에서 로마에서 벼락부자가 되어 개인 도서관을 소유한 사람들을 비웃으며 이렇게 말했다. "무지한 자는 책을 지식의 보조수단이 아니라 식사시간을 위한 진열품으로 간주한다. 두루마리 책장과 책 제목에서 근본적인 즐거움을 찾는 사람이 있다고 한다면, 자네들은 어떤 의견을 제시할 수 있겠는가?"

마찬가지로 최초의 공공 도서관 설비는 규모가 좀 더 큰 사설 도서관과 더불어 등장했다. 카이사르가 살해당함으로써 로마에 최초의 공공도서관을 세우려던 계획은 좌절되었다. 하지만 5년 뒤, 기원전 39년에 총사령관이자 시인인 가이우스 아시니우스 폴리오^{Gaius Asinius Pollio}가 전리품으로 로마의 아트리움 리베르타티스^{Atrium Libertatis}에 공공도서관을 세웠다. 그리스-로마의 이중 도서관으로 만든 구조는 거의 모든 로마 도서관의 표본이 되었다. 가이우스 아시니우스 폴리오는 로마 출판업의 전통을 따르면서 자신의 도서관으로 초대한 청중 앞에서 작가 낭송회를 열었다.

대략 20년 후에 아우구스투스 황제 치하에서는 팔라틴 도서관과 더불어 두 번째 공공도서관이 생겼다. 또한 후대의 황제들은 공공의 이용을 위해 열심히 도서관을 지었다. 물론 로마의 공공도서관을 현재의 것과 비교할 수는 없다. 로마의 공공도서관은 원칙적으로 모든 사람에게 열려 있었지만, 교양이 높은 사람들만 방문했다. 이런 대표적인 도서관은 황제나 고위 사령관들이 기증했다. 따라서 도서관에는 예술 및 지식 엘리트층의 작품만 수합되었다. 대부분의 로마인은 이를 이해할 수 없었고, 고위층의 복잡한 언어와 사유세계는 계속해서 암호화되었다. 그 이유를 로마 사회의 극심한 교양의 차이 말고도 라틴어의 발전에서도 찾을 수 있다. 시대 전환기에 라틴어는 교양계층이 쓰는 규범 라틴어와 어느 정도 교양을 지녔거나 아예 무식한 민중이 쓰는 비속한 라틴어로 나뉘어 있었기 때문이다.

다시 황제 시대의 도서관으로 되돌아가 보자. 사람들은 독서를 하기 위해 도서관을 찾지 않았는데, 이는 도서관 있는 다른 사람들을 방해할까 걱정해서였다. 그 당시 독서는 크게 소리 내어 읽는 방식이었다. 문학이 입으로만 전승되던 시대는 오래전에 잊혀 졌지만, 조용히 텍스트를 읽는 독서는 일반적이지 않았다. 조용한 독서는 중세 초기의 고안물이다. 사람들은 오래된 작품을 살펴보고, 특정한 부분을 서로 비교해보고, 정보를 얻을 목적으로 도서관을 찾았다. 또한 친구와 지인을 만나기 위해 가기도 했다. 도서관은 어느 정도는 공공장소였다. 4세기 초반 로마에는 28개의 공공도서관이 있었고, 로마제국과 지방에는 그 외에 수많은 도서관이 있었다.

교양이 좀 부족한 사람들을 위해, 기증도서관이라는 거대한 호화 건축물에서는 찾기 어려운 오락 문학, 조언서, 마법서 외에 사람들이 선호하는 읽을거리를 갖춘 도서관도 있었다. 이런 도서관은 공중목욕탕 안에 있거나 혹은 그와 연결되어 있었다. 온천 시설을 갖춘 목욕탕의 광대한 시설 안에서 혹은 공중목욕탕 밖에서 책을 읽으려 할 때 그곳에서 대출할 수 있었다.

키케로Cicero는 "수공업자처럼 평범한" 사람들을 도서관 사용자나 도서 구매자로 생각해야 한다고 언급했다. 그에 따르면 이들은 오직 "독서를 통한 즐거움" 때문에 책을 읽지, 고상한 교양을 지닌 사람들처럼 "유용한 것을 끄집어내기 위해" 독서하지는 않는다고 보았다. 키케로, 호라티우스와 다른 작가들이 의심 어린 눈초리로 관찰하며 깔보던 '하층'의 독자층은 기원전 1세기에 형성되었다. 이들은 기술자와 공무원, 비교적 지위가 높은 군인, 상인과 수공업자, 농부와 신흥 부자였다. 많은 저자가 깜짝 놀라듯, 부유한 여성과 '파실레스 푸엘라에faciles puellae', 즉 창녀도 이에 속했다. 쥬베날Juvenal은 여성들이 "책에 있는 두서너 가지를 이해하지 못한다면 더 좋을 것 같다"는 견해를 표명하기도 했다. 교양 있는 여자를 견딜 수가 없었기 때문이라고 한다.

황제 시대가 번영기를 누리는 동안 독자의 수는 지속적으로 증가했다. 사람들은 혼자서 혹은 지인들과 함께 집에서 책을 읽었다.

또한 도시에 있는 공공시설에서 책을 읽었다. 심지어 식사할 때나 사냥할 때조차도—포획망에 먹잇감이 들어오기를 기다리는 동안에도—책을 읽었다. 잠이 오지 않을 때도 사람들은 기꺼이 책을 집어 들었다.

서적상은 실용 및 오락 문학에 돈을 척척 낼 수 있는 사람이 아니라, 회계상으로 예측한 고객을 위해 책을 준비했다. 품목에는 연애 및 모험담 외에 전기傳記, 요리법과 스포츠 관련 도서, 점성술과 마법과 해몽에 대한 책, 게임 설명서와 일상을 위한 조언을 담은 책 등이 포함되어 있었다. 이 중에서는 성애문학도 꽤 있었는데, 이는 고대에도 활발한 수요가 있었음을 방증한다. 더군다나 '옵세나에 타벨라에obscenae tabellae', 즉 춘화가 삽입된 성애문학도 있었고, 그런 그림만 실린 책도 있었다. 또한 여성 독자를 위해 쓴 소설도 출판되었다.

◦◦◦

서적 판매상(출판업자)은 고객이 원하던 바를 알았고, 작가들은 이에 대해 무척 만족해했음이 틀림없다. 하지만 로마 시대 출판업의 작업능률에 대해—여기서는 복제할 때 원고의 면밀함을 뜻한다—몇몇 작가는 완전히 신뢰하지 않은 듯하다. "라틴어 책 때문에 어디로 문의해야 할지 갈피를 잡지 못하겠다. 그만큼 잘못된 상태로 책이 복제되어 팔리고 있다"고 키케로는 형제인 쿠인투스Quintus에게 보내는 편지에서 한탄하면서, 친구인 아티쿠스(기원전 110~32년)에게 자신의 작품의 출판과 판매를 위탁했다. 키케로는 친구에게 보내는 서한에 이렇게 썼다. "자네는 리가리아나^{Ligariana}에서 장사를 기가 막히게 잘했더군. 내가 앞으로 쓰는 것을 자네가 처음으로 유통해주게나."

티투스 폼포니우스 아티쿠스^{Titus Pomponius Atticus}는 부유한 가정 출신이었다. 양가의 유산 덕분에 그는 경제적으로 독립해 안정적인 생활을 했다. 그의 친구 코르넬리우스 네포스^{Cornelius Nepos}는 아티쿠스에 대한 전기에서 "그의 금전적인 소득은 전부 에페이로스^{Epeiros}*와 도시에서 나온다"고 썼다. 하지만 이는 온전한 진실이 아니다. 우리는 다른 문헌들을 통해서 아티쿠스가 부동산투기 말고도 뛰어난 금전 거래를 통해 자신의 재산을 불릴 수 있었다는 사실을 알고 있다.

출판업자였던 그는 품질 검사를 마친 원고를 여러 명의 서기에게 동시에 필사하게 함으로써 당시의 복제 사업을 합리적으로 만들었다. 코르넬리우스 네포스는 전기에 아티쿠스의 집에 "언어와 문자에 통달한 노예들이 〔있었고〕, 특히 우수한 낭독자와 필경사가 있었다"고 썼다. 모든 복사본은 필사할 때 생길 법한 오류가 있는지 다시 한 번 검수했다. 덕분에 신뢰할 만한 그의 판본은 로마제국 전역에서 호평을 받았다. 아티쿠스는 키케로의 작품뿐 아니라 다른 작가들의 책도 출판했다. 그러나 이 부유한 로마인은 아마도 출판 사업으로 내세울 만한 이윤을 내지는 못했을 것이다. 아티쿠스처럼 부유한 고위층에 속하는 사람들은 대개 수공업 분야에서 일할 수

---

* 발칸반도 남서부 지역. 오늘날 알바니아와 그리스의 접경지대.

없었다. 이런 일은 일반적으로 면천 노예, 평범한 사람들과 그리스인에 의해 이루어졌다. 아티쿠스는 출판업을 직업이라기보다 개인적인 열정으로 행했지만―그 때문에 당시의 '서점'과 비교할 수는 없지만―고대에 처음으로 등장한 중요한 출판업자라 할 수 있다.

❧❧❧

저작권과 판권이 없었기 때문에 고대의 출판업은 위험한 사업이었다. 왜냐하면 당장의 이익을 목표로 필사본을 허술하게 만들어 파는 협잡꾼도 돌아다녔기 때문이다. 판본 생산은 돈이 많이 들었고, 시장도 빨랐기에 사람들의 기호에 맞춰 각각의 작품을 필사하고 판매할 수 있었다. 그러므로 성공하고 싶은 사람은 책을 새로 낼 때, 가능한 빨리 잠재적인 목표 집단의 수요에 응할 수 있도록 충분한 양을 시장에 내놓아야 했다. 게다가 많은 시간을 허비하지 않고 로마제국 전역에 책을 팔려면, 깊이 생각해서 판매계획을 세워야만 했다. 마르티알리스와 그보다 조금 젊었던 플리니우스는 자신들의 책이 리옹Lyon과 비엔나Vienne, 도나우Donau 지역뿐 아니라 브리타니아Britania에서도 팔렸다고 말하고 있다. 황제령 로마에서는 이후에도 수백 권의 책이 발행되었다. 문헌을 보면 1000권이 유포되었다고 한다. 미리 주문받은 부고訃告와 관련되었다고는 해도 이는 확실히 이례적인 일이었다.

로마의 서적상(출판인)은 저자에게 원고료를 지불할 필요가 없다는 사실에 만족해했다. 호라티우스는 《시학Ars poetica》에 "출판업자에게는 수입이, 작가에게는 명예가 돌아간다"고 썼다. 고대의 법적 감정에 따라 저자는 오직 자신이 쓴 원고에 대한 소유권을 가졌다. 물론 서적상이 책을 출간할 때 가끔 원고료가 지급되기도 했다. 그러나 작품이 판매된 다음에는 누구라도 임의적으로 책을 필사하고 판매할 수 있었다.

그리스의 동료와 마찬가지로 로마의 저자 대부분은 부유한 가정 출신이었다. 그렇지 않은 경우, 그들은 공적인 혹은 사적인 물주에 의존했다. 호라티우스의 작품은 후원자였던 마에케나스Maecenas 없이는 상상할 수 없으며, 마르티알리스 역시 오랫동안 재정 후원자의 호의를 구걸할 수밖에 없었다.

연대기 저자 마르티알리스가 본 로마의 도서문화

마르티알리스는 호전적인 인물로, 자신의 후견인이 표절 사건에 동조하면 그조차 논박하는 사람이었다. 예를 들면 쿠인티아누스는 마르티알리스와 다른 작가들을 지원하는 매우 부유한 후원자였다. 표절 작가가 마르티알리스의 시를 자기 것이라며 출판했을 때, 그는 분노해서 사기 행위를 어린이 유괴와 노예 해방에 비교했다. 마르티알리스는 경구警句로 "표절자에게 수치심을 가르칠 것을" 자신의 후원자에게 경고했다. 이런 맥락에서 처음 사용한 단어는 '표절plagium'이라 하며, 문자 그대로 '인식약취認識掠取'를 뜻한다. 그러므로 현재의 '표절Plagiat'이란 개념은 마르티알리스 문학에서 정신적인 소유재산 절도라는 가장 오래된 사건에서 유래했다. 이외에도 마르티알리스는 자신의 문학작품에서 당대 출판업에 대해 아주 상세하게 다룬 고대 작가이기도 하다.

그는 《격언시》에서 자신을 구걸시인으로 표현했고, 문학이 밥벌이가 안 되는 기술이라는 상투적인 표현을 만들었다. 이는 그가 검소하게 지내야 했던 로마에서의 초반기에도 해당된다. 그러나 많은 노력을 기울여 시간이 지나면서 부유한 후원자, 특히 세네카Seneca 가문을 뒷배로 두었다. 문학적인 성공을 거두면서 그는 명성이 현금으로 변하는 과정을 파악했고, 실제로 부자가 되었다. 로마 주변의 농장이 그의 것이었으며, 노예를 소유했으며, 비서가 그의 업무를 도왔다. 마르티알리스는 황제의 세금특권을 누렸으며 기병대원의 지위로 승격되었는데, 이를 위해서는 최소한 은화 40만 냥의 재산이 필요했다. 연간 수입은 대략 의용군 300명 몫이었다. 스페인 고향으로 돌아간 후에는 어떤 부유한 후원여성이 그에게 호화로운 별장을 선사했다.

마르티알리스는 네 명의 로마 도서상인의 이름을 전한다. 아트렉투스Atrectus, 쿠인투스 발레리아누스 폴리우스Quintus Valerianus Pollius, 세쿤두스Secundus와 트리폰Tryphon. 이를 통해 마르티알리스가 그의 출판업자(서적상)과 비교적 밀접한 관계를 맺고 있었다는 결론을 도출할 수 있다. 또한 그는 두 군데 서점과 그 위치를 전하기도 했다. 세쿤두스는 팔라스Pallas의 포럼 근처에 상점을 갖고 있고, 아트렉투스의 서점은 그 거리의 카이사르 포룸Cesar-Forum 맞은편에 있는데, 그 길 이름은 전체 도시구역 전체의 명칭으로도 쓰이는 아르길레툼Argiletum이었다. 아르길레툼과 동명同名의 거리는 로마 출판업의 중심지로 간주되었다. 이 두 서점의 위치로 보아, 당시 서점이 교통이 활발한 중심지에 정착했음을 알 수 있다. 그곳 서점들은 외벽과 문기둥에 만든 게시판을 통해 독자들에게 신간을 알렸다.

마르티알리스에 의하면, 잘 알려지지 않은 서적상 세쿤두수는 해방된 노예였다. 그의 직장동료 역시 특별히 부유한 해방노예는 아니었지만, 그리스 출신도 있었고 교양 수준은 상이했다. 로마의 도서 무역 초기에는 경제적 어려움을 타개할 목적으로 다른 상품들도 취급해야 했지만, 나중에 시대전환기가 도래하면서 도서 무역에 집중할 수 있었다. 마르티알리스가 살던 시대에는 책의 가치가 점점 더 높아졌다. 이에 따라 서적상인의 위신도 상승한 것 같다.

마르티알리스는 가격 정책과 서적 계산에 대해서도 비교적 정확한 정보를 남겼다. 서적상 트리폰은 "고상한" 양피지 판본으로 만든 《격언시》 13권을 노동자의 일당에 해당하는 은화 4냥에 팔았다. 그는 "넉 냥은 너무 비싼가?" 하고 독자들에게 묻고는 그에게 값을 깎으라고 충고했다. "자네는 책을 두 냥에도 얻을 수 있네. 그래도 서적상 트리폰은 항상 이득을 얻는다네." 아트레쿠스는 "경석으로 윤을 내고 자색으로 엮은" 마트리알리스의 호화판 책을 노동자의 주급을 받고 팔았다.

서적상 쿠인투스 발레리아누스 폴리우스는 예전에 마르티알리스의 청년기 시詩를 성공적으로 팔았다. 4년 뒤에도 이것을 공급할 수 있었다. 마르티알리스는 아양을 떠는 듯한 겸손한 태도로 감사를 표현했다. "제 별 볼 일 없는 문학작품을 망하지 않게 해주시어 감사드립니다." 이와 더불어 마르티알리스는 서적상의 출판 공로라는 주제에 관해 잠깐 언급한다. 좀 더 자세하게 말하자면, 로마의 서적상(출판인)들이 작품을 위해 작가들에게 어느 정도 영감을 주거나 동기를 부여할까라는 질문이었다. 마르티알리스와 동시대인인 마르쿠스 파비우스 쿠인틸라누스^{Marcus Fabius Quintillanus}(기원전 35~96)는 우리에게 이미 잘 알려진 서적상 트리폰에게 보내는 서한에서 다음과 같은 사실을 언급한다. 트리폰은 책 한 권을 내자고 자신을 독려했다고 한다. 그 자신조차 성공을 확신하지 못하는데도 말이다. 게다가 쿠인틸라누스는 트리폰이 작품을 아주 세심히 편집하고 정확하게 출판했다며 그를 칭찬한다. 초반에는 의심을 했지만 독자들이 지대한 관심으로 자신의 작품을 고대하고 있다며 트리폰이 부추긴 덕분에 쿠인틸라누스는 책을 썼다. 결과적으로 출판업자 트리폰은 책의 발간에 결정적인 역할을 한 셈이다.

❧

아테네에서와 마찬가지로 로마의 서점에서도 독자와 학자와 저자는 문학적인 논쟁을 위해 만났다. 기원전 1세기 중반에 이르러 서점은 작가가 자신의 작품을 낭독하는 장소로 발전했다. 낭독회는 개인적인 모임에서 공공의 (사업)공간으로 변모했다. 낭독회가 점차 인기를 얻자, 이는 작가로서 명망을 얻기 위한 중요한 매개체가 되었다. 재치 있는 연출을 통해 많은 무명작가가 문자 그대로 자고 일어나면 화제의 인물이 되기도 했다.

그러나 이런 작가 낭독회를 회의적으로 바라보는 문필가도 있었다. 호라티우스는 낭독회가 지나친 인기를 노리는 짓거리에 불과하다는 견해를 내세우면서, 독자의 판정을 바람이 바뀔 때마다 잎이 흔들리는 것에 비교했다. 쥬베날은 친구가 여름에 한 번씩 시골로 되돌아갔을 때, 그 심정을 이해하면서 다음과 같이 말했다. "도시에 참을 수 없는 불안이 있다. 방화, 집이 무너지는 등의 위험에 대한 끊임없는 불안감, 특히나 벗어날 수 없는 작가 낭독회에 대한 불안감."

쥬베날과 달리 마르티알리스는 근본적으로 작가 낭독회를 반대한 건 아니었다. 그러나 그는 친구들을 자신의 작품을 낭독하려고 식사에 초대하는 악풍을 비난했다. 마르티알리스는 《격언시》 3권에서 손님들에게 시를 낭독함으로써 식사하는 즐거움을 망쳐버린 동료 한 명을 겨냥했다.

> ······ 어쨌거나, 리구리누스Ligurinus, 자네의 연회석은 우리로 하여금 도망가게 하는구면./ 확실히 자네는 연회를 훌륭하고 탁월한 음식들로 준비했다네./ 하지만 그때 자네가 낭독하면, 우리는 정말 아무것도 먹질 못하네./ 자네가 돌넙치나 2파운드짜리 잉어를 대접하기를 바라는 게 아닐세,/ 버섯이나 굴도 원치 않네, 단지 그 입 좀 닥치게나!

마르티알리스는 책의 다른 부분에서 식사 초대를 언급하면서 자신은 "두꺼운 책을 낭독하지" 않는다고 보장한다. 더욱이 그는 시인 줄리우스 체리알리스Julius Cerialis에게 자신은 식사할 때 몸소 낭독을 하지 않을 테지만, 이와 반대로 친구는 이에 분명히 자극을 받을 것이라고 기대하게 만든다.

로마의 작가들은 지나치게 점잔을 빼지 않았다. 그들은 부유한 후원자를 찾으면서 종종 서로 방해했다. 마르티알리스는 후원자를 구하려고 치근거리며 애쓰는 리구리누스에게 훼방을 놓았던 것 같다.

누구도 자네와 기꺼이 만나지 않는다는 점/ 또한 자네가 어디를 가든 자네 주위에 거대한 황무지가 펼쳐진다는 점, 리구리누스여,/ 그 이유를 알고 싶은가? 자네는 지나치게 시인이라네./ 그것은 최고로 위험한 짐이라네.

유명한 테오도루스Theodorus도 마르티알리스의 물어뜯는 듯한 조소를 견뎌야 했음에 틀림없다.

왜 내가 자네에게 내 책을 선물하지 않는지,/ 자네가 그렇게나 간청하고 요구하는데도 말이야/ 그 점을 의아하게 생각하는가, 테오도루스? 이유가 중요하네./ 부탁은 하면서 자네는 내게 자네 책을 선물하지 않지 않나./

그러나 마르티알리스는 다른 동시대의 작가들보다 표절이라는 폐해를 단호히 비판한다. 그 자신이 엄청나게 표절을 당했다.

소문에 의하면, 피덴티누스Fidentinus 자네가 나의 작은 책들을/

42

마치 자네 고유의 것인 양 청중들 앞에서 읽는다고 하더군./ 그 것들이 내 것이라 인정한다면, 내 자네에게 시들을 공짜로 보내 주겠네./ 사람들이 그것을 자네의 것이라고 간주하길 바란다면, 그것들이 더 이상 내 것이 아니라는 데 대해 돈을 지불하게!

피덴티누스는 실존 인물이 아니다. 마르티알리스는 표절자들을 비난하기 위해 '정직한 분'으로 옮길 수 있는 이름을 일부러 사용했다. 처음에 볼 때는 여러 번에 걸쳐 표현된, 표절에 대한 마르티알리스의 요구는 이상하다. 다시 말해 표절 행위에 대해 돈을 지불하라는 요청 말이다. 그 당시에 부유한 로마인들 사이에는 작가한테서 작품을 사들이는 관례가 있었는데, 이는 그것을 자기의 원고로 발행해서 남의 공적을 자신의 것인 양 내보이며 으스대기 위해서였다. 마르티알리스는 이런 악풍에 반대 입장을 취하고, 통용되는 법적 견해를 비판하기를 두려워하지 않았다. 법에 의하면 책을 산 사람은 소유한 책에 대한 권리를 인정받지만, 작가는 지적 창작에 대한 권리를 갖지 못했다. "파울루스^{Paulus}는 시를 산다. 그러고 나서 그는 자신의 시를 낭독한다./ 사람들은 산 것을 정당하게 '자기 고유의' 것이라고 명명할 수 있다." 마르티알리스는 《격언시》에 호메로스의 시대에 확산되어 통용되던 법적 감정을 표현했다. 타인의 지적 소유물을 직업적으로 그리고 무보수로 이용하는 행태를 막을 법률적인 가능성은 없다고 하더라도, 타인의 지적 소유물을 자기 것인 양 출판하는 행태는 윤리적으로 비난받아 마땅하다는 데에는 의견의 일치를 보았다.

깊은 정적이 감도는 이곳에서
낭독자의 음성 외에는
어떤 단어도, 어떤 속삭임도 들리지 않는다.

— 베네딕트 폰 누르시아Benedikt von Nursia (480~547)

옥스퍼드에서는 철학이나 신학 관련 도서를 단 한 권도 살 수 없다.
탁발수도회가 수도원을 위해 모든 책을 사재기하기 때문이다.
이 때문에 시장에는 연구 재료의 씨가 말라서,
대주교가 옥스퍼드로 파견한 학자마저 공부를 중단해야 할 정도다.

— 리처드 피츠랄프Richard Fitzralph (1295~1360)

중세 수도원의
도서문화 동면기

수도원에서

"가장 밝은 〔필사실의〕 자리들은 복원기술자, 능숙한 필사화가와
필사자를 위해 마련되어 있었다. 각각의 책상에는 칠하고 복제할
때 필요한 모든 것이 갖추어져 있었다. 말하자면 잉크병, 몇몇 수도
사가 작은 칼로 예리하게 만든 얇은 펜들, 양피지에 윤을 내기 위한
경석과 행간의 선을 그리기 위한 자가 있었다. 각각의 필사자 옆 혹
은 각 책상의 비스듬한 필사판의 위쪽 끝에는 독서대가 고정되어
있었다. 그 위에는 필사해야 할 코덱스가 놓여 있고, 부산하게 움직
이는 얼굴이 이를 주시하고 있었다. 막 베껴 써야 할 행을 가장자리

45

에 끼워 넣으면서…….

그렇게 나는…… 알레산드리아의 아이마루^{Alessandria von Aymaru}를 알게 되었다. 그는 책을 복제했는데, 대차 형식으로 몇 달간 도서관으로부터 위탁된 것들이었다. 마침내 각기 다른 나라에서 입수된 일련의 장식화들이 복제되었다."

움베르토 에코^{Umberto Eco}는 《장미의 이름^{Der Name der Rose}》에서 중세 초기의 필사실 내부를 자세하게 묘사했다. 그의 소설은 1327년을 배경으로 한다. 이 시대에는 많은 필사실이 운영되었는데, 그 안에서 최대 60여 명의 필사가가 작업했다. 그 외에 낭독자, 편집자, 표제어를 필사하는 사람, 필사본에서 붉게 표시된 문장 서두만 필사하는 사람, 초벌화가 및 필사화가도 있었다. 소설에 묘사된 바와 같이 사람들은 책상과 독서대에서 작업했다. 하지만 이런 기구들은 중세 후반기가 되어서야 필사실에 들어오기 시작했다. 10세기에 한 수도승은 이렇게 하소연한다. "필사 행위는 등을 굽게 하고, 갈비뼈를 짓누르고, 온몸에 고통을 준다." 왜 이토록 어려움을 토로했는지 이해하려면 그 당시 필사실의 풍경을 봐야 한다. 중세 필사화가들이 책의 복제를 위해 필사하는 과정을 그린 삽화를 보면, 그들은 바닥에 무릎을 꿇고 작업하는 불편한 상황에서 매일같이 150~200줄을 필사했다.

고대의 몰락이 도서문화에 미친 영향

도서 복제(필사)가 어떻게 수도원의 역할이 되었으며, 기독교 사제들이 왜 이런 과제를 떠맡았으며, 로마제국이 멸망한 이후에 고대 서적 판매상(출판업자)들은 어떻게 되었을까? 공공도서관에는 무슨 일이 있었으며, 서적출판 사업은 어떤 상황을 겪었을까?

로마제국은 3세기 군인황제 시대를 맞아 쇠퇴하기 시작했다. 나라 안팎의 막대한 정치 문제로 어려움을 겪다가 마침내 324년 콘스탄티누스 대제가 주도해 콘스탄티노플로 수도를 옮기기에 이르렀다. 395년에는 로마제국이 동서로 분리되었다. 고대 후기에서 중세 초기로 넘어가면서, 로마제국의 서쪽 영토는 웨스트고트족^{Westgoten}, 프랑켄족^{Franken}과 랑고바르드족^{Langobarden}의 지배를 받았으며, 그들은 각자가 획득한 영토에 새로운 국가를 설립했다. 이때 로마 통치권^{Imperium Romanum}의 기반이 붕괴했고, 통치 지도자의 권위는 한편으로는 게르만족에 의해, 다른 한편으로는 교회에 의해 사라졌다.

과거 로마제국 전역에 있던 도서관은 문을 닫았다. 이후 약탈당하거나 방화로 소실되었으며, 예전에 교육적으로 아주 중요했던 문법학자 및 수사학자 양성소는 교습 활동을 중단해야만 했다. 전체 주민 계층이 빈곤해져 서적 거래는 힘들어졌다. 책을 멀리하고 문학에 별 관심이 없는 게르만족이 지배하면서 서적출판 사업은 종말을 맞았다. 책은 공공의 관심을 받지 못했고 하룻밤 사이에 사람들의 의식 너머로 사라졌다. 사회적인 죽음을 맞이한 것이다. 리하르트 뭄멘다이^{Richard Mummendey}는 《서적과 도서관에 대해서^{Von Büchern und}

Bibiliotheken》라는 책에 "책의 운명적인 사건은, 우리에게 와서 도대체 어떻게 그 당시의 주옥같은 책들이 종말을 맞이했는지 꼬치꼬치 캐묻는 고객이 없을 정도로 관심을 받지 못한 채 이루어졌다"고 적었다.

6세기에 중세 초기가 시작되면서 1000년 이상의 역사를 지닌 그리스와 로마의 출판업은 사라졌다. 여전히 독서에 관심이 있었던 사회계층은 르네상스 시기가 도래할 때까지, 떠도는 골동품상, 상호 증여, 혹은 수도원을 통해 책을 찾았다. 중세 시대 전체를 통틀어 세속적인 필사실이 유지되었지만—주로 이탈리아에서—주선을 받은 상인은 단지 부업으로 출판업에 종사할 뿐이었다. 그들은 주로 학자, 제지업자 혹은 약사였다.

파피루스 두루마리가 코덱스에 의해 완전히 밀려나면서 책값이 어마어마하게 올랐다. 이는 양피지가 비싸지만 모두가 원하는 재료였기 때문이다. 대부분의 사람들은 책값을 감당할 수 없었다. 이를 제외하면 중세 시대를 살았던 사람들은 극심한 문맹 상태였다. 카롤링거Karlonglinger 왕조와 메로빙거Merowinger 왕조 시대의 제후들과 제왕들조차 자신의 이름을 쓸 줄 몰랐다고 한다.

고대 사회에서 비교적 많은 주민이 장서를 소장하고 도서관을 보유하고 있었으나, 중세 초기에 이는 당연한 일이 아니었다. 책의 문화가 전적으로 교회의 감독으로 넘어갔다. 책은 희귀상품이 되었다. 수도원 바깥에 사는 사람들은 책이 모자라다고 느끼지도 못했다.

수도원 생활

국가종교로 격상한 기독교는 불안으로 요동치는, 고대 후기에서 중세 초기로 넘어가는 과도기를 겪으면서도 그 위상을 고수했다. 교회는 고대의 가치를 수호했고, 그로써 정치적인 의미를 지닌 체제로 기틀을 잡았다. 이때 교육이 중요한 역할을 했다. 말하자면 대변혁기에 교회는 교육을 독점했다. 기독교 수도원은 교육과 연구의 장소로 발전했고, 풍부한 지식은 수백 년간 수도원의 침묵 속으로 물러났다. 특히 두 명의 동시대인이 이런 결과를 빚어냈다. 카시도루스Flavius Magnus Aurelius Cassiodorus(490~583)와 베니딕트 폰 누르시아Benedict von Nursia는 거의 동시에 이런 정신적인 토대를 다졌다.

카시도루스는 로마 귀족 가문의 후예로 로마제국 말기 관료였다. 나중에 동고트족의 테오데리히Theoderich 황제는 그를 수상으로 임명한다. 황제가 죽고 정치적 소요가 일어나자, 카시도루스는 554년 고향인 칼라브리아Kalabria로 돌아왔다. 그러고는 아버지의 소유지에 비바리움Vivarium 수도원을 세워 평생 수도원장으로 봉직했다. 카시도루스의 시대에는 고대 문헌이 거의 다 파괴된 상태였다. 극소수의 책만이 겨우 남았다. 카시도루스는 고대 문헌이 성서를 이해하는 데 꼭 필요하다고 확신하며 고문서를 수집하고 보존하는 데 전력을 다했다. 이를 위해 수도원에 도서관을 설립하고, 종교적이거나 세속적인 책들을 필사할 때 필요한 지식을 전수하기 위해《성스러운 기관과 성서Institutiones divinarum et saecularium Literarum》라는 책을 썼다. 이 책에서 카시도루스는 종교적인 내용이 아니더라도 필사를 통해 작품을 보존하라고 했다. 특히 순수예술(혹은 자유예술) 분야의 책들을 보존하라고 규정했다. 순수예술의 보존은 돈을 버는 것을 목표로 삼지 않고 일반 교육에 쓰이며, 자유로운 시민에 어울리기 때문이라고 설명했다. 카시도루스는 수도사들이 고전 라틴어를 익히기 위해서 로마의 책들을 읽고, 필사하는 일이 중요하다고 보았다. 그 당시 교양 있는 상류층이 사용하던 라틴어는 비속한 라틴어와 구별되어 보편적인 교회 언어로 격상되었다.

베네딕트는 480년경에 부유한 지주의 아들로 누르시아에서 태어났다. 일반적으로 알려진 이야기로는 그가 529년에 로마와 나폴리 사이에 있는 몬테카시노^{Montecassino}에 수도원을 세우고, 수도원 생활에 대한 규율을 제정했다고 한다. 이 규율은 오늘날까지 모든 수도사 생활공동체가 따르는 근간이 된다. 베네딕트의 규율에는 수도원 도서관을 설치하라는 강제 조항이 있었고, 독서를 날마다 행하는 성스러운 의무로 찬양했으며, 독서 능력은 수도 생활에서 의무적으로 습득해야 할 문화로 규정했다. 규율 48장을 보면 "강연에 몰두하는 대신 수다를 떠는" 수사는 경고를 받는다고 쓰여 있다. 또한 이런 표현도 있다. "개선되지 않는 자는 규율에 따라 훈계하며, 이로써 다른 사람이 공포를 느낄 것이다." 베네딕트는 독서를 평가할 때 바울 사도를 언급하기도 했다. 바울은 서한으로 티모데우스^{Timotheus}에게 이렇게 경고했다. "내가 이를 때까지 읽는 것과 권하는 것과 가르치는 것에 착념^{著念}하라."(디모데전서 4장 13절)

베네딕트의 규율이 도서 필사를 언급하지 않았음에도, 필사로 이뤄지는 도서 복제는 연구과 강독을 위해 꼭 필요한 과제로 모든 수도원 공동체에 빠르게 퍼졌다. 고대 출판문화가 와해되었던 반면 베네딕트와 카시도루스의 규율은 기독교 수도원이 지식과 도서 보존의 본령으로 발전하도록 이끌었다. 수많은 원전은 도서의 필사, 장식 및 제본, 말하자면 생산의 과정 전체가 신의 뜻에 합당한 작업으로 간주되었음을 입증한다. 이는 필사가가 수확기를 제외하면 밭에서 경작할 때 불참해도 된다는 점에서 드러난다. 또한 필사가는 시간에 맞춰 드리는 기도, 조식 기도와 주요 예배 참석도 면제받을 수 있었다. 12세기에 클러니Cluny 수도원의 9대 원장이었던 페트루스 베네라빌리스Petrus Venerabilis가 진술했듯이, 이는 필사가 "입이 아니라 손으로 드리는" 기도였기 때문이다. 필사가들은 기껏해야 축일과 일요일에만 도서 복제 작업을 멈추고 예배에 참여할 수 있었다.

금욕적인 생활을 중요하게 여긴 카르투지오Carthusian 교단(1084년 창설)의 카르트라우제Chartreuse 수도원에서는 신실한 강독을 강조했다. 구이고 1세Guigo I 수도원장이 집필한 규정을 보면 "책은 우리 영혼의 영원한 양식이므로 극도로 세심하게 보관하라"고 했다. 구이고 1세는 "하느님의 말씀은 입으로 가르치라고 우리에게 주어진 것이 아니니, 이는 우리의 손으로 가꾸어야 한다"면서 필사 작업의 중요성을 강조했다. 한편 카르트라우제 수도원에서는 책의 치장과 장식에 특별히 주의를 기울이기도 했다.

기독교 중심 국가와 전도 지역에서 부속 수도원이 지속적으로 건립되면서 수도원은 꾸준히 늘어났다. 이로써 수도원 도서관의 기본 장서는 끊임없이 재생산되었다. 중세 초기에는 기본 장서가 대략 50권에 불과했지만, 중세 전성기에 이르러 수천 권 이상의 장서를 소유했다는 사실은 전혀 이상한 일이 아니다. 하지만 알렉산드리아 도서관과 비교할 때 중세 필사실의 성과가 생각만큼 대단하지는 않다. 그 시대에는 수도원에서만 책을 볼 수 있었다. 중세의 모든 수도원은 다음 좌우명에 합의했을 것이다. "도서관 없는 수도원은 무기고 없는 성과 같다."

필사실 – 중세의 정신이자 연결 장소

소설 《장미의 이름》에는 역사적 오류로 비난받아야 할 내용이 있다. 두 번째 장 중간 즈음에 바스커빌의 윌리엄William von Baskerville과 사서 힐데스하임의 말라키아Malachias von Hildesheim가 긴 대화*를 주고받는 내용이 있다. 이 대화는 이후 시각장애인이자 감시자인 부르고스의 호르헤Jorge von Burgos와 윌리엄의 신학 논쟁으로 이어진다. 사실 이런 대화는 필사실에서 절대 일어나서는 안 될 일이었다. 9세기 수도원에는 필사실에서 원칙적으로 정숙하라고 규정했다. 1134년의 총회 규정집을 보면 "수도사가 관례에 따라 필사하는 장소에서는 회랑에서처럼 완전히 침묵을 유지해야 한다"고 나온다. 이런 규정은 수도원에서 도서를 복제할 때도 종교적 엄숙함을 강

---

* 　오류 혹은 작가의 착각. 필사실(해당 도서의 원문에서는 '문서 사자실')에서 윌리엄과 대화하는 사람은 고문서 필사가인 알렉산드리아의 아이마로Aymaro von Alessandria다. 아이마로와의 대화 이후 윌리엄은 호르헤와 신학 논쟁을 펼친다.(《장미의 이름》(상권), 열린책들, 2007 참조)

조하고 있다.

　중세 필사실은 도서 생산을 목표로 다양한 자질과 높은 숙련도가 요구되는 장소였다. 필사자는 자신이 맡은 원본을 실수 없이 베껴 써야 하고, 편집자는 동일한 작품의 상이한 수서본들 중에서 원본 텍스트를 재구성했고, 주석가는 더 나은 이해를 위해 사본에 주해와 원전 표기를 달았다. 필사화가와 특수 도서 장식화가는 오늘날에도 경탄과 탄성을 자아내는 예술서적을 만들었고, 저자는 수도원에서 종교적인 창작 활동만 중시되었음에도 새로운 작품을 내놓았다. 이런 상황에서 사서가 원격대출이라는 방법을 통해 다른 수도원의 소장품을 어렵사리 조달하더라도 자기네 도서관의 장서가 기본 토대로 사용되었다.

　필사실에서는 수서본을 필사하고 장식하는 데 필수적인 재료들도 생산했다. 양피지와 다양한 색의 잉크와 귀금속 장식, 나무로 만든―나중에는 금속이나 가죽으로 만든―책 표지와 본문을 단단히 감싸 붙일 면지, 먼지와 빛의 작용으로부터 보호할 목적으로 화려하게 색칠한 덧싸개 등을 만들고 구했다.

　수도원의 도서관과 필사실은 나뉘어져 있지만, 도서를 생산하고 보관하는 하나의 방으로 생각해야만 한다. 두 방은 서로 연결되어 있었으며 한 명의 사서가 관리했다. 사서는 책을 조달 및 수집하고, 도서를 정리하고, 색인 목록을 작성했으며, 대출을 관리했다. 게다가 그는 양피지와 필사에 필요한 모든 원자재를 수급하고, 이를 필사가에게 나눠주면서 어떤 필사 업무를 어떤 수도사에게 부여할지를 결정했다.

게다가 사서는 중세 수도원 생활의 발명품인 원격대출을 조직했다. 오스트리아 슈타이어Staier의 베네딕트 수도회 사서인 아드몽Admont은 편지에 "친애하는 동료여, 나는 우리가 갖고 있지 않은 책 몇 권을 자네 교회의 유명한 도서관에서 대출해주기를 청하는 바이네"라고 썼다. 클러니 수도회는 도서 대출 상황을 자세히 기록하고 있다. 이로써 우리는 1252년 전 유럽의 수도원 도서관에서 117권이라는 자랑스러운 수의 책이 유통되고 있다는 사실을 알 수 있다. 다른 한편 대출된 책의 반납이 그리 정확히 이루어지지 않았음을 파악할 수 있다. 15세기에 카르트라우제 수도회 원장은 자기네 도서관에서 20년 전에 대출했던 두 권의 책이 이제 겨우 반납될 것 같다고 불평하기도 했다.

⁕⁕⁕

고대에는 책에 전혀 관심을 보이지 않던 사람들이 9세기가 되자 책에 눈독을 들이기 시작했다. 도적과 해적이 그들이다. 라임즈Reims의 대주교가 858년에 앵글로색슨의 베네딕트 수도사 베다 베네라빌리스Beda Venerabilis의 책 한 권을 대출해달라고 수도원에 청했을 때, 그는 다음과 같은 답신을 받았다. "대주교님께 베다의 《선집Collectanea》을 보내드리기가 걱정됩니다. 책의 아름다움에 매혹된 도적 떼의 공격을 염려할 수밖에 없습니다. 그들의 눈에 띄는 순간 아마도 이 책은 주교님과 제 곁에서 사라져 버릴 테니까요." 도서를 강탈당하는 일이 일상적으로 일어나는 일은 아니었으나 이런 사건은 점점 더 많이 일어났다.

해적들은 약탈을 저지르면서 값나가는 책을 훔쳤다. 플라톤의 대화 《티마이오스^{Timaios}》의 라틴어 번역본 《코덱스 발렌시엔네스 ^{Codex Valenciennes}》에는 이 책이 어떤 해적으로부터 되찾았다는 메모가 붙어 있다. 또한 750년경 캔터베리^{Canterburry}에서 제작된 호화로운 성복음서인 《코덱스 아우레우스^{Codex Aureus}》도 해적에게 도둑맞았다가 원래 소유주가 현상금을 주고 되찾은 것이다. 아마도 해적이 훔친 책을 팔기 위해 상점에 내놓았던 것 같다.

❧✿❧

양피지에 글씨를 쓰거나 채색을 하려면 비용이 많이 드는 공정^{工程}을 거쳐야만 했다. 먼저 벗겨낸 가죽을 석회용액에 담가 털과 표피에 남아 있는 살점을 남김없이 긁어냈다. 다음에는 가죽을 고정시켜서 건조했다. 그리고 가죽을 경석으로 윤내고, 호분으로 하얗게 만들었다. 늙은 동물 가죽과 어린 동물 가죽에서 얻은 양피지는 질적인 차이가 명확했다. 정교한 양피지는 갓 난 혹은 아직 태어나지도 않은 양 가죽으로 만들었다. 책의 양이 방대할수록, 크기가 클수록, 더 많은 동물이 희생되어야 했다. 아주 큰 성경전서를 만들기 위해서는 700개의 가죽이 가공되었다. 사용하는 가죽의 양과 질이 책의 가치와 가격에 큰 영향을 미쳤다. 이 때문에 수도원에서는 동물을 사육하기도 했다. 물론 수도원이 충분한 방목지와 농작지를 소유하고 있는 경우에만 가능한 방법이었다.

앞서 지적했듯이 수도원은 고대 지식과 문헌을 필사해서 확보하는 과제를 인식하고 있었다. 실제로 오늘날 우리에게 남겨진 서양의 고대 문헌은 중세 수도원의 필사실 덕분—여기서 아랍 세계가 고대 텍스트의 전승에 크게 기여했다는 사실을 숨기고 싶지 않지만, 이를 상세하게 다루기에는 책의 지면이 충분하지 않다—이지만, 그럼에도 많은 문헌이 고대 후기의 혼돈과 중세를 거치는 사이 소실되었다. 리비우스, 루크레츠Lukrez와 타키투스Tacitus의 몇몇 작품이 담긴 코덱스는 거의 남아 있지 않다.

괴테Goethe는 괴츠 폰 베를리힝겐Götz von Berlichingen*의 입을 통해 다음과 같이 말했다. "빛이 밝을수록 그림자도 짙다." 이런 견해는 중세 수도원 문화에도 해당된다. 왜냐하면 필사실에서는 고대 문헌들이 구조되었을 뿐 아니라 폐기되기도 했기 때문이다. 양피지의 엄청난 보존력 덕택에 헌 책을 지우고 새 책으로 만드는 일이 가능

---

* 괴츠 폰 베를리힝겐(1480~1562): 종교개혁시대 신성로마제국 프랑켄의 기사. 슈바벤Schwaben 농민전쟁으로 인해 유명해졌다. 그는 1504년에 바이에른Bayern과 라인팔츠Rheinpalz 간에 제후령 상속전쟁에 자발적으로 지원하여 바이에른 편에 서서 싸우다가 오른손을 잃었고, 귀향한 다음에 철로 만든 의수를 착용했다. 이 때문에 그는 의수를 한 괴츠라는 별칭을 얻었다. 괴츠는 1525년 4월에 강압적으로 농민군 지휘를 떠맡아 슈바벤 연합군에 대적했다. 이후에 이런 이유로 재판을 받았고 법적으로 무죄를 선고받았지만, 1528년 11월 27일에 아우크스부르크Augsburg에 출두하기는 했지만 결국 그곳에서 체포되었다. 감옥에서 1년 6개월 정도를 보낸 후에 그는 성으로 돌아갔지만, 그에게는 자기 성 밖으로 나가고, 말에 올라타는 일이 금지되었다. 괴테는 그를 동명의 5막 희곡의 주인공으로 삼았다. 역사 속의 괴츠와는 달리 괴테는 그를 요절한 인물로 묘사했다.

했다. 책에 새로 글자를 새기기 위해서 사람들은 헌 책을 칼과 경석으로 긁어냈다. 그런 책을 재록 양피지Palimpseste라고 부른다. 헌 책을 재록 양피지로 만드는 이유는 다양했다. 세속적인 내용의 불경한 태도 때문이거나, 내용이 부족하거나, 별 가치가 없거나, 전임자의 필사 업적을 무시하는 경우, 수도원장이나 사서는 과거의 텍스트를 없애는 결정을 내릴 수 있었다. 어느 누구도 얼마나 많은 책이 이런 식으로 사라졌는지 알 길이 없다. 사실 이 책들이 완전하게 사라진 것은 아니었다. 재록 양피지에 원래 쓰인 글씨를 다시 보고, 사진으로 기록하는 광학적인 방법이 개발되었기 때문이다. 적지 않은 고대 문헌을 이런 방식으로 되살릴 수 있었다. 키케로의 주요 저작인《국가론De republica》도 이렇게 해서 빛을 보았다.

필사실에서 수사들만 작업했던 건 아니다. 수녀들도 작품 보존에 중요한 역할을 수행했다. 무수한 중세 사본 간행 목록과 그림을 포함한 예술적인 내용은 섬세한 여성의 손을 거쳐 나온 것이었다. 12세기에 나온 이교도 설교집을 보면, 생생하게 묘사된 그림을 예쁜 장식글자로 동그랗게 둘러쌓아 놓았는데, 그 내용은 다음과 같았다. "구다Guda라는 죄 많은 여인이 책에 글씨를 쓰고, 그림을 그렸습니다." 알려진 바에 따르면 베소브룬Wessobrunn의 성 베드로 바오로St. Peter und Paul 베네딕토 수도원에 있었던 디모트Diemot라고 불린 수녀의 작품이 특히 뛰어나다. 그녀는 12세기에 45권의 수서본을 필사했다고 전한다.

500년 이상 필사실에서는 성스럽고 세속적인 수많은 작품을 만들었으나 누구도 이 노동에 대한 임금(헬러Heller와 페니히Pfennig* 한 푼조차)을 지불하지 않았다. 시간이 흐르면서 필사가의 노동에 대해서는 신이 보상해주실 것이라는 생각이 점점 더 당연시되었다. 11세기 생 바스Saint Vaast 출신의 수도승은 한 운문 작품에서 다음과 같이 말했다. "제가 이 책을 쓰면 …… 주님께서 제 업적과 수고를 측정하십니다. 말씀하시길, 얼마나 많은 문자가 …… 이 책에 있느냐, 그만큼 많은 네 죄를 내가 이미 사하였도다." 12세기에 나온 수서본을 제본한 이는 좀 더 명확하게 말하고 있다. "하느님의 종, 성자, 당신의 제자가 이 책을 바칩니다. 제게 천국의 영원한 보상을 내려주소서." '신의 보수'라는 주제는 삽화에서도 나타난다. 1160년경 만들어진, 세비야의 이시도르Isidor von Sevilla가 쓴 《어원학Etymologiae》에 있는 세밀화는 임종을 맞이한 서적 필사가의 모습을 보여준다. 예수 앞에서 책은 저울에 놓이고, 저울은 선善으로 기운다. 삽화를 통해 사람들은 수도승의 영혼이 하늘로 받아들여지고 악마가 빈손으로 돌아가는 모습을 볼 수 있다.

바로 이 시대 필사가이자 화가로서 경제적으로 보상을 받았다는 수도사의 보고가 있다. 우선은 재료비 지급만이 언급되어 있지만, 나중에 나온 기록을 보면 분명히 임금과 지불에 대해 보고하고

---

* 독일 동전 이름.

있다. 최초의 임금 지불은 수도원에서 이뤄졌는데, 당시 수도원 필사실에서 외부 주문자를 위한 계약이 성사되기 시작했기 때문이다. 그런 계약은 수도원 입장에서 보면 매우 매력적이었다. 그도 그럴 것이 책은 아주 비싸게 판매되었기 때문이다. 동시대 문헌을 보면, 미사 경본* 혹은 시도서時禱書** 한 권 값으로 경작지나 수백 통의 포도주 혹은 포도밭을 살 수 있었다는 사실이 기록되어 있다.

점점 늘어나는 도서 수요 덕분에 자유 필사가와 삽화가들이 생겨났다. 이들은 계약된 작업을 전문적으로 수행했다. 궁정에서는 구술 강연 이외에 문서로 쓰는 시문학을 장려하는 소망—특히 독서에 익숙한 여성들의—이 서서히 생겨났다. 구술과 집필 두 가지 전승 형태의 병존은 흥미로운 상황으로 나타났다. 볼프람 폰 에셴바흐Wolfram von Eschenbach는 《파르치팔Parzival》에서 이렇게 고백했다. "저는 글자를 모릅니다." 그는 자신의 작품을 받아쓰도록 했다. 그 당시 저자들에게 문맹은 생소한 일이 아니었던 것 같다. 왜냐하면 에셴바흐와 동시대 사람인 비른트 폰 그라벤베르크Wirnt von Gravenberg도 그랬기 때문이다. 그는 유일하게 알려진 작품 《비갈로이스Wigalois》에서 볼프람 폰 에셴바흐를 시로 칭찬한다. "어떤 현의 입도 그보다 더 훌륭하게 말하지 못한다." 여기서 사용된 '현'이라

---

* 가톨릭교회에서 예배 진행을 위해 기도문, 중요한 성가, 필요한 지침을 실은 책.
** 중세시대에 유행한 기도서. 사계절의 변화와 시간의 흐름에 따라 특정한 시간대에 맞춰 기도문과 예배 방식을 적어놓은 지침서. 공통적인 내용도 있지만, 주문자의 취향에 맞춰 특별히 담은 내용도 있다. 귀족들의 의뢰로 만든 시도서는 특히 화려했다. 성서의 장면들과 당시 사람들의 생활 모습이 생생한 그림으로 담겨 있기도 하고, 성과 저택이 그려져 있기도 하다.

는 개념은 글을 쓸 줄 모르는 에셴바흐의 상황과 연관된다. 비른트 폰 그라벤베르크는 "말로 남긴 책"의 서두에 자신과 자신의 작품에 대해 이렇게 진술했다. "나를 해독하고 이해할 수 있는 자가 있다면, 내게 그 어떤 오류가 있다 해도 관대할 것이다." 몇몇 연구자들은 이 내용을 문맹자의 고백이자, 기록할 때 생길 수 있는 오류는 저자에게 책임을 물을 수 없으며, 또한 이를 묻지 않아야 한다는 일종의 암시로 본다.

대학의 발명, 유럽에 도입된 종이

교회에 설치된 학교와 수도원 학교 외에 11세기에 이르러 처음으로 이탈리아에 대학들이 생겼다. 프랑스와 잉글랜드에서는 12세기에 대학이 설립되었다. 14세기 후반에는 빈Wien과 하이델베르크Heidelberg에 대학이 생겼다. 이로써 교회의 지식 및 교육 독점은 서서히 와해되기 시작했다. '자유 7과'라는 입문 과목을 이수하면 신학, 법학, 의학을 배울 수 있었다.

학업의 토대는 대학 교수의 강연을 정리한 교재였으며, 학업을 이수한 이후 그것의 재생산, 대여, 판매와 소유에 대한 규정이 확정되어 있었다. 대학 문헌의 재생산, 대여 혹은 판매는 말하자면 지정 도서사업장이나 서점이 맡았는데, 이들은 대학에 속하지 않았으나 긴밀하게 연결되어 있으면서 대학의 규정을 고수했다. 이들은 문헌을 재생산하고 판매하는 일 이외에 각종 문서와 시험을 치른 학생의 책을 인수하기도 했다. 왜냐하면 대학은 강연 내용의 독점에 관심이 컸기 때문이다. 1289년 볼로냐 대학의 정관은 도서관이 대학의 자료를 다른 대학에 판매해서는 안 된다는 사실을 분명히 규정했다. 이 시기에 볼로냐에는 117개의 작품으로 구성된 대학 문집이 있었다. 하지만 대학 서점에서는 그 어떤 경우에도 자유 거래를 언급할 수 없었고, 도서가 대여되고 판매될 때에는 대학이 정한 가격이 통용되었다.

프랑스에서는 대학 서점 이외에 자유 상인들이 있었지만, 그들은 가격이 10수^{sous}*까지의 도서만 판매할 수 있었고 야외에서 거래해야 했다. 잉글랜드에서는 지정 도서사업장이나 문헌 필사가가 1403년에 하나의 길드로 통합되었는데, 이는 세계 최초의 출판연합회였다. 이 단체는 사업의 이익을 위해 서적상의 수를 제한했고, 덕분에 시장 통제가 원활하게 이루어졌다.

대학 건립은 법률사무실의 등장과 관련되어 있다. 법률사무실은 통치자나 도시의 관청 기관이라고 정의할 수 있으며, 문서를 교환하고, 관리하며, 증명서를 발급하는 일을 담당했다. 법률사무실 직원은 주로 대학 법학부에서 모집했으며, 졸업생은 행정관리 전문인으로서 교육받았다. 처음에 수가 많지 않았던 독서 숙련자 계층은 대학과 법률사무실이 연이어 설립되면서 교회 외부의 영향력 있는

---

*   프랑스의 화폐 단위(동전).

지식인층으로 급성장했다. 이들은 지금까지 존재하지 않던 새로운 계층이었다. 지식인층에는 의사와 건축가도 속했는데, 이들은 대부분 도시에서 많은 돈을 벌었다.

양피지로는 연구 문헌, 법률사무실 문서, 학문과 그밖에 문헌 등으로 끊임없이 증가하는 수요를 감당할 수 없었다. 특히 가격이 문제였다. 중세 후기 유럽은 이런 새로운 재료를 필요로 했다. 이를 위해 스페인에서는 1150년에, 이탈리아에서는 1250년에, 프랑스에서는 1338년에 최초의 제작소가 세워졌다. 이 시대에 책을 만들 새로운 재료는 바로 종이였다.

최초의 종이는 중국에서 105년에 탄생했다. 종이를 발명한 사람은 채륜蔡倫으로, 그는 그해 농산부 장관직을 맡고 있었다. 아랍인들은 751년에 사마르칸트Samarkand를 지배했을 때 그곳의 중국인 숙련공들을 전쟁포로로 만들었다. 아랍인은 그들로부터 종이를 만드는 비밀을 알아내고 생산기술을 개량했다. 이들은 금속 격자의 거름망을 이용해 투문water mark*을 넣을 수 있었다. 종이는 이슬람령 스페인을 넘어 마침내 기독교 문화권으로 전래되었고, 이슬람의 선진적인 생산방식은 빠르게 퍼져나갔다. 1300년경 독일 상인들은 알프스 브렌네르Brenner 고개를 넘어 종이를 들여왔다. 1390년에 최초의 제지공장이 뉘른베르크Nürnberg 성문 앞에 들어섰다. 그로부터 60년 뒤 독일에는 연간 전지 1000만 장 이상을 생산하는 20개의 제지공장이 존재했다.

---

*   종이를 빛에 비춰 보았을 때 보이는 투명무늬.

양피지와 비교하면 종이는 스무 배나 저렴했지만 견고했다. 많은 양을 빠르게 생산할 수 있다는 장점도 있었다. 양피지에서 종이로 재료가 바뀌면서 책은 중세시대에 누렸던 독점적인 지위와 성스러운 후광을 잃어버렸다. 책은 성장하고 있는 궁정과 도시 고위층의 매체가 되었다. 그들은 이미 성직자의 후견에서 벗어나고 있었다.

⚜

1240년경, 그러니까 이탈리아에 최초의 제지공장이 세워지기 10년 전에 프란체스코파 수사 에라즘 골렉 비텔로Erazm Golek Vitello가 11세기 아랍 자연과학자인 아부 알리 알하산 이븐 알하이탐Abu Ali al-Hasan ibn al-Haitham의 주저《광학의 보물Kitab al manazir》을 번역했다. 이 책에는 최초로 한 학자의 추측이 실려 있다. 그에 따르면 유리로 만든 구형求刑 물체로 대상을 확대해서 볼 수 있다고 한다. 증거는 부족하지만, 아랍 지역에서 그 누구도 이 이론을 실제로 실험할 계획을 세우지 않았던 듯하다.

그런데 독일과 잉글랜드에서는 이 발견이 큰 소동을 야기했다. 연로하고 시력이 나빠 고생하는 사람들에게 도움을 줄 수 있다는 아이디어가 나왔기 때문이다. 그때까지 이런 사람들은 문학을 누릴 수 없었다. 얼마 후 사람들이 반구半球보다 조금 큰 형태의 평철平凸 렌즈를 만들어 대형 서적 위에 놓았을 때 아랍의 책에 기술된 효과, 즉 글자가 확대된 모습을 확인할 수 있었다. 이 광학적인 보조 수단은 투명한 크리스털을 연마해 만들었기 때문에 독서용 돌lapides ad legendum이라고 불렸다. 여기에는 녹수정beryll도 포함되었는데, 바

63

로 여기에서 우리가 쓰는 독일어 단어 '안경Brille'이란 용어가 나왔다. 독서용 돌은 들불처럼 퍼졌음에 틀림없다. 왜냐하면 이 도구가 비교적 짧은 시간에 각종 순수문학과 학술적 문헌에 등장했기 때문이다.

영국 프란체스코 수도회에 속한 로저 베이컨Roger Bacon은 1267년 《대서Opus maius》라는 책에 "독서용 돌은 나이든 사람과 시력이 좋지 않은 사람에게는 매우 유용한 도구다. 그것 덕분에 작은 철자를 충분한 크기로 알아볼 수 있기 때문"이라고 적었다. 1270년에 독서용 돌은 중세 독일어 문학작품에도 언급된다. 미네장minnesang* 가수 알브레히트 폰 샤르펜베르크Albrecht von Scharfenberg는 자신의 연가 〈청년 티투렐Der jüngere Titurel〉에 다음과 같은 내용을 넣었다. "안경이 그 안에 있는 글자를 확대하듯이,/ 내면에 덕성을 지닌 그대의 마음도 그와 같다네,/ 마음은 높게, 넓게, 그리고 길게 자라네."

이후 사람들은 렌즈를 양면이 볼록한 형태로 만들어 글자 위가 아니라 눈 가까이로 가져 왔다. 렌즈를 좀 더 잘 지지할 수 있도록 테를 달았다. 누군가가 두 개의 알을 모아서 접합하는 아이디어를 냈다. 그 결과 시력 보조기구를 코에 걸 수 있었다. 이렇게 하여 최초의 안경이 고안되었다. 1300년과 1301년 베네치아에서는 안경 생산과 거래에 대한 최초의 법령이 통과되었다. 1352년에 안경은 회화에도 등장했다. 토마소 다 모네다Tommaso da Modena는 트레비소Treviso의 산 니콜로 도미니카 수도원 회의실에 있는 프레스코

---

*   12세기부터 14세기까지 독일에서 유행한 연가. 세속적인 사랑을 표현한 노래.

fresco*에 후고 드 프로방스Hugo de Provence 추기경의 모습을 그렸다. 그는 연단에 서서 무언가를 적고 있었는데, 코 위에는 안경을 걸치고 있었다.

11세기 중엽부터 13세기 말까지, 250년 동안 대학과 사무실의 건립, 종이의 전파, 사회의 완만한 도시화, 안경 발명 등의 변화를 거치는 사이에 독서에 익숙한 상위층이 생겼다. 이들 덕분에 도서 생산이 눈에 띄게 증가했다. 손으로 필사하는 방법으로는 그 수요를 충족시킬 수 없었다.

최초의 저작권 판례와 서적전쟁

📖

550년경 아일랜드의 군주이자 국가 대법원장인 다이아무이트Diarmuid는 한 건의 소송을 맡았다. 이를 해결하면서 그는 새로운 법을 만들었다. 모빌라 수도원의 방문객이었던 수도사 콜름 싸일Colm Cille**은 밤에 몰래 수도원에 있던 시편psalter을 자신이 가져온 온 양

---

* 　회화 기법의 일종. 회벽을 바르고 마르기 전에 물에 안료를 개어 그린다. 물감이 마르면서 회반죽과 함께 굳어 영원히 벽의 일부가 되는 습식 프레스코와 이미 마른 벽에 그림을 그리는 건식 프레스코 기법이 있다.

** 　성 콜룸바Saint Columba(521~597). 본명은 콜름 싸일. 아일랜드의 수도사. 수도원 도서관에서 피니언의 책을 필사했고, 필사본을 둘러싼 분쟁으로 서적전쟁이 발발했다. 561년 그의 일파가 퀼 드레임을 공략해 승리를 거뒀다. 이 전투에서 약 3000명이 전사했다. 그는 수도원에서 필사한 책을 《Cathach of St. Columba》라고 불렀는데, 현재 아일랜드 왕립대학에서 보관하고 있다. 이후 그는 살육을 속죄하며 12명의 동료와 함께 아일랜드를 떠나 스코틀랜드 아이오나 섬에 교회를 세워 기독교 부흥에 일생을 바쳤다. 지금은 성인 콜룸바로 불린다.

피지에 베꼈다. 시편은 수도원 원장 피니언Finnian이 작성한 것이었다. 피니언 수도원장은 복제 사실을 알고, 콜름 싸일이 베낀 필사본을 넘겨줄 것을 요구했다. 그가 거절하자 수도원장은 아일랜드의 군주에게 사안의 판결을 요청했다. 군주의 판결은 간단명료했다. "송아지가 어미 소에게 속하듯이, 필사본은 원본에 속한다." 콜름 싸일은 필사본을 수도원장에게 넘겨줄 수밖에 없었다.

이 판결은 이제까지의 판례를 완전히 뒤집어놓았다. 중세의 판결은 로마의 법을 따랐으며 로마법은 교회의 영역에서도 변치 않았다. 통용되던 판례를 따른다면 필사본은 수사의 것이라고 공언되었어야 했다. 로마법에 의하면, 창작물의 내용은 법적 보호를 받을 수 없었고, 작품의 필사본은 마치 양피지가 그 주인의 소유물인 것처럼 필사한 사람의 것으로 귀속되었기 때문이다.

연대기 작가들은 아일랜드의 군주가 내린 판결 때문에 퀼 드레임Cúl Dreimne 학살이 일어났다고 본다. 판결에 불만을 품은 콜름 싸일이 자신의 동맹군과 함께 561년 다이아무이트에게 대항해 전쟁을 일으켜 승리했기 때문이다. 그래서 문헌에서는 이 학살을 서적전쟁이라고 부른다.

아일랜드 군주의 판결은 중세시대에서 예외적인 사건이었다. 고대 후기부터 13세기가 될 때까지 저작권법을 수정하려는 어떠한 단초도 발견되지 않기 때문이다. 그 이유는 이 시대의 저작권자가 거의 성직자밖에 없다는 사실과도 연관이 있다. 성직자들에게는 저작권자라는 자각이 없었다. 그들은 스스로 하느님에게 영감을 받아 기록하는 도구에 불과하다고 생각했다.

12세기 중반에 궁정 시인이 자리 잡고, 세계적인 문화를 창조하고 종교상의 후견을 벗어버리기 시작한, 기사 사회가 전개되면서 고유한 저작권 의식이 다시 생겨날 수 있었다.

❧

궁정 서사시, 영웅시가, 미네장, 잠언, 해학, 역사 연대기, 전설과 윤리적인 이야기를 표방하는 순수문학이 널리 퍼지고 있었다. 이때 한 편의 법률 책이 '원작자'라는 개념을 담아 출간되었다. 이 책은 아이케 폰 레프고 Eike von Repgow 의 《작센슈피겔 Sachsenspiegel》*로, 1220~1235년 사이에 라틴어로 작성되었다. 저자는 작센에서 일어나는 관습법을 문서로 기록하기로 결심했다. 이로써 독일 문학에서 가장 오래된 거대한 산문집이 탄생했다. 곧바로 《작센슈피겔》은 공공 법전으로 간주되었다. 이 책은 법률사에 어마어마한 영향을 끼쳤고, 몇몇 독일 국가에서 19세기까지 통용되었다.

대부분의 중세 저자와 달리 아이케 폰 레프고는 서문에 자신을 저자로 인식해 글을 썼다. "지금 호이어 백작 Graf Hoyer 로 불리는 팔켄슈타인 군주께 감사를 표합니다. 그분의 청으로 아이케 폰 레프고가 책을 독일어로 다시 썼습니다. 애초에는 납득하지 못했으나 결국 이 작업을 맡았습니다." 아이케 폰 레프고는 책 제목과 작명 의도를 설명한다. "이 책을 《작센슈피겔》이라고 칭한 이유는 이 책을 통해 작센의 법이 널리 알려질 것이기 때문입니다. 이는 마치 여

---

*   독일어로 거울을 뜻하는 '슈피겔'이라는 단어에는 규범집과 법감이라는 뜻도 있다.

성들이 거울을 통해 자신의 얼굴을 알게 되는 것과 같습니다."

아이케 폰 렙프고는 제목을 부여하고 저자로서 자신의 이름을 언급하는 동시에 저작권자로서 자의식을 표현했다. 그는 필사본이 잘못되거나 의미를 왜곡하거나 위조될 것을 걱정하면서, 자신의 작품에 그런 짓을 저지르는 사람들을 향해 악담을 덧붙인다. "거대한 걱정이 나를 엄습한다. 많은 사람이 부기^{附記}를 써서 이를 확장할 것이고, 이로써 법이 뒤바뀌기 시작할 테고, 이 모든 일이 내 이름으로 행해질 것이기 때문이다. …… 불법적으로 거래하고 이 책으로 불법을 행하는 모든 자, 또한 거짓된 것을 덧붙이려는 이들에게 다음과 같은 저주를 내린다. 그들은 나병에 걸릴 것이요, …… 불법을 조장하거나 숙고 끝에 탄생한 이 글에 엉터리 사실을 섞고자 하는 자는 신 앞에 저주를 받을지어다."

책의 악담에는 장구한 전통이 있다. 요한계시록에는 다음과 같이 쓰여 있다. "내가 이 책의 예언의 말씀을 듣는 각인에게 증거하노니 만일 누구든지 이것들 외에 더하면 하나님이 이 책에 기록된 재앙들을 그에게 더하실 터이요. 만일 누구든지 이 책의 예언의 말씀에서 제하여 버리면 하나님이 이 책에 기록된 생명나무와 및 거룩한 성에 참예함을 제하여 버리시리라."(요한계시록 22:18~19) 책의 악담은 원본을 지키려는 시도로 고대와 중세시대 내내 사용되었다. 그러나 아이케 폰 레프고는 작품이 작가의 승인 없이 변형되는 것만 걱정한 건 아니었다. 그는 무엇보다도 그런 일이 자신의 이름을 걸고 일어난다는 점을 염려했다. 이때에는 아직 필사본이—이미 무보수로 이뤄지는 필사는 없었다—저주받은 건 아니었지만, 저자의 인격권을 훼손하는 날조된 필사본은 저주를 받았다. 이러한 저자의 자의식은 새로운 자각이며 저작권법으로 가는 길에 중요한 이정표이기도 하다.

양홍洋紅 색으로 제본하고 은색 표지를 감싼
무수히 많은 책, 그 화려한 광경.
이 도서관에 있는 모든 책은 지극히 아름답다.
전부 깃펜으로 쓰였고, 인쇄된 것은 없다.
왜냐하면 공(페데리코 다 몬테펠트로Federico da Montefeltro)께서
그것을 부끄럽다고 여길 것이기 때문이다.
모두 최상품의 양피지로 만들었고,
정교한 세밀화를 그려 넣었다.

— 베스파시아노 다 비스티치Vespsiano da Bissticci (1421~1498)

도서 인쇄술은 사실이다.
세계사와 예술사의 두 번째 역사가 여기서 시작된다.
그 역사는 처음과는 전혀 다르다.

— 요한 볼프강 폰 괴테Johann Wolfgang von Goethe (1749~1832)

르네상스와
책의 귀환

르네상스 최초의 서점

"서적상이자 피렌체의 시민, 베스파시아노, 이 책의 첫 권 말미에 자네에 대해 언급하지 않고 넘어갈 수는 없네. 사실 자네는 우리의 지난 세기에 언급할 만한 가치가 있는 히브리어, 그리스어, 라틴어로 쓰인 문집의 지식과 그 저자들을 잘 기억하게 해주었네. 덕분에 주교, 왕, 제후와 세 가지 언어를 쓰는 학자들이 완벽한 도야를 향해 매진할 때면, 그들의 발걸음이 항상 자네를 향하지 않는가. 나도 학자들이 남겨놓은 문집에서 자네의 도움을 아주 특별하게 받아들였다네. 그중 다수는 이미 자네가 내게 소개해준 것이기도 하지. 그러니 불멸의 존재로 남아주게. 내가 그렇게 말해도 된다면 말일세."

오늘날 소수의 전문가에게만 알려진 사제, 교사이자 작가이기도 한 초미노 다 피스토이아^Zomino da Pistoia는 미완성으로 남은 자신의 세계 연대기 첫 권 끝 부분에 헌사를 달아 피렌체의 서적상 베스파시아노 다 비스티치를 칭송했다. 동시대 번역가 안젤로 데쳄브리오 ^Angelo Decembrio는 다 비스티치에 대해 이렇게 진술했다. "사람들은 뛰어난 서적상이요, 그중에서도 가장 뛰어난 자, 피렌체에서 잘 알려진 베사파시아노를 칭송한다. 이탈리아 사람들과 또한 아주 꼼꼼하게 만들어진 책을 사려는 주변 국가의 사람들이 그에게 몰려간다."

이렇게 칭찬을 받은 서적상의 삶과 업적은 역사상 세 번째 매체 혁명인 구텐베르크^Gutenberg의 활판인쇄술이 나오기 전까지 영향을 끼쳤다.

베스파시아노 다 비스티치는 1421년 방직업자의 여섯 아이 중 넷째로 태어났다. 그는 단출한 상황에서 성장했고, 그의 집안은 그에게 '자유 7과' 교육을 받게 할 여유가 없었다. 10살 때 그는 한 서점에서 일자리를 얻었다. 그는 때때로 추기경 귀리아노 체사리니 ^Guilian Cesarini의 저택으로 심부름을 갔다. 영특한 아이를 맘에 들어 한 추기경은 그가 신학을 공부할 수 있도록 재정적 후원을 제안했다. 잠시 생각하더니 베스파시아노는 가난한 생활에서 벗어나 사제가 될 기회를 포기하고 서적상으로 남겠다고 했다. 그의 학력으로는 통속 라틴어만 표현할 수 있었고, 나중에야 표준어를 읽을 수 있었다. 말년에 그는 "글쓰기는 내 천직이 아니다"라고 말했다. "나는 라틴어를 공부하지 않았다. 내가 아는 모든 지식은 학사들과의 교제를 통해 대화에서 배웠다." 하지만 베스파시아노 다 비스티치는 노년에 작가로도 활동했다. 《르네상스의 위인들Große Männer und Frauen der Renaissance》은 독일에서 다양한 판본으로 등장했다. 이는 이탈리아 초기 르네상스 세계를 담은 가장 중요한 문헌으로 간주된다.

1440년에 스무 살도 채 안 된 베스파시아노는 코시모 드 메디치Cosimo de'Medici의 총애를 받았는데, 그의 가문은 몇 년 전에 피렌체에 대한 실질적인 지배권을 얻었다. 얼마 되지 않아 베스파시아노는 토마소 파렌투첼리Tommaso Parentucelli와 친교를 맺었는데, 그는 7년 뒤 니콜라우스 5세Nikolaus V 교황이 되었다. 짧은 기간에 베스파시아노 다 비스티치는 피렌체의 서적상들 사이에서 주도적인 위치에 올라섰다. 그 후 몇 년도 안 되어 그는 유럽 길드에서 가장 중요한 대표가 되었다. 그는 이 직종의 오랜 역사 속에서 부를 축적할 수 있었던 몇 안 되는 서적상 중 한 명이었다.

가난한 집안 출신인 베스파시아노 다 비스티치가 어떻게 피렌체의 엘리트 집단으로 올라설 수 있었는지는 오늘날까지 수수께끼로 남아 있다. 인본주의적 생각을 품은 초기 르네상스 사회에 어느 정도 융통성은 있었지만, 베스파시아노가 최고위층으로 올라선 것은 특별한 일이었다. 역사가 베른트 로에크Bernd Roeck는 유례없는 출세에 관해 이렇게 설명한다. "이는 바로 그의 소명이요, 훌륭한 서적 덕분이다. 책은 그의 마음과 보물함을 열었다." 언뜻 보기에는 단순한 추정이지만, 르네상스 시기의 사회 변화와 당시 피렌체 사회에서 책의 역할을 고찰할 때 매우 중요한 단서가 된다.

11세기 말부터 13세기 말까지의 십자군전쟁은 정치·군사적으로 실패했지만, 이 시대에는 동방과 밀접한 무역관계를 지속하고 있었다. 동방무역은 주로 이탈리아 항구도시와 무역도시에 막대한 풍요를 가져다주었고, 그 도시들은 정치적인 영향력을 키웠다. 베네치아는 동방무역의 독점권을 얻었고, 피렌체는 섬유무역에 종사하다가 이후 국제적인 금융업으로 기상천외한 부를 창출한 메디치가와 함께 성장했다. 번창하는 무역과 팽창하는 금융업의 수혜자는 서서히 성장하는 시민계급이었다. 그들은 자유롭고 자의식을 갖춘 계층으로 자리를 잡아갔다. 부유한 시민계층은 귀족과 성직자 계급에 의해 규정되지 않는 새로운 도시문화를 만들어냈다.

법률가 발터 바페르트^{Walter Bappert}는 《저작권법으로 가는 길^{Wege zum Urheberrecht}》이란 책에 그 과정을 이렇게 기술했다. "새로운 자극의 중심이자 선도자는 부유하고 자립적인 이탈리아 도시국가들이었다. 그 대변자는 어느 곳보다 먼저 출세한 시민계층이었다. 이들은 새로이 취득한 권력과 지위 안에서, 전통에 어긋나고 혁신적인 것을 편견 없이 유연하게 받아들였다. 그들은 세계와 사물을 보는 고유의 시각으로 새로운 세계관을 형성하기 위한 전제를 스스로 갖추고 있었다."

이런 새로운 세계관의 중심에는 중세를 관통하는 주제인 신이 아니라 인간 자신, 그리고 신과 세계 사이에서 자기 위치를 발견한 개인이 있다. 세계는 그때부터 전혀 다르게 보였다. 상징주의적인 견해로부터 벗어나 성직자 및 봉건주의적인 권위를 고려하지 않고, 직접적인 세계 경험과 자연 관찰을 근거로 삼는 과학과 철학이 생겨났다. 인간의 생애는 단지 초월적인 구원을 기다리는 예비 기간이 아니라 세계와 인간을 연구하고, 교육을 통해 이를 인식하고 형성할 기회로 포착되었다. 세계를 향한 호기심 어린 이런 시각은 과거로도 향했다. 이로써 중세시대에 홀대받던 역사를 다시 '마기스트라 비타에^{magistra vitae}', 즉 삶의 스승으로 인식하게 되었다. 세계의 발견과 역사의 재발견—특히 고대의 재발견—이 함께 나타난 것이다.

사회적·정신적인 변화로 인해 책은 수도원 은거隱居에서 벗어나 사회 중심에 도달했다. 14세기 후반 피렌체에 개인적인 필사공방부터 기업식으로 영업하는 서점이 생겼다. 이곳에서는 고대처럼 책을 분류하고 보관했다. 이 사업은 날로 번창했고 그 결과 피렌체는 15세기 이탈리아에서 가장 활기찬 수서본의 중심지로 자리를 잡았다. 또한 피란체는 그리스어, 라틴어 원전을 공급하는 유럽의 중심지로 간주되었다. 군주국가 전역에서 필사가와 필사화가들이 몰려들어 일자리를 구했다. 제지공장과 양피지공장은 확실한 판매를 예상할 수 있었다. 메디치가는 수중에 있는 피렌체를 이탈리아의 주도적인 문화·정치권력으로 확장하는 중이었다.

베스파시아노의 시대에는 서점들이 도서 생산의 전 과정을 조직했다. 그들은 필사가와 세밀화가를 고용하고 종이나 양피지를 조달하는 한편, 주문받은 책을 이를 복제하고 팔기 위해 유럽 전역을 누비고 다녔다. 서적 상인들은 때때로 책을 다시 유통하기 위해 도서관의 장서 전체를 사들이기도 했다. 그들은 문의를 받은 도서의 목록을 제작하고, 그들이 찾는 책이 어디선가 송부되리라는 희망으로 목록을 여행자들에게 딸려 보냈다. 고대와 마찬가지로 서점은 다시 학자들의 집합소이자 지성 교류의 장으로 발전했다.

피렌체 사회는 책을 숭상했고 마치 장서 수집벽이라도 있는 듯 기억에서 사라진 책들을 찾았고 개인 소유의 도서관 장서로 축적했다. 이 덕분에 베스파시아노는 혜성과도 같이 사회에서 빠르게 상승했다. 베스파시아노는 모든 면에서 당대 여타 서적상들보다 앞섰다.

이탈리아 외교관인 지아노초 마네티Gianozzo Manetti는 베스파시아노에게 보낸 서한에 이렇게 썼다. "자네 지위와 직업에 필요한 것보다 자네는 훨씬 더 훌륭한 재능을 가지고 있네." 실제로 그러했다. 베스파시아노의 서점에서 북아트의 대작들이 탄생했다. 그는 주문받은 도서를 조달해주는 정보 제공자들의 네트워크를 만들고, 서적상으로서의 야심을 감춘 채 판매와 관계없이 자신의 가게에서 책을 보는 고객들에게 집중했다. 베스파시아노는 단행본만 판매한 것이 아니라 도서관을 설치하고 책을 펴내기 위해 작가들을 독려했다. 예를 들어 이 장 초반에 언급했던 초미노 다 피스토이아는 처음에 자신의 《세계 연대기》 1권의 필사를 허용하지 않았다. 하지만 베스파시아노의 독려로 필사본이 제작되었다. 베스파시아노는 이 책을 이탈리아 전역뿐 아니라 스페인, 프랑스, 잉글랜드까지 공급했다.

베스파시아노는 교황의 도서관에 책을 공급했고, 유럽 전역의 제후과 왕이 그의 고객이었다. 그럼에도 베스파시아노는 후원자인 코시모 데 메디치로부터 가장 많은 주문을 받았다. 베스파시아노가 남긴 기록에 의하면 코시모는 산 로렌초^{San Lorenzo} 교회 옆에 사제관을 지었다. "사제관이 완성되었을 때, 공께서는 성실하고 학식 있는 사람들이 묵을 장소를 어떻게 정비해야 할지 심사숙고하셨다. 공께서는 그곳에 훌륭한 도서관을 짓고자 하셨다. 어느 날―내가 공의 방에 머물고 있을 때―공께서 말씀하셨다. '이 도서관을 어떤 장서로 채워야 할는지 자네가 말해보겠는가?' 나는 '요즘은 귀한 책들을 구할 수 없어 구매는 불가능합니다'라고 대답했다. 이에 공께서 '그렇다면 도서관을 건립하기 위해 무엇을 할 수 있는가?' 하고 물으셔서 나는 '그 책들을 필사하셔야 합니다'라고 말씀드렸다. 그러자 공께서는 내게 그 과업을 맡는 게 어떤지 물으셨다. 이에 나는 크게 만족했다. …… 도서관 건립이 착수되었을 때 공께서는 최대한 서두르기를 바라셨다. 자금에 부족함이 없었기에 나는 45명의 필사가를 고용해 22개월 만에 200권의 책을 완성했다."

도서관 장서의 대량 주문은 출판업자 베스파시아노의 생애에서 정점이자 전환점이 되었다. 당시 독일에서 활판인쇄라는 구텐베르크의 발명품으로 말미암아 역사의 세 번째 매체혁명이 완수되었기 때문이다. 이는 베스파시아노의 직업에 영향을 끼치지 않을 수 없었다.

세계를 뒤흔든 매체혁명

요하네스 구텐베르크^{Johannes Gutenberg}는 도서인쇄나 인쇄술 자체를 고안한 것이 아니라 가동활자를 이용한 인쇄 방식을 발명했다. 이를 활판인쇄술이라고 한다. 중국에서는 4세기에 이미 종이에 인쇄를 했다. 적절하게 가공한 돌에 먹을 칠하고 종이를 덮어 문질렀다. 이런 인쇄 기법은 수세기가 지나도록 변함이 없었다. 1380년경 독일 남부에서 같은 원리에 기초한 목판이 등장했다. 이는 새로운 발명품이 아니라 그때까지 사용하지 않았던 소재를 익히 알려진 인쇄 기법에 적용한 것이다. 목판은 값비싼 카드게임에 대한 거대한 수요덕분에 생겨났다. 1400년부터 알프스 국가들의 수도원에서 '페스트블래터Pestblätter'가 생겨났다. 이는 수호성인의 그림, 기도서나 페스트 예방을 위한 의학적인 조언을 실은 목판화였다. 목판화는 나무에 새긴 글자와 삽화에 색을 칠하고 종이를 덮은 다음 문질러서 인쇄하는 방식이었기 때문에 한 면만 인쇄할 수 있었다.

1430년경 최초의 목판인쇄본Blockbücher이 나왔다. 목판본을 만들기 위해 사람들은 목판 두 개를 종이에 앞뒤로 붙였다. 그렇게 인쇄한 종이를 묶어 단단히 제본했다. 이로써 다양한 두께로 인쇄한 책을 200~300권 사이로 발행할 수 있었다. 목판본에는 주해가 달린 삽화가 들어 있었다. 주로 종교적인 내용이 많았으나 점차 세속적인 내용의 삽화가 삽입되기 시작했다.

목판본의 유포는 한편으로는 기업적인 도서 판매의 초기 형태가 존재했음을, 다른 한편으로는 제한적이기는 하지만 구매력이 있는 독자층이 존재했음을 증명한다. 교양과 독서에 대한 사회적 관심이 늘어나자 목판본으로는 급증하는 책 수요를 맞추기가 어려웠다. 예전에 비해 제작비가 덜 들긴 했으나 목판을 활용해 책을 만드는 과정에는 여전히 비용이 많이 들었다. 시대적으로 새로운 매체기술을 도입해야 하는 상태에 이르렀다.

1400년경 도시귀족 프릴레 겐스플라이슈 추르 라덴^{Friele Gensfleisch} ^{zur Laden}과 그의 두 번째 부인인 엘제 비리히^{Else Wirich}사이에서 아들 이 태어났다. 그들은 아이의 이름을 요하네스 구텐베르크라고 지었 다. 그의 교육과정에 대해서는 믿을 만한 정보가 별로 없지만, 부유 한 상인 가정 출신으로 대학교육을 끝마쳤다고 한다. 그는 라틴어 를 잘했고 특히 상인으로서 기술이 뛰어났다. 이후 부모님을 떠나 34살이 될 때까지 어디에 머물렀는지에 대해서는 알려진 바가 없다.

구텐베르크는 1434년부터 1444년까지 스트라스부르크^{Straßburg}에 살았는데, 그곳은 제국의 주요 도시였다. 이 시기에 구텐베르크는 여러 사람이 공동으로 경영하는 조합을 창설했다. 사업 목표는 납 과 주석 합금으로 만든 순례용 거울을 제작하는 것이었다. 순례자 들은 인파에 가려 성인과 순교자의 유해 등 성물^{聖物}을 잘 볼 수 없 었는데, 이때 거울을 성물에 비추면 신성한 영기를 받아들여 그 기 운을 저장할 수 있다는 견해가 있어 사람들은 순례용 거울에 순결 하고 신성한 힘을 덧붙였다. 15세기에 순례용 거울을 만드는 사업 은 수많은 순례자와 성지를 고려할 때 시장 잠재력이 보장되어 있 었다. 나중에 프로젝트의 실현이 입증되었는데, 소송 서류를 보면 '모험'과 '예술'처럼 뭔가 애매모호한 단어가 들어 있다. '모험'과 '예술'은 불명확한 결말로 이어지는 위험 가득한 상업적인 기획과 수공업적인 역량을 지칭하는 동시대의 개념이기도 하다.

1439년에는 그해에 사망한 한 투자가의 형제들이 구텐베르크에게 소송을 제기했다. 소송인들은 투자금의 일부를 돌려받기 원했다. 현재 남아 있는 조서와 증인진술서를 보면 주조를 위한 납 구매 기록과 목판 인쇄기 조립에 대한 지시사항이 발견된다. 구텐베르크는 사업상 비밀을 엄수했다. 오늘날에 이를 추측한다면 그의 계획에는 이전의 도서인쇄 방식을 발전시키는 일이 중요했던 것 같다.

늦어도 1448년 10월 17일부터 구텐베르크는 마인츠Mainz에 살았다. 구텐베르크에게 150굴덴Gulden을 차용해준 사촌 아놀트 겔투스Arnold Gelthus와의 대부계약이 이를 증명한다. 이 돈으로 구텐베르크는 마인츠의 구시가지인 훔브레히트호프Humbrechthof에 인쇄소를 세웠다. 스트라스부르크에서 그러했듯이 구텐베르크는 후원가를 탐색했고 마침내 자금 제공자를 찾았다. 마인츠의 상인이자 은행가인 요한 푸스트Johann Fust였다. 그는 총 1600굴덴을 공방에 투자했다. 당시 시민계급의 저택이 500굴덴 정도였으니 상당한 금액의 투자였다. 슈테판 휘셀Stepahan Füssel은 구텐베르크 전기에 "오늘날로 따지면 투자비용은 100만 유로 정도에 이른다"고 적고 있다.

투자 방식은 구텐베르크에게 치명적이었다. 왜냐하면 푸스트가 담보로 투자금으로 장만한 기계에 대한 소유권을 확보했기 때문이다. 하지만 구텐베르크는 불평 없이 가동활자를 이용한 인쇄술을 발전시켰다. 몇 번의 성공을 거쳐 마침내 1452년부터 1454년까지 그의 주저 인 구텐베르크 성서가 세상에 그 모습을 드러냈다. 이는 활판인쇄술로 완성되었고, 오늘날까지 세상에서 가장 아름다운 책이며, 매체역사적인 관점에서 보더라도 가장 큰 영향력을 끼친 책이다. 성서의 한 면은 42행으로 구성된 두 단으로 이뤄져 있다. 이 때문에 구텐베르크 성서는 학술적으로는 《B-42》라고 불린다. 성서가 완성되기 전, 1455년에 푸스트는 투자금의 부채를 갚지 않는다는 이유로 구텐베르크를 질책하면서 그를 법정에 세웠다. 패소한 구텐베르크는 푸스트에게 인쇄소를 넘겨야 했다. 아마도 모든 설비가 고스란히 넘어갔을 것이다.

그 이후 구텐베르크는 다른 동업자들과 함께 새로 인쇄소를 마련했다. 그곳에서 작은 문집과 중요한 책들을 생산했지만, 그의 대표작은 여전히 《B-42》였다. 1465년부터 구텐베르크는 마인츠의 대주교인 나사우의 아돌프 2세^Adolf II von Nassau로부터 재정적인 후원을 받았다. 요하네스 구텐베르크는 비교적 넉넉하게 살다가 1468년 2월 3일 자신의 생가 근처 알게스하이머 호프^Algesheimer Hof에서 사망했다.

요즘에는 크기가 고르고 균형 잡혀 있고 눈에 띄게 아름다운 손글씨를 쓰는 사람이 많지 않다. 이런 경우 우리는 "마치 인쇄한 것처럼 글을 쓴다"고 말한다. 그런데 구텐베르크는 정반대로 생각했다. 그는 애초에 손글씨를 모범으로 삼아 필사본처럼 인쇄하기를 원했다.

12세기부터 15세기까지 수사들과 필사가들은 수기본을 만들면서 다양한 글꼴을 발전시켰다. 책에는 대부분 '고딕 소문자'를 사용했다. 전례식문典禮式文은 '텍스투라^Textura'*로 썼다. '고딕 흘림체'는

---

* 　중세부터 르네상스 시대까지 사용되던 필사체 또는 이를 재현한 활자체. 선이 굵고 장식적인 특성이 있으며 전통적으로 독일과 북유럽, 영국 등지에서 널리 사용되었다.

행정적으로 몇몇 사례를 언급할 때에만 사용했다. 구텐베르크는 이런 손글씨를 기본 서체로 정했는데, 인쇄된 책이 필사본과 구별되지 않고 똑같기를 바랐기 때문이다. 그의 의도는 성공을 거두어 수많은 사람에게 인정받았다. 이탈리아의 인본주의자였던 프란치스쿠스 필레푸스Franciscus Philephus는 1470년에 구텐베르크의 활판인쇄본에 대해 "가장 솜씨 좋은 필사가가 쓴 것이라 해도 믿을 수 있다"고 했다.

구텐베르크의 발명은 어떤 의미가 있을까? 단순하지만 활자를 이용한 인쇄라는 점에서 그의 천재적인 발명품은 매우 중요하다. 더구나 그는 현존하던 인쇄기술을 활판인쇄에 맞게끔 상당히 많은 부분을 개선했다. 결정적으로 구텐베르크의 독창적인 아이디어는 납, 주석, 안티몬 같은 금속을 최적의 비율로 합금해 다양한 활자를 만들어낸 것이었다.

금속활자를 만드는 과정은 이러했다. 우선 알파벳 철자 하나를 뒤집힌 형태로 단단한 강철 막대 끝에 조각하는데, 이를 부형Patrize이라고 한다. 다음에 무른 구리 조각에 부형을 대고 망치로 내리친다. 그러면 좌우가 제대로 된, 움푹 팬 모형Matrize이 생긴다. 이 모형을 구텐베르크 자신이 만든 주조 도구인 거푸집에 고정한 다음 232도로 가열한 납 합금을 부었다. 합금이 식어 굳으면 좌우가 뒤집힌 활자가 완성된다. 이 활자를 종이에 인쇄하면 글자가 정상적으로 나타나게 된다. 구텐베르크는 그 외에도 다수의 연자連字—눈으로 보기에 조화로운 형태를 구현하고자 둘 혹은 그 이상의 철자를 연결한 활자—와 약어 및 특수기호들 만들었다. 필사본의 조화로운 글꼴에 가깝게 하기 위해서였다. 구텐베르크는 《B-42》를 인쇄하기 위해서 299종의 활자를 제작했다. 이후 여러 벌 만들어둔 활자에서 필요한 것을 채자採字하여 단어는 단어대로, 단어 사이의 공간은 공목space으로 분리하면서 한 행을 완성할 때까지 조판했다. 행과 행 사이에도 다른 공목interlead을 넣어 전체 면의 조판을 마무리한 뒤 식자판에 넣어 인쇄기에 걸었다.

구텐베르크는 고대부터 사용되던 포도주나 기름 압착기의 원리를 이용해 인쇄기를 개발했다. 인쇄기에 달린 손잡이를 당기면 연결된 나사가 돌면서 아래로 움직이는데, 그때 생기는 압력이 수평 상태의 나무판자로 전달된다. 이 판에는 인쇄될 종이를 장착할 수 있고, 판 밑에는 조판이 끝난 활자가 놓이게 된다. 한 장씩 인쇄할 때마다 활자에 잉크를 칠해야 했다. 활판인쇄는 보기에는 단순하지만 사실 아주 복잡한 원리가 그 안에 담겨 있다. 최적의 인쇄물을 얻으려면 그 전에 종이를 가공하고 적합한 잉크를 생산하는 작업이 선행되어야 했다.

15세기의 종이는 깨끗하게 인쇄하고 색을 균등하게 입히기에는 너무 딱딱하고 미끈거렸다. 이 때문에 인쇄공들은 작업하기 4~5일 전에 종이를 축축하게 만들었는데, 이 과정을 아주 중요하게 여겼다. 인쇄물의 품질이 여기서 결정되기 때문이었다. 적절한 잉크를 만드는 것도 복잡하기는 마찬가지였다. 그때까지 목판인쇄에 사용하던 잉크는 매끈한 납 활자의 표면에 칠하기에는 너무 묽었다. 더구나 축축한 상태의 종이에 흡수되면 뒷면까지 배어들게 된다. 이 때문에 구텐베르크는 걸쭉하면서 빨리 마르는 잉크가 필요했다. 이를 위해 그는 열 개 이상의 원료—아마인유, 테르펜틴, 송진, 역청 등—를 혼합해 최적의 인쇄용 잉크를 얻기 위해 실험을 거듭했다.

또한 구텐베르크는 인쇄의 전 과정을 최적화하고자 각종 도구를 아울러 발명했다. 우선 식자植字를 위해 활자상자를 만들었다. 활자를 조판하기 위해 식자가植字架와 식자판植字板을 만들었다. 식자판에는 인쇄할 전체 면이 배열되었다. 끝으로 구텐베르크는 잉크 방망이Inkball을 제작했다. 이는 식자판에 놓인 활자에 잉크를 균등하게 칠하기 위해 사용되었다.

구텐베르크의 발명품은 다양한 기자재를 세심하게 맞춰낸 것이지만, 이는 기술적인 측면의 특수성을 기술한 것뿐이다. 활판인쇄술이 매체의 역사에 끼친 영향은 엄청나다. 활판인쇄 방식은 책을 찍을 때 판版을 제작해 완벽하게 동일한 내용을 무제한으로 재생산할 수 있었다. 그 시대에는 일반적으로 300~500권을 한 쇄刷로 찍었다. 필경사가 한 권을 제작하는 데 드는 시간의 한 토막만 있어도 수백 부의 책을 생산할 수 있었다. 또한 납 활자는 다른 책을 인쇄하는 데 사용될 수 있었고, 전혀 다른 형태의 활자를 주조하기 위해 다시 용해할 수도 있었다. 이렇게 발전된 인쇄 방식으로 말미암아 단행본의 가격이 급격히 떨어졌다. 독서를 원하는 폭넓은 계층이 손쉽게 책을 구할 수 있었다. 책이 유일한 대중매체가 되는 길이 그 시대에 열렸다.

구텐베르크가 언제 최초의 활판인쇄물을 생산했고, 어떤 작품이 이에 해당하는지는 오늘날까지 설명되지 않은 채로 남아 있다. 이는 한편으로 기록이 불분명하기 때문이고, 다른 한편으로 구텐베르크가 생산품에 일련번호를 표기하지 않은 탓도 있다. 그러나 사람들은 구텐베르크가 《B-42》를 제작하기 이전에 여러 소책자와 면죄부, 그리고 문법학자 아에리우스 도나투스Aelius Donatus의 라틴어 문법책을 시장에 내놓았다고 본다. '도나트Donat'로 표명된 이 교과서는 목판본 이전에 존재했고 빈번히 사용되었기 때문에 양피지에 인쇄되어 있었다. 구텐베르크의 《도나투스 문법서》는 200~400권의 발행부수로 24쇄를 찍었음이 입증되었다.

라인하르트 비트만Reinhard Wittmann은 《독일 출판업의 역사Geschichte des deutschen Buchhandels》에 "인쇄된 책의 시대는 값싸고 오랫동안 어마어마하게 팔릴 수 있는 상품인 브롯아티켈Brotartikel과* 더불어 시작된다"고 언급했다. 한편 그는 구텐베르크를 천재적인 전략가로 본다. "미적 완성도 측면에서 볼 때 구텐베르크의 활판인쇄는 고도로 발달한 육필문화에 비길 수 없었다. 그가 자신의 발명품으로 전통적이고 화려한 기교가 돋보이는 필사술ars artificialiter scribendi을 몰아내려 한다면, 그는 필사실 고유의 영역과 싸움을 벌여야 했다. 경쟁 대상은 거대하고 큰 비용이 들고 비싸지만, (지불능력이 있는) 수도원, 후원회와 교구 전체에서 필요로 하는 기본 작품들이었다. 이런 과업에는 서양에서 책 중의 책인 성서 이외에 어떤 텍스트도 적합하지 않았다." 이렇게 보면 《B-42》를 인쇄하려던 구텐베르크의 동기는 종교적인 관심에서 나온 것이 아니었다. 오히려 그는 중세의 필사문화를 자신이 발명한 인쇄술을 통해 완전히 대체하겠다고

---

* 찬송가, 성경과 교과서, 18세기에는 소설을 가리킨다.

생각했다. 아울러 충분한 돈을 벌고자 했다. 물론 이런 의견을 모든 도서학자가 공유하는 생각이라고 할 수는 없다. 그러나 현대적인 자금 조달 방법, 중세 수공업이라는 전승된 생산 방식에서 벗어나 서적 인쇄에 초기 산업주의 분업 방식을 도입한 점, 그리고 기술적·상업적인 소질을 고찰했을 때, 구텐베르크가 자신의 발명품뿐 아니라 시장 침투 전략 또한 치밀하게 계획했음을 짐작할 수 있다.

아무튼 《B-42》 인쇄는 추정컨대 구텐베르크가 수년간 작업한 초대형 계획이었다. 그는 불가타Vulgata 성서를 기본 판본으로 삼았는데, 이는 유럽에 광범위하게 유포된 라틴어판 성서였다.

구텐베르크의 성서는 1286페이지 규모에 두 권으로 이루어져 있다. 구텐베르크는 이탈리아에 양질의 종이를 주문했다. 성경 인쇄에 전지 5만 보겐Bogen*이 들었다. 이는 당시 뉘른베르크에 있는 모든 사무실의 연간 종이 사용량보다 50배나 많은 양이었다. 구텐베르크는 양피지로 《B-42》 소형 특별판을 제작하기도 했다. 성경 제작을 위해 구텐베르크는 600굴덴이라는 어마어마한 금액을 투자해야만 했다.

구텐베르크는 전례식문에 사용되던 텍스투라를 기본 서체로 정했다. 구텐베르크 성서 인쇄본은 행 끝에 구두점이 없다는 특징이 있다. 그는 구두점을 조판면 밖에 찍었다. 구두점을 조판면 끝에 넣으면 철자로 끝나는 행보다 짧아 보여 시각적으로 균등하게 느껴지지 않는다.

---

*   전지를 세는 단위.

이런 다양한 노력 덕분에 오늘날 세상에 남아 있는 《B-42》 중 한 권을 살펴보면, 조화로운 서체, 종이와 인쇄의 질, 그리고 무엇보다도 호화로운 삽화에 누구든 감동할 것이다. 그런데 후자는 구텐베르크의 업적이 아니었다. 그는 성서를 단색으로 검게 인쇄했을 뿐이다. 구텐베르크 성서는 애초부터 일련의 단어와 행이 빠진 채로 인쇄되어, 구매자가 다른 색으로 그 부분을 직접 적어야만 했다. 따라서 구매자는 성서 외에 빠진 표제, 장식 등을 인쇄한 목록(타블라 루브리카룸Tabula rubricarum)*을 추가로 받았다. 이런 조처로 구텐베르크는 인쇄본을 수서본에 가깝게 구현하고자 했다. 그의 성서에는 빈 페이지가 없었기 때문에 이후의 삽화가들은 넓은 여백을 풍부하게 이용했다. 성서의 장식은 구매자의 취향과 재력에 따라 각기 다르게 표현되었기 때문에 각각의 구텐베르크 성서는—손으로 기록한 것처럼—유일한 판본이 되었다. 이는 구텐베르크의 의도와 일치했다.

《B-42》의 정확한 발행부수가 얼마인지는 알려진 바가 없다. 선주문 판매 상황이 좋았기 때문에 성서를 생산하는 중에 발행부수가 늘어났을 것으로 추측한다. 오늘날 연구에 따르면 180권에 해당하는 1쇄 중에 양피지 판본이 족히 30퍼센트는 될 것으로 본다. 양피지판은 종이판과 동시에 생산되었다.

---

* 42행의 구텐베르크 성서가 인쇄되었을 때, 타블라 루브리카리움도 함께 인쇄되었고 성경과 함께 동봉되어 있었다. 타블라 루브리카룸을 보면 성경에서 어떤 글씨와 장식을 새로 넣어야 하는지 확인할 수 있었다. 필경화가는 제본가에게 넘기기 전에 성경에 세밀화를 그려넣었다.

《42행 성서》는 사실 출간되기도 전에 시장에서 성공을 거뒀다. 1454년 10월 구텐베르크는 프랑크푸르트 박람회에 여러 장의 《B-42》인쇄전지全紙를 선보였다. 황제령 외교관(후에 교황 피우스 2세Pius II가 되는)인 에네아 실비오 피콜로미니Enea Silvio Piccolomini가 박람회장을 방문했다. 그는 곧장 스페인 추기경 후안 데 카르바할Juan de Carvajal에게 편지를 썼는데, 인쇄 초기 역사에서 시사하는 바가 크다. "프랑크푸르트에서 만난 특기할 만한 인물에 관해 제가 보고받은 정보는 전적으로 진실합니다. 완성된 《성서》 전체를 본 것은 아닙니다만 한 첩帖이 5매로 이루어진 그 부분을 보았더니 본문은 전혀 틀림이 없고 우아하고 정확하게 인쇄되어 있습니다. 추기경께서 안경을 쓰지 않더라도 아무런 장애 없이 읽을 수 있으리라고 여겨집니다. …… 《성서》의 한 부분은 이미 이곳의 황제에게도 보내졌습니다. 완성된 《성서》가 여기에서 판매된다면 구입하도록 노력하겠습니다. 그러나 거리가 너무 멀고 또 완성 전에 이미 그것을 구입하고자 하는 사람들이 많다는 소문에 비추어 보면 구입은 어려우리라고 여겨집니다."*

프랑크푸르트 박람회에서 선주문을 받을 목적으로 성경의 사전 인쇄본을 내놓은 일은 특별한 경우였다. 바로 여기서 구텐베르크의 상인으로서의 자질이 증면된다. 앞서 언급했듯이 성경이 완성된 시점에는 선주문으로 초판 판매가 이미 끝났을 것이다.

프랑크푸르트 박람회는 구텐베르크 시대에 초기 도서무역의 가

---

*   인용된 편지글은 《아름다운 책 이야기》(한길아트, 2007)의 내용을 옮겼다.

장 중요한 거래 장소로 발전했다. 프랑크푸르트 박람회는 1160년에 최초로 마인츠의 랍비 엘리처 벤 나탄^{Elizer ben Nathan}의 탈무드 주해에 언급되었으나, 1세기 전에는 2주간 열리는 가을 박람회로 지역적인 의미만 지녔던 것 같다. 그러다 1330년 바이어의 루드비히 황제^{Kaiser Ludwig der Bayer}가 프랑크푸르트에 14일간의 봄철 박람회를 추가로 허용했다. 이로써 박람회는 매년 두 번, 부활절 및 봄 박람회와 미카엘제^祭 또는 가을 박람회로 개최되었다. 출판업자는 박람회에서 도서 주문을 받을 뿐 아니라 구체적인 출간계획도 알렸기 때문에, 책 생산을 박람회에 맞춰 생산과 배송을 끝내도록 조직했음에 틀림없다.

구텐베르크는 성경 외에 《도나투스 문법서》, 면죄부, 달력, 의학 조언서, 종교적인 소책자, 그밖에 작품들을 출판했다. 그의 출간계획은 오늘날 많은 출판사처럼 혼합계산*을 근거로 이뤄졌다. 요아힘 크나페^{Joachim Knape}와 디트마 틸^{Dietmar Till}의 모음집 《르네상스^{Renaissance}》를 보면 "고액의 자본이 드는 성경 인쇄와 동시에 수요가 충분해 발생부수가 많고 판매도 빨리되는 각종 인쇄물 혹은 브롯드룩자헨^{Brotdrucksachen}**이 나왔다"고 언급되어 있다. 다양한 소형 인쇄물 덕분에 구텐베르크는 비용을 충당할 수 있었다. 이는 말하자면 발행부수가 많은 비교적 안정적인 사업이었던 셈이다.

그럼에도 구텐베르크의 삶을 대표하는 작품은 《42행 성경》으로 남아 있다. 이를 통해 그는 활판인쇄술을 유럽 전역에 전파했다.

---

*   한쪽에서 손해를 보면, 다른 편에서 이익을 내 메우는 계산법.
** 한 쪽짜리 칙령이나 선전물 같은 인쇄물.

이 혁명적인 발명품은 적절한 시대에 나타나 엄청난 속도로 유포되었다.

✦

국가의 임무를 받은 산업스파이에 관한 기록이 1458년 10월 4일의 문서에 등장한다. 프랑스 왕 샤를 7세^{Charles VII}는 "요하네스 구텐베르크가 발명했다는 인쇄기술을 몰래 조사하라"는 밀명을 내려 프랑스의 화폐 각인사^{刻印師} 니콜라스 젠슨^{Nicolas Jenson}을 마인츠로 보냈다. 그런데 인쇄기는 1470이 되어서야 프랑스 파리에 설치된다. 이는 아마도 샤를 7세가 1461년에 사망한 뒤 왕위 계승자가 구텐베르크 발명품의 의미를 다르게 평가했기 때문인 것 같다. 1470년에 구텐베르크의 인쇄기술을 사용하는 인쇄소는 17곳에 불과했으나 1480년에는 121곳으로 늘었다. 10년 뒤에는 204곳의 인쇄소가 운영되었고, 1500년경에는 대략 250개 도시로 인쇄기가 퍼졌다. 인쇄소의 주요 입지 조건은 교회나 문화의 중심지가 아니라 교통망이 잘 발달된 상업도시였다. 활판인쇄술은 처음부터 국내외 무역을 상정하고 있었기 때문이다. 실제로 구텐베르크의 발명품은 1500년까지, 그러니까 50년간 약 2만 7000권의 서적, 여타의 인쇄물을 합하면 거의 2000만권의―지난 2300년간 필사된 책보다도 많은―책을 인쇄했다.

그 외에 1500년경에는 오늘날 우리에게 익숙한 저자명, 도서명, 출판 장소, 출판사 이름과 발행 연도를 적는 판권 형식이 도입되었다. 이는 저자를 한 작품의 원작자로 이해한다는 의미가 점점 더 커지고 있음을 보여주는 내용이다.

신속한 변화에 직면하여 즉각적인 시장 반응이 나타났다는 점이 놀랄 만한 일은 아니지만, 이런 현상은 과잉생산이라는 문제로 이어져 유감스럽다. 인쇄업자가 엄청난 시장가능성이 있는 신학, 법률 문헌, 교과서 분야에서 잘 팔리는 책에 몰두했기 때문이다. 여전히 저작권법이 결여되어 있는 상태였기에 잘 팔리는 책은 제동을 걸 수 없을 정도로 번각飜刻될 수 있었다. 라틴어 성서《불가타》는 1470년까지 9개의 판본이, 1479년에는 39개의 판본이 시장에 나왔다. 1476년까지 인쇄업자들은 유명한 학교강독서인 키케로의《의무론De Officiis》을 17개의 판본으로 발간했다. 1482년에 28개의 서로 다른 판본이 유통되었다.

정전에 속하는 법률 서적《그라티아누스 교령집Decretum Gratiani》은 1500년까지 40개의 판본으로 나왔다. 새로운 인쇄기술의 확산은 목표 집단의 경제적인 욕구를 무리하게 자극했다. 시장의 과포화 상태는 서적의 급격한 가격 하락으로 이어졌다. 이는 앞서 언급한 책의 사례로 설명할 수 있다. 1429년에 종이 소재에 쓴 육필본《그라티아누스 교령집》의 경우, 장식이 전혀 없는 단행본 가격은 17굴덴이었다. 1475년에는 이 책의 인쇄본을 15굴덴이면 구할 수 있었다. 1482년 베네치아 판은 고작 2와 2분의 1굴덴에 불과했다.

유럽에서 나타난 도서 가격 하락과 그로 인해 벌어지는 무자비한 밀어내기식 경쟁은 중세 후기 구조 안에 속해 있으면서 조합에 의해 시장 접근성이 엄격하게 규제되었던 당시의 경제 상황을 감안하면 새로운 사건이었다. 인쇄공이라는 새로운 직업에 해당되는 조합이 없었기 때문에, 인쇄 분야는 영업이 자유로웠지만—자본력이 있는 시민라면 누구나 인쇄소를 열 수 있었으므로—실패할 위험이 다른 사업보다 높았다.

15세기의 인쇄소는 전래된 기업문화가 없는 혁신적인 사업으로 이해해야 한다. 그 당시 최첨단 기술로 작업이 수행되었다. 이 분야의 일자리는 새로 고안되었다고 봐야 한다. 구텐베르크 이전에는 그 누구도 활자주조공이나 식자공이나 서적 인쇄업자를 알지 못했다. 서지학자 코르넬리아 슈나이더Cornelia Schneider는 〈모험과 예술 Aventure und Kunst〉 전시회 카탈로그에 게재한 기고문에서 "수공업적인 전통도 없었고, 통용되는 기술적인 과정도, 계급에 대한 존경이나 그에 속하는 행동 규범도 없었다"고 언급했다.

당연히 인쇄공이나 식자공을 위한 교육도 존재하지 않았다. 이 때문에 전체 인쇄업 조직을 제어할 수 있는 사람을 양성할 수도 없었다. 따라서 소유주와 고용인 대다수가 대학 교육 이수자였다는 사실이 그리 놀라운 아니다. 코르넬리아 슈나이더는 계속해서 이렇게 기술했다. "그들은 그 시대의 정신적인 엘리트에 속했다. 인쇄공으로서 그들의 혁신적인 작업은 다가오는 르네상스 시대와 잘 조화되었다."

⚜

처음에 교회는 자신의 절대적인 교리를 계속해서 확산할 수 있는 기회로 생각해 새로운 인쇄기술을 반겼으나, 이내 교회는 적대감을 드러냈다. 학자들과 세계의 지배자들은 불편한 사고를 빠르게 유포할 수 있는 책과 전단의 위험을 예감했다. 쾰른Köln 대학은 1479년에 교회로부터 이단 문서를 억압하는 권한을 받았다. 1485년 마인츠 대주교인 베르톨트 폰 헤네베르크Berthold von Henneberg는 하필이면 활판인쇄의 탄생지에서 검열 칙령을 공포했다. 특히 민중언어로 옮긴 번역물은 마인츠와 에어푸르트Erfurt 대학의 검열을 받았다. 2년 후 교황도 사전 검열을 지시했다는 사실을 칙서로 알렸다.

그 결과 인쇄된 책 옆에는―책이 빛을 보기도 전에―검열이 환영받지 못하는 동반자처럼 서 있었다. 유감스럽게도 오늘날 많은 나라에서도 책과 검열이 연결되어 있다.

종교개혁까지 도서 인쇄와 문화

베스파시아노 다 비스티치로 잠깐 돌아가보자. 세상이 구텐베르크의 발명품에 주목했을 때 그의 나이는 서른이었다. 그는《생의 기억들Lebensbeschreibungen》이란 책에서 우르비노의 고객이었던 페데리코 다 몬테펠트로Federico da Montefeltro의 도서관에 대해 이렇게 썼다. "이 도서관에 있는 책들은 지극히 아름답다. 전부 깃펜으로는 쓰였고, 인쇄된 것은 없다. 왜냐하면 공께서 그것을 부끄럽다고 여길 것이기 때문이다."

이 짧은 문장으로 베스파시아노 다 비스티치는 매체역사에서 이제까지 가장 큰 성과를 낸 발명품을 밀어내버렸다. 1472년 피렌체에 최초의 인쇄소가 문을 연 지 1년 만에 파산해버렸을 때, 그는 인쇄된 책들을 싸구려 대량 상품이라고 생각했기에 그 사실에 무척 기뻐했다. 이런 생각을 한 사람은 그만이 아니었다. 요하네스 트리테미우스Johannes Trithemius는 스폰하임Sponheim 수도원 원장으로 1492년에 〈필경사에 대한 찬미De Laude Scriptorium〉라는 논문을 작성했다. 여기서 그는 인쇄된 도서의 보존력이 떨어지기 때문에 양피지에 옮겨 적기를 권했다. 이는 관념적인 보수주의를 대변하는 수많은 목소리 중 두 가지 사례일 뿐이다. 그들이 서적 인쇄에 반대를 표명한 까닭은 그 안에서 도서문화의 몰락을 예견했기 때문이었다. 물론 역사적인 결과를 보자면 그들이 착각한 것이었다.

어쨌거나 새로운 인쇄기술에 반대하는 이들의 사례를 통해 피렌체는 활판인쇄술을 받아들이기에는 까다로운 도시임이 입증되었다. 르네상스 도시에서 최초의 인쇄소는 열자마자 문을 닫아야만 했으나 활판인쇄술을 저지할 수는 없었다. 인쇄본은 이내 필사본을 능가했다. 1480년 베스파시아노 다 비스티치는 서점을 접고 씁쓸한 마음으로 피렌체 근처에 있는 자신의 영지로 돌아갔다. 그는 《생의 기억들》이란 책으로 가장 유명한 고객의 기념비를 세웠다. 역사의 뒤안길로 사라지고 있는 손으로 쓴 책의 세계를 후세에 남기기 위해서였다. 1498년 베스파시아노 다 비스티치가 사망했을 때, 인쇄본은 유럽에서 필사본의 중심지였던 피렌체로 당당히 입성한다.

그사이 독일에서 필사본의 거래는 축소되었다. 독일 출판업의 주인공은 디볼트 라우버Diebold Lauber라는 이름을 쓰는 알자스Elsass 지방의 교사였다. 그는 서적 판매 및 출판업이 정점을 찍은

1425~1470년 사이에 적어도 19명의 필사가를 고용하고 있었다. 피렌체의 동료(베스파시아노를 말함 —옮긴이)처럼 라우버는 성직자와 귀족과 같은 고위층뿐 아니라 도시의 상류층을 고객으로 생각했다. 하지만 그는 독서에 익숙한 중간계층에게도 민중어로 된 오락, 교훈 및 실용문학 관련 도서를 제공했다. 그의 시장 영역은 남부 독일에서 스위스까지 뻗어 있었다. 그는 그 시대에 이미 한정판을 제작했고, 책 속에 출판 계획을 광고했으며, 책을 팔기 위해 지역 시장과 무역박람회를 찾았다. 디볼트 라우버의 시대에 필사본의 몰락이 가속화해 1470~1480년 사이에 생산이 절반 이상 감소했다. 이후 몇십 년 만에 필사본 생산 및 거래는 실질적으로 중단되었다. 요하네스 구텐베르크는 마침내 목표를 달성했고, 매체역사의 새로운 시대를 열었다.

꿈꿈꿈

구텐베르크의 활판인쇄술은 가장 거대한 매체혁명이었다. 이로써 인류는 도서문화 역사의 새로운 장으로 들어섰다. 여타 정치혁명과 달리 구텐베르크의 매체혁명은 화산 폭발처럼 단시간에 이뤄진 결과가 아니라 50년에 걸쳐 진행되었다. 1450~1500년 사이에 서적시장은 완전히 변모했다. 좀 더 자세히 말하자면 바로 이 기간에 생산과 판매 제도를 갖춘 도서시장이 생겨났다.

이를 가능하게 한 가장 중요한 전제는 양피지에 비해 매우 저렴한 종이가 도입된 일이었다. 종이는 실용적으로 무제한 생산될 수 있었다. 매체혁명의 중심에는 활자를 재사용하는 구텐베르크의 발

95

명품이 자리 잡고 있다. 이 새로운 기술 때문에 서적인쇄와 함께 작품의 생산과 유포에 대한 결정은 주문자와 이용자, 즉 수도원에서 책을 생산하던 학자의 세계로부터 이윤을 추구하는 초기 자본주의의 인쇄업자들에게로 넘어갔다. 그들은 성공이 보장된 책만 생산하고 판매했다.

15세기 후반부터 16세기 초반의 다양한 구조 변화가 출판업의 발전을 도왔다. 원거리 무역이 늘어나고 교역로가 개선되면서 인쇄업자는 국제적인 시장을 이용할 수 있었다. 이와 더불어 출판업은 원고 생산의 전통적인 중심지, 말하자면 대학과 수도원에서 벗어났다. 서적인쇄는 원거리 수송이라는 기본 조건을 충족하는 거대 무역도시들로 자연스럽게 옮겨갔다.

게다가 라틴어 초등교육 기관의 지속적인 증가와 확대 그리고 주민들의 탈문맹화는 잠재적인 도서시장을 넓혀주었다. 도시 시민의 재산이 점점 늘어난 덕분에 발행부수도 꾸준히 증가했다. 다수의 대학이 설립되어 새로운 교육 엘리트를 배출했고, 이들은 지식의 전달자로 책을 지목했다.

이런 사회적인 변화와 매체기술 및 시장기술의 변화와 더불어 개인과 기관의 도서 도수 양상도 변했다. 손으로 필사한 책은 중세 초기부터 거의 공공재로, 수도원 도서관이나 대학 도서관에 있었다. 그런데 15세기 후반, 말하자면 구텐베르크의 활판인쇄술이 나온 직후 개인이 소장한 책이 비약적으로 늘어 곧 공적인 장서량을 넘어섰다.

초기에 인쇄도서는 매체혁명을 불러일으켰지만, 당장 독서혁명을 일으키진 않았다. 구텐베르크의 발명품이 나온 지 50년이 흐른 뒤에도 도시 거주자 중에서 5퍼센트 정도만이 독서를 취미로 누릴 수 있었다. 국가 평균치로 보면, 인구의 1퍼센트도 안 되는 사람들만이 책을 읽을 수 있었던 셈이다. 이 시대에 독서는 소수 엘리트의 문화였다. 하지만 이들은 서서히 증가하고 있었다. 신학자, 의사, 법률가, 행정 공무원, 귀족 외에 도시 시민 중 교육을 받은 사람들이 서서히 합류했기 때문이다.

독서의 변화상은 책을 인쇄하는 언어에서 더 명확해진다. 인쇄 초창기에 생산된 전체 도서중 4분의 3 정도가 라틴어로 발간되었고, 6퍼센트 정도만이 독일어로 된 책이었다. 나머지는 이탈리아어, 프랑스어, 스페인어, 네덜란드어, 영어, 그리스와 히브리어로 나뉘어 있었다.

그럼에도 초창기에는 인쇄된 책이 엘리트층에 지식을 보급하고 이 때문에 교회와 귀족이 위험에 빠지게 될 것이라는 걱정이 팽배했다. 사람들은 수시로 변하는 책으로 말미암아 지식이 폐기되고, 필사본 생산으로 밥벌이를 하는 직업군 전체가 직업을 잃게 될 것이라고 경고했다.

이 모든 걱정은 사실로 드러났다. 다른 발명품과 달리 구텐베르크의 기술은 지식의 민주화와 정보화된 공론장의 형성을 촉진했다.

＊

초창기에는 인쇄업자들이 작업을 독자적으로 분배했다. 그러므로 인쇄소는 출판사이자 동시에 서점이었다. 이는 책을 판매할 별도의 조직과 공간이 존재하지 않았기 때문이다. 하지만 한 도시 안에서는 적게 발행한 책조차 완전히 소진되지 않았기 때문에, 제3자를 거쳐 구매자에게 도서를 판매할 조직이 필요했다. 이런 일을 인쇄작업장(인쇄소)을 운영하는 사람 혼자 처리할 수는 없었다. 그래서 차차 여러 작업장이 도서 생산만 하기 시작했다. 이들은 대부분 구매자와 직접적인 관계를 형성하지 못했으나 서적상이 폭넓게 형성되어 생산자와 구매자 사이에 자리 잡으면서 완전히 새로운 시장이 생겼다. 인쇄업자는 이미 다른 상품을 가지고 다니던 독립적인 행상 무역상에게 자신들의 업무였던, 박람회장이나 시장을 방문하는 일을 위임하거나 혹은 이를 대신할 사람들을 직접 고용하기도 했다.

알베르트 뒤러Albert Dürrer의 대부代父인 안톤 코베르거Anton Koberger는 후자의 영업방식을 선호했다. 코베르거는 1443년경에 뉘른베르크에서 태어나 같은 곳에서 1493년에 사망했다. 코베르거는 1480년부터 24대의 활판인쇄기로 책을 인쇄했는데, 그의 인쇄소에서 100명 이상의 기능공이 일했다. 1493년 그의 인쇄소에서 《뉘른베르크 연대기》라는 풍부한 삽화를 담은 출판물을 발행했다. 그는 영업소를 파리, 리옹Lyon, 스페인과 이탈리아, 라이프치히Leipzig, 크라카우Krachau, 브레슬라우Breslau와 빈에 설치했는데, 이는 주요 지점을 언급한 것일 뿐이다. 그는 인쇄업자, 출판업자 및 서적상의 역할을 혼자 소화했으며 유럽의 출판 사업가 중에서 유명 인사가 되었다.

근대 서적 거래의 초창기에는 서적상들이 한정된 고객층을 방문했다. 교회, 수도원, 대학을 비롯한 부유한 시민들이 여기에 속한다. 또한 서적상들은 박람회, 시장, 시청, 여관 등 중대한 민원 업무를 처리하는 장소에도 책을 공급했다. 그들은 종종―자발적인 동기였건 혹은 인쇄업자가 부추겼건 간에―여러 인쇄소의 도서를 취급했다. 그들은 행상 무역을 했고, 책을 보호할 목적으로 이를 통, 관, 가죽 가방에 넣어 다녔기에 서적행상인Buchführer이라 불렸다.

1480년경 서적 거래 구조가 변화했다. 간행물이 급증하자 수많은 서적행상인이 비용이 많이 드는 행상 무역을 포기하고 자기 점포를 낼 만한 공간에 정착해 자영업을 시작했다. 대도시와 규모가 어느 정도 되는 도시에는 지역에 정주한 서점에 경제적인 생활을 보장할 만한 수요와 구매력이 있었다. 물론 생산과 판매의 분리 과정은 그리 단순하지 않았다. 수많은 무역 및 영업 모델은 변혁 시기의 특징이기도 하다. 몇몇 서적행상인은 여관 겸 식당을 운영했다. 이는 책 판매만으로는 생계를 유지할 수 없었다는 증거다. 다른 서적행상인들은 임금을 받는 인쇄소가 맡긴 계약을 자기들끼리 나눠 가진 후 스스로 발행인이 되기도 했다.

1550년쯤에 독일에 정착한 서적행상인의 수는 대략 1200명 정도였다. 그들은 자신의 상점 처마 밑에서 책을 팔았지만, 기꺼이 교회 앞과 시청 안에서도 영업했다.

출판업 초창기에 도서 가격 규정에 대해서는 알려진 바가 없다. 서적행상인이 박람회나 인쇄업자의 출판사에서 책을 사들였다면, 책 가격은 그리 높지 않았을 것이다. 또한 그들이 사들인 책의 물량이 종국엔 책 한 권의 최종 판매 가격에 영향을 끼쳤다. 일반적으로 책값은 서적행상인과 고객 사이에서 자유로운 흥정을 통해 정해졌다. 이때 주요한 요인이 많았지만, 역시 수요와 공급 관계가 가장 중요했다.

15세기가 저물어가는 몇십 년 동안 교회권에서는 고객을 위한 정찰제가 발전했다. 이는 특히 미사 관련 저서에 해당되었다. 주교들은 비용을 지급하고 인쇄소에 예배용 도서를 주문했다. 그들은 이런 종류의 책을 거래와 흥정의 장에서 끄집어냄으로써 자유 시장에서 통용되는 규율로부터 벗어나기를 바랐다. 사제단은 미사 관련 저작물에 대해 고정된 가격을 매길 것을 명령했다.

활판인쇄술과 책의 대량생산 때문에 적합한 광고 혹은 공급처를 만들기 위해 고민하는 출판사가 많아졌다. 1470년부터 신간 도서를 알리는 전단이 생겼다.

출판사는 서적행상인을 위해 이른바 한 쪽짜리 인쇄물을 생산했다. 서적행상인은 책을 판매하는 장소에서 이를 알림장으로 제공했다. 그래서 우리는 1470년에 페터 쇠퍼 $^{Peter\ Schöffer}$가 인쇄소에서 만든 전단에서 다음과 같은 판매 안내문을 읽을 수 있다. "도서 판매자는 뉘른베르크의 여관 '춤 빌덴 만Zum wilden Mann(거친 사내에게로)'에서 만나실 수 있습니다." 고객들은 이런 광고 메모를 교회 문, 여관 창문, 시청 계단, 대학 건물 등지에서 볼 수 있었다.

또한 선정적인 그림이 판매를 촉진한다는 사실이 이 시대에 발견되었다. 인쇄업자 게라에르트 레오이Gheraert Leeu는 1491년에 《아름다운 멜루지네Schöne Melusine》를 광고하면서, 욕조에서 가슴을 드러낸 여주인공을 보여주는 목판화를 삽입했다.

✻

14세기에 프랑크푸르트 박람회는 유럽의 박람회 중에서 가장 큰 박람회로 기반을 잡았다. 앞에서 언급했듯이 이 시대에는 필사본도 박람회장에서 거래되었다. 하지만 활판인쇄술 발명과 더불어 프랑크푸르트 박람회는 빠르게 유럽 도서시장의 중심 거래지로 발전했다. 이는 도시 전체 경제에 영향을 주었다. 프랑크푸르트 도시의 회계장부에 따르면 자치 단체는 1488년 봄철 박람회 동안 비거주 서적 인쇄업자들로부터 집세 및 시장세 부문 도시 총수입의 8퍼센트를 얻었다고 한다. 소수의 인쇄업자는 프랑크푸르트의 시민권을 받기도 했다. 이로써 박람회에서 좀 더 유리한 입장에 설 수 있었다.

예를 들어 뒤러의 대부 안톤 코베르거는 1506년에 자신의 책을 안전하고 최적의 상태로 보관하기 위해 프랑크푸르트에 상점을 지었다.

박람회 기간에 보장되는 자유권은 각종 특수 권리를 포함하고

101

있었다. 프랑크푸르트 시민은 자유롭게 물품을 내놓고 팔 수 있었고 또한 외지인에게 숙소를 제공할 수 있었다.* 게다가 박람회 방문자는 박람회 기간에 법적으로 고소당하지 않을 권리를 누렸다. 그러나 무엇보다도 호위 보호권이 중요했다. 이는 도시를 기점으로 주변 8킬로미터까지 영향력을 미치며, 중개인들을 도둑들로부터 보호했다.

박람회의 처음 4일은 '호송 주간'으로 간주되었다. 이 기간에는 상품을 포장에서 벗겨내고, 박람회를 준비하느라 도시 전체가 크게 술렁였다. 그런 다음 7일간 '업무 주간', 즉 본격적인 박람회가 열리는데, 바로 이때 중개인의 상점과 판매대가 열렸다. 박람회 마지막 며칠간은 계산서 발행, 배달 및 정산이 이뤄져, 이를 '지불 주간'이라고 불렀다.

프랑크푸르트와 비슷하게 장구한 전통을 자랑하는 라이프치히 박람회도 초기 서적 거래에서 중요한 역할을 담당했다. 두 곳의 박람회에서 영업은 교환무역으로 이루어졌다. 사람들은 적당량의 책과 인쇄전지를 맞바꿨다. 일반적으로 책은 특화된 운송업체에 의해 다른 상품들과 함께 발송되었다.

✤

인쇄술의 발명으로 동시대 작가들의 문학 작품에 어마어마한 활

---

* 당시에 국가가 허가한 숙박업소 이외에 개인이 낯선 이에게 잠자리를 제공하는 행위는 국가보안법을 이유로 금지되었다. 또한 여관주인은 숙박대장의 고객 정보를 국가에 보고해야 했다.

력이 생겼으리라 가정할 수도 있을 것이다. 하지만 실상은 그렇지 않았다. 오히려 상반된 경향을 확인할 수 있다. 말하자면 인쇄업자는 국제시장에서 통용될 수 있도록 대부분의 책을 라틴어로 출판했다. 게다가 서적 판매자들은 주로 고전, 교과서, 달력, 의학 조언서를 요구했는데, 인쇄술의 발달로 적적한 가격에 살 수 있게 되었다. 독일어로 쓰인 동시대 문학을 찾는 사람은 거의 없었다.

고대와 중세 작가들의 작품은, 그 당시 인쇄본과 마찬가지로, 내용을 고려해서 검토해야 했다. 서문과 후기의 기록, 문헌학적인 교정, 원전의 학문적 조사, 색인 편집 등이 이런 과정에 속했다. 오늘날에는 편집자가 행하는 교정 작업을 당시에는 첨삭교정자Kastigator가 처리했다. 직업 명칭은 라틴어 카스티가토어castigator(검열자)에서 파생했다. 첨삭교정자는 해박한 교양을 갖추고 있었다. 그들은 르네상스의 박학가博學家였고, 그들의 활동은 사회적으로 존경받았다. 이런 직업 활동을 위한 특수한 학업이나 교육과정은 없었지만, 주로 젊은 인본주의자들을 중심으로 이루어졌다. 그들은 대부분 교회와 상관없는 새로운 대학에서 학업을 마친 사람들이었다. 이런 직업의 대표자로는 네덜란드의 철학자이자 신학자, 문헌학자인 에라스무스 폰 로테르담Erasmus von Rotterdam이라고 할 수 있다.

첨삭교정자는 자유 계약직으로 일했다. 그들은 작업하는 동안 통상 계약한 인쇄업자의 집에서 무료로 숙식했다. 게다가 그들은 급료로 자신들이 편집한 책의 일부를 견본도서 형태로 받았는데, 더 많은 수입을 위해 서적행상인에게 팔기도 했다.

인쇄업자는 고대와 비슷한 방식으로 작가들을 대했다. 왜냐하면 그때까지도 작가가 자신의 지적 작업에 대해서 돈을 받는 것을 부당하다고 생각했기 때문이다. 고대와 마찬가지로 작가의 생산 작업은 '일'이 아니라고 간주되었다. 마르틴 루터^{Martin Luther}는 1545년에 독어판 성경의 서문에 이렇게 썼다. "나는 이를 무보수로 취득했고, 무료로 교부했으며 또한 이에 대해 아무것도 바라지 않는다." 정신적인 작업에 보수를 받는 행위는 상업적이어서 스스로 정당화할 수 없는 일이었다.

하지만 많은 작가가 생계유지를 위해 경제적인 수입을 필요로 했다. 이런 갈등은 보수가 아니라 대가를 받는 방식으로 묘하게 해결되었다. 사람들은 정신적인 창작물에 비용을 지불할 수는 없지만, 기부는 할 수 있었다. 이는 라틴어 '호노리스^{honoris}(명예)'에서 파생된 로마의 명예표창(호노라리움^{honorarium})으로 거슬러 올라간다. 창작 활동에 대한 보수는 작가의 사회적 지위를 인정하고, 그 명예를 기리는 기부금으로 바뀌었다. 오늘날 쓰이는 단어인 원고료^{honorar}에는 이런 사실이 담겨 있다. 하지만 인쇄업자는 예외적인 경우에만 사례를 현금으로 지급하려 했다. 작가들은—첨삭교정자와 마찬가지로—무료로 숙식을 제공받거나 무료 견본도서를 받거나 아니면 둘 다를 받기도 했다. 견본도서의 판매는 무역 행위였지만, 부당한 일은 아니었다. 이 경우 작가는 창작물의 내용을 판매한 것이 아니라 시장가치를 지닌 생산물을 판매한 것에 해당하기 때문이었다.

그러나 대부분의 작가로서는 그런 수입이 생계를 유지할 만큼 충분할 리 없었다. 이 때문에 증정본 사업이 발달했다. 작가는 자신의 책을 제후, 주교, 군사령관, 은행가나 점포 주인에게 헌정했는데, 그렇게 강조한 사람들로부터 일종의 사례를 받고자 하는 희망의 발로였다. 바람이 종종 성취되긴 했지만, 여기에는 법적인 청구권이 없었다.

출판업자는 한 권의 책을 발행할 때 제작비용을 부담해야 했을 뿐 아니라 첨삭교정자와 저자에게도 투자했다. 그래서 '출판하다verlegen'라는 단어는 제출/선지급하다vorlegen, 즉 돈을 예치하다 vorstrecken에서 파생했다. 도서 발행에 대한 경제적 부담은 컸고, 판매를 통한 수입에 대한 기대는 낮았다. 이 때문에 다수의 인쇄업자들은 세심하게 편집한 판본에 들이는 수고를 아끼고자, 경쟁자들이 비용을 들여 생산한 작품을 번각하기 시작했다. 이런 출판 방식을 저지할 법적 근거가 없었는데, 이는 뚜렷한 저작권 의식이 여전히 존재하지 않았기 때문이었다. 16세기 말까지 인쇄된 전체 서적의 반 이상이 번각본이었다. 번각 출판에 반발하는 작가들조차 자신의 책이 번각되는지 여부를 확신하지 못했다.

더욱이 많은 번각업자가 제후에게 서면으로 보호를 약속받았다. 이런 조처를 통해 제후는 자기 영토에 속한 제지공장의 더 많은 세금을 거둬들였다. 인쇄업자들은 자기네가 낸 판본을 작가가 검토하고 수정했다는 내용을 넣어 광고함으로써 책을 차별화하고자 했다. 물론 번각업자들은 그런 문구조차 승인받지 않고 썼다.

원전 출판업자와 달리 번각업자는 아주 재빨리 작업했다. 왜냐하면 원작이 발행된 이후 가능한 한 짧은 시간에 번각본을 만들어 경쟁에 뛰어들어야 했기 때문이다. 이들은 가격을 준수할 의무도 없었고, 생산비가 적게 드는 번각본의 특성상 책을 싸게 공급하고 그로 인한 경쟁에서 이득을 얻었다. 하지만 성급한 생산 방식 때문에 책에 오류가 빈번히 나타났다. 게다가 번각업자는 생산비를 낮추고자 종종 원작을 자의적으로 축약하기까지 했다. 따라서 작가들이 번각이라는 방식에 반대한 것은 놀랄 만한 일이 아니다. 그들의 정신적인 창작물이 왜곡되었기 때문이다. 도덕적으로 몇 배나 사악하지만, 법률적으로는 고소조차 못 하는 번각 출판은 곧 도서문화의 긴급한 문제로 대두해 해결책을 찾아야 했다. 하지만 역사에서 종종 그렇듯이 이 사안은 전혀 다르게 전개된다.

루터의 잠재력과 영향력은
활판인쇄술 없이는 생각할 수 없다.
그는 독일 민족이 낳은 최고의 발행인이며
95개 조항은 세계사의 특별 판본이다.

— 에곤 프리델Egon Friedell (1878~1938)

종교개혁, 구텐베르크의 자녀!

— 장 프랑소아 기몽Jean-Françoise Gilmont (1934년 출생)

활판인쇄술의 발전과 종교혁명

마르틴 루터와 종교개혁

서지학자인 한스 비트만Hans Widmann은 1952년에 자신이 발간한 《고대에서 현재까지 서적출판업의 역사Geschichte des Buchhandels vom Altertum bis zur Gegenwart》에서 종교개혁 시대를 '종교개혁이 서적출판업에 끼친 역사'라는 표제 아래 서술했다. 비트만은 "〔서적출판업의〕 가장 큰 권력 신장은 종교개혁 시대에 이루어졌다. 그동안 출판업은 성과를 따져보면 전대미문의 규모로 향상되었다"고 보았다. 이런 확언은 그 자체로는 옳으나 그의 가치평가는 잘못되었다. 왜냐하면 서적인쇄라는 새로운 매체 기술이 없었다면 종교개혁은 역사적으로 영향을 끼칠 수 없었기 때문이다. 가톨릭 학자이자 도서관장인 장 프랑소아 기뇽이 적확하게 지적했듯이, 종교개혁은 구텐베르크의 자녀이지, 그 역은 성립하지 않는다. 활판인쇄술과 함께 발전한 출판업의 판매체계는 '종교개혁의 공공성'에 대한 직접적인 토대를 이룬다. 따라서 비트만의 표제는 오히려 '활판인쇄술이 종교개혁에 끼친 영향'이 되어야 한다.

가톨릭교회의 역사에서 구조와 내용을 근본적으로 변화시키려 했던 시도는 무수히 있었다. 종파의 대본당으로부터 명명된 이단의 목록은 초기 교회의 그노시스파Gnostike, 마르키오파Markion와 도나투스Donatism로부터 종교개혁에 영향을 끼친 보고밀파Bogomile, 발덴저파Waldenser와 알비겐파Albigenser에 이른다. 루터가 나오기 100년 전 체코 신학자인 얀 후스Jan Hus는 교황령 교회로부터 잔혹한 핍박을 받았다. 후스파의 종교개혁 시도는 가톨릭의 입장에서 보면 지역적인 갈등에 머물러 있었다. 이 때문에 군을 개입시킴으로써 위험 요소를 세상 밖으로 몰아낼 수 있었다. 하지만 후스전쟁(1434)이 끝난 후 인쇄술이 유럽 세계를 변화시키기 시작했다. 성직자들이 예견한 불안감, 다시 말해 서적 인쇄술이 교회에 위험이 될 수 있다는 말은 곧 현실로 드러났다.

루터 시대에는 독일 국민의 3~4퍼센트가 책을 읽을 수 있었다. 도시로 국한하면 이 비율은 30퍼센트에 육박할 것으로 추측한다. 1513~1517년 사이에 537권의 책이 독일어로 줄간되었다. 5년 뒤에는 3113권으로 급증했다. 라인하르트 비트만Rheinhard Wittmann은 《독일 서적출판업의 역사Geschichte des deutschen Buchhandels》에서 "1500년에 라틴어 신간과 독일어 신간의 비율이 20 대 1이었던 것이 1524년에는 3 대 1 이상이 되었다"고 기록했다. 인쇄술의 발명과 함께 진행된 국민의 탈문맹화는 종교개혁의 토대가 되었다.

⛬

마르틴 루터, 원래 이름이 루더^{Luder}였던 그는 1483년 작센 안할트^{Sachen-Anhalt} 주 아이스레벤^{Eisleben}에서 시의회 의원의 아들로 태어났다. 학업을 마친 이후 그는 아버지의 뜻을 거스르며 1505년에 에어푸르트에 있는 아우구스티누스 수도회로 들어갔다. 그곳에서 1507년에 사제서품을 받았다. 로마에서 머문 이후 루터는 비텐베르크^{Wittenberg}에 있던 아우구스티누스 수도회로 옮겨갔다. 그곳에서 그는 종교개혁적인 생각을 발전시켰다. 그는 이것을 1517년 9월 4일 97개 조항의 라틴어로 적어두었는데, 신학 분야에 있던 친밀한 사람과 토론하기 위해서였다. 개신교 역사에 따르면 루터는 1517년 10월 31일, 그 유명한 〈95개 논조〉를 비텐베르크에 있는 슐로스 교회^{Schlosskirche zu Wittenberg} 정문 출입구에 붙였다. 1517년 10월 30일 마인츠의 알브레히트^{Albrecht} 대주교에게 보내는 서신에서 그는 처음으로 오늘날 우리에게 익숙한 이름을 적어넣었다. 루터는 대주교에게도 〈95개 논조〉를 보냈다. 그는 당시 스스로 '자유로운 자'라는 뜻을 지닌 희랍어 이름 엘로이테리우스^{Eleutherius}를 사용했는데, 〈95개 논조〉가 새로운 시대를 이끌어낼 수 있다는 사명감에서 엘로이테리우스와 루더를 조합해 새로운 이름을 지었다. 하지만 루터는 자신이 일으킨 폭풍의 힘이 어느 정도인지 예견하지 못했다. 〈95개 논조〉는 실로 거대한 반향을 불러와 마침내 종교개혁을 일으켰다.

면죄부 판매 중단과 교회의 '수장부터 바닥까지' 근본적인 개혁을 요구한 마르틴 루터의 생각은 교회 내부의 강력한 반대에 직면한다. 하지만 루터는 포기하지 않고 자신의 논조를 알려 사회 전반의 공공성을 확보하려 했다. 또한 그는 1518년 아우구스부르크Augsburg의 독일제국의회 앞에서도 자신의 요청을 철회하지 않았다. 그 이후 1519년 7월 4~14일에 이뤄진 '라이프치히 논쟁'에서 교황의 권위를 의심하고 공회의 판결에 반해 개인적인 양심의 자유를 내세우면서 가톨릭교회와는 완전히 틀어져버렸다. 신학적인 논쟁 끝에 마르틴 루터는 1521년 1월 3일 〈로마 교황은 이렇게 말한다Decet Romanum Pontificem〉라는 교황의 교서로 말미암아 파문되고 만다. 그럼에도 1521년 4월 17일 보름스Worms 의회에서 다시 한 번 변론할 기회가 주어졌다. 그곳에서 입장 철회를 요청받았으나 루터는 다음과 같이 주장했다. "저의 양심이 하나님의 말씀에 사로잡힌 한, 그 무엇도 철회할 수 없고, 하고 싶지도 않습니다. 왜냐하면 양심에 반하여 행동하는 것은 불확실하며 구원을 위협하는 일이기 때문입니다. 주여, 저를 도우소서. 아멘." 결국 의회는 '보름스 칙령'을 판결했다. 루터를 비호하고 숙소를 제공하거나, 그의 저술을 읽거나 인쇄하는 것을 금하는 내용이었다. 결국 그는 법적 권익을 박탈당한 채 살아가야 했다.

의회와 교황 그리고 황제의 추방령을 받은 마르틴 루터는 작센 선제후인 현자 프리드리히Friedrich des Weisen의 비호 아래 바르트부르크Wartburg에 머물렀다. 그곳에서 그는 거의 1년간 '융커 외르크Junker

Jörg'라는 가명으로 체류했다. 루터는 1521년 가을에 자신이 번역한 독일어판 신약성서를 들여와 1522년 가을에 《독일어로 된 신약성서Das Newe Testament Deutzsch》라는 제목으로 출판했다. 루카스 크라나흐Lukas Cranach가 성서에 삽입될 그림을 그렸고, 비텐베르크의 크리스티안 되링Christian Döring이 인쇄와 출간을 맡았다. 흔히 《9월 성서》라고 부르기도 하는 이 성서에는 인쇄업자나 발행자를 표기하지 않았다. 비텐베르크라는 인쇄 장소가 있을 뿐이다. 반 굴덴—도축된 돼지 가격과 맞먹는—이라는 비싼 가격에도 루터의 신약성서는 날개 돋친 듯 팔려 16세기에 베스트셀러가 되었다. 독일어 성서는 종교개혁의 아이콘으로 승격되어 유럽을 정치·종교적으로 송두리째 뒤흔들었다.

"인쇄술은 신이 내린 최고이자 최선의 선물이다. 왜냐하면 신은 이런 수단을 통해 진정한 종교를 세계 끝까지 알리고자 하시며 모든 언어로 전달하고자 하시기 때문이다." 어느 탁상연설에서 밝힌 루터의 이런 확신은, 그가 자신의 이념을 유포하기 위해 인쇄술에 어떠한 가치를 두고 있었는지를 명확하게 보여준다. 독일어 성경의 발행부수와 관련된 기록은 마르틴 루터가 16세기의 가장 성공한 작가였다는 사실을 증명할 뿐 아니라 종교개혁이 출판물을 타고 바람처럼 빠르게 퍼졌음을 명확히 보여준다.

1518년 봄 《속죄와 은총에 관한 설교Eyn Sermon von dem Ablaß und Gnade》라는 제목으로 발간된 독일어판 〈95개 논조〉는 2년 만에 25쇄를 찍었다. 루터가 애초에 쓴 라틴어판은 1518년에 2쇄가 나왔다. 바젤Basel에 있던 출판업자인 요한 프로벤Johann Froben은 루터에게 1519년

2월 14에 보내는 편지에서 축하 인사를 전한다. "작품을 10권을 빼고 다 팔았습니다. 그 어떤 책도 이렇게 잘 팔린 적은 없었습니다." 1520년에 발간되었으며 가톨릭교회의 권력에 대항해 의회 및 교회개혁을 옹호하는 강령을 제안한 《기독교 상황의 개선을 위해 독일 기독교인 귀족께 올리는 글An den christilichen Adel deutscher Nation von des christlichen Standes Besserung》이라는 속보책자로 루터는 독일 전역에서 순식간에 유명해졌다. 1쇄로 4000권을 발행했는데—이는 그때까지 최고의 발행부수였다—5일 만에 소진되어 14쇄를 찍었다. 같은 해 루터는 《기독교인의 자유에 대하여Von der Freiheit eines Christenmenschen》라는 작품을 출간했다. 이 책은 18쇄를 찍었다.

루터는 신약성서(1522)와 1534년에 발간한 성경전서로 출판계에서 연속적인 성공을 거두었다. 신약성서는 1쇄로 5000권을 발행했으나 순식간에 소진되어 10주 후 재쇄를 찍어야 했다. 루터의 생애 동안 출판된 성경의 판매부수와 발행부수는 수많은 번각본 때문에 명확하게 조사된 바 없다. 추정 자료에 따르면 1546년까지 20만 권 이상이 판매되었고, 대략 430쇄가 발행된 것으로 본다. 이렇게 많은 성경이 판매되었으나 마르틴 루터는 원고료를 단 한 푼도 받지 않았다.

1517년 10월 31일 루터의 〈95개 논조〉가 출간된 비텐베르크는 종교개혁의 중심지가 되었을 뿐 아니라 경제적으로 출판과 인쇄산업의 중심지로서 이득을 얻었다. 1517년에 소규모 대학도시였던 비텐베르크에는 인쇄기가 겨우 한 대 있을 뿐이었다. 루터는 그곳에서 독일어판 〈95개 논조〉를 인쇄했다. 1519년에 라이프치히의 인쇄업자인 멜키오 로터^{Menchior Lotter}는 종교개혁 도시에 지점을 하나 세웠다. 그 이듬해 최소한 8개 이상의 인쇄업소가 비텐베르크에 정착했다. 이로써 이 도시는 독일 인쇄의 중심지로 발전했다. 반대로 라이프치히의 인쇄업자는 경제적인 어려움에 처해 있었다. 러시아정교도이자 영주였던 게오르크^{Georg}가 종교개혁적인 저서를 생산하지 못하도록 주의를 기울였기 때문이었다.

속보책자와 농민전쟁

첫머리에 언급했던 '종교개혁의 공공성', 다시 말해 종교개혁을 향한 열망의 대중적인 유포와 수용은, 이즈음에 발명된 새로운 매체 형식인 '속보책자' 덕택이었다. 속보책자는 적은 분량—최대 8~10면 정도—을 값싼 종이에 인쇄한 작품으로, 딱딱한 표지가 없이 한 손에 들어오는 형태(20~30센티미터 높이)였는데, 때때로 목판화로 뜬 삽화가 들어 있기도 했다.

속보책자 유포가 최고조에 달했을 때 이를 읽는 대상은 대부분 '보통 사람', 학술적으로 교육받지 못한 사람, 즉 대다수의 국민이었다. 1524년에 나온 종교개혁적인 속보책자는 시종일관 다음과 같은 문구로 시작되었다. "친애하는 독자들께. 책을 읽지 못하신다면 이 글을 읽어줄 젊은 남자를 찾으십시오." 실제로 속보책자의 내용은 혼자 조용히 읽히는 법이 없이 여관이나 시장 혹은 시청에서 많은 사람 앞에서 큰소리로 낭독되었다.

1519년까지 전체 속보책자의 72퍼센트가 라틴어로 작성되었다. 그런데 고작 3년 뒤에는 74퍼센트가 독일어로 발간되었다. 16세기가 시작된 이래 30년간 수천 종의 속보책자가 신학적이며 종교적인 내용을 담고서 퍼져나갔다. 그러나 《노이에 차이퉁Newe Zeyttungen》도 발간되었는데, 지역의 전쟁이나 사건, 사고 등에 관한 뉴스를 담고 있었다. 이런 형태의 속보책자는 약 1세기 후에야 등장하는 주간지와 일간지의 선구자로 간주된다.

빛과 같은 속도로 인쇄되어 광범위하게 퍼진 속보책자가 없었다면 종교개혁의 양상은 다르게 전개되었을지도 모른다. 마찬가지로 이 시대의 다른 사건 또한 속보책자 없이는 상상할 수 없다. 농민전쟁 역시 그러했다.

1520년에 전파된 《기독교인의 자유에 대하여》라는 루터의 속보책자에 이런 내용이 나온다. "기독교인은 사물의 자유로운 주인이고 그 누구도 종僕이 아니다." 이런 주장은 다음 문장에서 유보되긴 하지만, 농민들은 루터가 쓴 책의 내용을 자신들의 법적 지위의 배경을 묻는 계기로 받아들였다. 그들 중 다수는 1년 뒤 독일어판 신약성서를 읽거나 책을 낭독할 수 있었지만, 그 안에서 자신들이 아무런 권리도 없이 살아가는 상태를 하나님이 원하셨다는 암시를 발견하지 못했다. 하지만 마르틴 루터는 일찍이 농민들에게 그들의 지위에 대해 의문을 제기하는 이념적인 도구를 손에 쥐여주었다.

그 시대의 농민은 절망적인 경제 상황에 처해 있었다. 귀족과 성직자들에게 내는 다량의 세금, 농노제에 의한 강제 노동, 흉작, 그리고 어업, 사냥, 벌목 같은 전통적인 권리가 계속 축소되었기 때문에 1500년 이래로 많은 지역에서 농민들이 봉기했다. 1524년 뉘른베르크 근방에서 새로운 봉기가 발발했다. 곧바로 농민들은 에어푸르트, 슈바르츠발트^{Schwarzwald}, 보덴제^{Bodensee} 주변에서 반란을 일으켰다. 과거의 지역적인 봉기와 달리 농민들은 사상적으로 무장했고 속보책자를 통해 더 많은 정보를 알고 있었다. 1525년 2~3월 오버슈바벤^{Oberschwaben}에 총 3만 명으로 구성된, 무장한 세 무리의 농민단이 결성되었다. 그들은 자신들의 생활환경이 개선되기 바랐다. 이들은 유혈 혁명을 꾀하지 않았기 때문에, 세 무리의 사절단은 자신들의 요구를 공식화하여 신학적으로 설명하기 위해 독일제국의 직속 도시인 메밍엔^{Memmingen}으로 향했다. 1525년 3월 20일 그들은 농민들의 요구를 모아 인권에 대한 최초의 요구인 〈12개조〉를 의결했다. 농민들의 요구는 가장 짧은 기간에 가장 많이 출판되어 판매되었다. 이로써 독일 남부와 티롤^{Tirol}에서 비정상적으로 빠르게 봉기가 일어났다. 나라 곳곳에서 혼란스러운 약탈이 일어났고, 대규모의 농민전쟁이 발발했다. 저항군에 대한 최종 진압은 1525년 9월에 일어났다. 그 결과 10만 명 이상이 사망한 것으로 추정한다.

마르틴 루터는 오랫동안 농민과 공감했고 그들의 요청에 균형 잡힌 평가를 내리려 애썼다. 그는 1525년 《슈바벤의 농민들이 제시한 12개 조항에 관련된 평화로의 권면^{Ermahnung zum Frieden auf die zwölf Artikel der Bauernschaft in Schwaben}》이라는 저술에서 제후의 오만함을 비판했다. 하지만 남부의 농민군 수장이 1525년에 바인스베르크^{Weinsberg}의 성과 도시를 지배하며 잘 알려진 '바인스베르크 학살'을 벌이며 귀족과 군사들을 끔찍하게 처형했을 때, 루터는 유명하면서도 악명 높은 저술《농민들로 구성된 살인자들과 강도 무리에 맞서^{Wider Die} Räuberischen Und Mörderischen Rotten Der Bauern》를 집필했다. 그는 책에서 농민의 저항을 격렬히 비난하며 이에 반대하는 제후들을 선동했다. "공개적으로나 은밀하게 폭도를 박살내고, 숨통을 조이고, 칼로 찔러야 할 것이다. 미친개를 보면 때려죽여야 하듯이 누구라도 이렇게 할 수 있다." 이런 급진적인 정치적 변화를 선택하기가 쉽지는 않았을 것이나, 종교개혁적인 사상이 계속 확산되도록 하기 위해서 루터는 자신에게 호의적인 제후들의 후원을 받아야 했다. 바인스베르크 학살 이후에 농민 문제에 관한 한 제후들의 편에 설 수 밖에 없다는 사실을 루터는 확실히 의식하고 있었다.

근대로 가는 문턱에서

이제까지 종교개혁에 대해 살펴본 바에 따르면, 도서를 생산하고 유포하는 서적상뿐 아니라 그 시대에는 책 자체도 급격하게 변화했다는 사실이 드러난다.

활판인쇄가 도입된 초기에는 필사본을 모범으로 삼아 가능한 가깝게 만들려고 노력했던 반면 종교개혁 시대의 인쇄업자들은 이런 미학적인 시각으로부터 벗어났다. 장 프랑소아 길몽은 늦어도 1540년에 "인쇄된 책은 이미 필사본이라는 전범에서 완전히 벗어났다"고 《독서의 세계^{Die Welt des Lesens}》에서 단언했다. "책의 형태도 달라졌다. 표제지를 맨 앞에 두고 글자의 형식을 통일하고 많은 연자를 공급했기 때문이다." 목판화가 빈번하게 책의 삽화로 들어갔다. 이런 변화에는—이미 언급했듯이—새로운 매체 형식인 속보책자 도입이 영향을 끼쳤다. 도서 생산이 속보책자에 집중되면서 시장 전체가 철저하게 바뀌었다. 15세기 후반의 브롯아티켈이 시장에서 사라졌다. 비트만은 《독일 서적출판업의 역사》에서 "더욱이 에라스무스처럼 명망 있는 인본주의자의 원고조차 방치되었다. 그때까지 인문주의자들의 기획은 항상 출판업자의 인정과 도움을 약속받았는데, 갑작스럽게 인쇄소를 샅샅이 찾아다녀야만 했다. 예를 들어 러시아정교도인 프로벤은 1524년에 그다지 위험 부담이 없는 아우구스티누스의 《신국론De civitate Dei》을 단 한 권도 팔지 못했다. 코베르거조차 재정적으로 힘든 상황에 빠졌다"고 쓰고 있다. 1523년에 에라스무스는 교황에 반하여 자신들이 원하는 바를 쓰면서도 루터에 대항해서는 단 한마디의 말이라도 인쇄하려는 출판가가 없다며 개탄했다. 이는 물론 진실이 아니었다. 가톨릭교회도 그들의 입장을 민중에게 드러내기 위해 속보책자 형식을 사용했기 때문이다.

15세기부터 16세기로 넘어가는 과도기에 번각본이 서적시장의 위기를 초래한 반면, 흥미롭게도 종교개혁 시기에는 이 문제가 자연스럽게 해결되었다. 소책자든 성경이든 모든 간행물을 저마다 새로 인쇄했다. 이는 종교개혁의 공공성 덕분에 출판시장이 어마어마하게 신장되었기 때문이다. 저렴한 소책자, 독일어로 인쇄된 책의 급증, 곳곳에서 시작된 종교개혁에 관한 논쟁, 무수히 많은 속보책자로 전달된 농민전쟁에 대한 이념적 살육 등은 도서 생산의 확장을 보여주는 단적인 예다. 당시의 인쇄기로는 급증하는 수요를 따라잡을 수 없었다.

마르틴 루터는 번각에 대해 처음에는 긍정적인 입장을 취했다. 어쨌든 이를 통해 자신의 저서가 제국 전체에 신속히 유포되었기 때문이다. 하지만 원작에 비해 엉성한 번각본의 상태는 루터에게 곧 심각한 문제가 되었다. 그가 아우구스부르크와 보름스에서 소송 중일 때 뜻이 어긋나는 오류투성이의 작품이 나타났다. 루터는 그 내용에 책임지기를 거부했다. 이런 경험과 더불어 무수한 번각본 때문에 경제적으로 손해를 본 원전 출판사의 고충이 맞물리자 결국 루터는 생각을 달리했다. 1525년 《인쇄업자에게 보내는 서언과 엄계Vorrede und Vermahnung an die Drucker》에서 루터는 분노에 차서 번각본 출판업자와 담판을 지었다. "친애하는 인쇄소 소유주분들, 한 사람이 다른 이를 공개적으로 탈취하고, 남의 것을 훔치고, 서로가 서로를 해치니, 대체 이게 무슨 일입니까? 여러분은 이제 노상강도와 절도자가 되어버린 것입니까? …… 내 책을 그렇게 어긋나게 또 형편없이 망가뜨린다면 …… 내가 쓴 책을 더는 알아볼 수가 없습니다. 뭔가를 빠뜨리고, 잘못 옮겨 쓰고, 왜곡하고, 수정하지 않았기 때문입니다." 사람들이 루터에게 동의한다고 고개를 끄덕인다 하더라도, 종교개혁적인 사유를 신속하고 광범위하게 유포하는 데 기여한 번각의 의미를 높게 평가하지 않을 수 없다.

이제 서적상에게로 되돌아가 보자. 그들은 종교개혁 시대의 충격에 흔들리지 않은 채로 남아 있었다. 여러 방면에서 이를 확인할 수 있다. 15세기 후반에 불리한 입장에 처해 있던 서적행상인은 새로운 번성기를 맞이했다. 제국 전체에서 증가하던 가톨릭 및 종교개혁적인 속보책자에 대한 관심으로 도서무역상 혹은 서적행상인이라는 존재가 전면으로 재등장했다. 50년과 똑같이 책은 도서가 판대나 시장과 여관 그리고 집집마다 판매되었다.

출판업자의 이해관계 상황도 달라졌다. 종교개혁적 성향의 서적행상인은 그가 판매하는 책과 동일시되었는데, 책 판매는—종교개혁적인 간행물에는 항상 해당된다—그만큼 위험한 일이었다. 서적행상인의 경제적인 동기에는 종교·정치적인 이해관계가 얽혀 있었다. 이를 대표하는 이는 뉘른베르크의 서적상인인 한스 헤어고트Hans Herrgot였다. 그는 작센에서 속보책자와 번각본을 판매했다. 가톨릭 검열관청은 종교개혁적인 논고《기독교인으로서 삶의 새로운 변화에 대하여Von der newen wandlung eynes Christlichen lebens》를 판매하던 그를 라이프치히에서 체포하고 즉시 참수했다. 이는 동료들도 겪을 수밖에 없는 숙명이었다. 소요를 일으키는 농민 저서를 거래하는 서적상들도 참수되거나 화형대에서 죽을 위험에 처했다. 이 시대에는 깨어 있는 서적상으로 활동하는 일 자체가 극도로 위험한 일이었다.

가톨릭교회는 종교개혁 초기부터 검열을 통해 도서의 발행을 금지하거나 제도를 이용하여 출판을 금지하고자 했다. 1520년 뢰벤Löwen에서 이단으로 규정한 무수한 속보책자를 불살랐다. 또한 보름스 칙령으로 종교개혁적 저술의 출간을 엄격히 금지했다. 하지만 검열 규정을 강압적으로 관철하려 한 가톨릭교회의 시도는 한편으로 그 당시 사람들의 호기심을 자극했다는 점에서 실패한 조처였다. 다른 한편 제후들은 황제 및 교회 권력에 반하여 자신들의 자주성을 발휘할 수 있다고 느꼈다. 예를 들면 검열 명령을 따르지 않음으로써 그들이 중앙 권력을 무력화할 수 있음을 감지했다. 어쨌든 검열은 종교개혁을 열망하는 시대적 흐름을 억압하는 데 효과적인 수단은 아니었다.

❧

1530년대에 성공에 들떠 있던 원전 출판사와 번각 출판사, 서적상과 서적행상인은 다시 판매 침체기를 맞았다. 종교개혁과 가톨릭교회 사이의 이념 전쟁이라는 혼란스러운 시대는 끝이 났다. 가톨릭교회는 대략 1540년부터 반종교개혁을 준비했다. 종교개혁 이전 시대에 있던 학술서 생산은 이 시기 서적시장에 생긴 진공상태를 부분적으로만 충족시킬 수 있었다. 1529년 에라스무스는 종교개혁 시대에 발생한 시장의 과열을 씁쓸하게 한탄했다. "인쇄업자들은 요즘에는 600권 정도를 판매하지만, 자신들이 복음주의를 전파하기 이전에는 좀 더 쉽게 3000권의 책을 판매했을 것이라고 주장한다." 종교개혁가 마르틴 부처^{Martin Butzer}는 1547년에 비관적인 심정으로 이렇게 표현했다. "유감스럽게도 이런 음울한 시기에 전체 도서 판매는 저조한 상태다."

겨우 100년된 인쇄본 시장은 새로운 방향을 설정할 수밖에 없었다. 종교개혁 종반부에 사회적인 기본 조건은 그 이상의 발전을 이끌었다. 라틴어의 우위는 뒤집을 수 없이 깨졌다. 국제적인 학술어로 살아남았지만 출판 시장에서는 날로 중요성이 퇴색되었다. 그 자리를 평이한 독일어가 메웠고, 독일어는 방언의 경계를 넘어 발전하며 전파되었다.

지역에 정주해 있던 서적상은 행상 서적상에 대해서 적절히 대처할 수 있었다. 질풍노도와도 같았던 종교개혁 시대가 끝나자 속보책자 형태의 책도 막을 내렸지만, 전반적으로 책은 15세기 후반의 형태와 비교해볼 때 훨씬 편리해졌다. 도서인쇄 초창기에는 (책표지 높이가 40센티미터 이상인) 대형서적이 시장을 지배했던 반면, 이제는 4절판(30~40센티미터), 사전辭典판(25~30센티미터) 그리고 8절판이(15~25센티미터) 사용되었다. 또한 출판사가 구매자의 관심을 끌기 위해 북아트적인 부가 요소로 경쟁했기 때문에 책 속의 삽화가 중요해졌다. 하지만 여전히 미미하고 부족한 저작권법 때문에 사람들이 좋아했던 판권 없는 번각본이 다시 출판 분야의 근본 문제가 되었다. 서적시장은 이런 다양한 숙제를 안고서 근대의 과도기로 들어선다.

독일의 아름다운 영혼을 저렴한 번각본을 찍어 판매함으로써
지폐 몇 장을 받아든 사람들에 대해 어떻게 말해야 할지 나는 잘 알고 있다.
군중은 가장 역겨운 구두쇠이자 감사할 줄 모르는 존재다.

— 요한 토마스 폰 트라트너Johann Thomas von Trattner (1719~1798)

나는 그들을 향해 경멸과 증오를 드러냈다.
그들에 비하면 산적과 노상강도가 덜 사악한 인간일 것이다.
적어도 이들은 생계를 위해 기습하기 때문이다.
하지만 도슬리Dosley와 콤파니Compagnie는*
연합해서 도적질을 하려고 한다.

— 고트홀트 에프라임 레싱Gotthold Ephraim Lessing (1729~1781)

*   번각본 출판업자.

계몽주의 시대의
도서문화

근대적 서점의 등장

종교개혁과 반종교개혁 시대에 서적시장은 4개의 상이한 기업 형태로 나타난다. 하지만 이를 항상 쉽게 구별할 수 있는 건 아니다. 왜냐하면 각각의 방식에 유동적인 교차점이 있기 때문이었다. 가장 중요한 형태는 국가적인 서적무역을 맡은 서적상으로, 이들은 위험을 감수하고서 책을 인쇄하고, 동료들과 책을 교환하고, 최종 구매자에게 판매하기 위해서 정기적으로 도서박람회에 참가했다. 출판업자들은 지역 내의 수요를 파악해 책을 생산했다. 그들은 대부분 자체적으로 생산한 책만 거래할 수 있었다. 이들이 다루던 책은

125

학자의 작품이 아닌 실용서—조언서, 달력, 점성술서, 종교 규정집 등—였다. 이런 책은 대부분 연시年市*에서 판매되었다. 다음으로 제본공은 견고하게 만든 책을 시장과 박람회에서 팔도록 허가받았다. 그 당시의 판화를 통해 우리는 제본가의 상점이 오늘날의 서점과 비슷하다고 추측할 수 있다. 판화에는 제본된 책으로 가득 찬 목재 서가와 단상이 있는 판매대도 보인다. 일반적인 서적상의 상점은 오히려 창고 같았다. 거기에는 커다란 목재통 옆에 두루마리와 상자가 쌓여 있었는데, 책을 그 안에 넣어 박람회에 출품했다. 마지막으로 서적행상인도 여전히 존재했다. 그들은 책 이외에 다른 상품들—게임용 카드, 빗과 솔, 문방사우, 안경, 장미화환 등—도 공급했다. 서적행상인은 출판계에서 소외된 사람들로, 경제·사회적인 계층에서 최하위에 속했다. 무수한 조사調査에서 추측할 수 있듯이, 서적행상인은 한창때 과로로 죽는 경우가 빈번했다. 이와 달리 서적무역을 맡은 서적상은 독일 출판업계의 엘리트였다. 그들은 국내 무역을 지배했을 뿐 아니라 책을 판매한 매상의 대부분을 챙겨 갔다. 결과적으로 이들의 활동으로 근대의 도서 거래가 발전한다.

◈

독일 신성로마제국의 종교개혁 지역과 가톨릭 지역 간의 첨예해지는 갈등은 사회 불안 요인이었다. 유럽의 지배권을 둘러싼 합스부르크Habsburg와 프랑스 간의 경쟁은 1618년에 이르러 30년 전쟁으

---

*　1년마다 열리는 대목장.

로 이어졌다. 이 전쟁으로 국가 전체 인구가 감소했다. 대략 400만 명이 희생되었고, 남부 독일에서는 간신히 인구의 3분의 1이 생존했다.

1648년 베스트팔렌Westfalen 평화조약으로 황제의 중앙 권력과 군주의 지방 권력에 대한 원칙이 문서로 확정되었다. 제후들은 제국의 사안에 대한 참여권을 주장했으나 그에 걸맞은 권력 분권은 거의 이루어지지 않았다. 절대주의 시대가 열리기 시작되었다. 세계의 지배자들은 교회와 귀족의 권력을 제한하고 고분고분한 공무원과 함께 효율적인 행정기구를 만들었다. 공무원은 예상치 못한 신분 상승의 수혜자였다. 17~18세기 '계몽전제주의' 사회에서는 약간의 융통성이 생겼다. 제후는 충복의 사회적·위생적 복지를 고려해 다수의 기구—병원, 고아원, 구빈원 등—를 만들었다. 전쟁의 황폐함에서 벗어나고자 제후들은 자신의 영지에서 중상주의 경제정책을 밀어붙였다. 그들은 오직 지역의 이해만 고려했다. 지역 경제를 장려하는 정책은 수입제한과 보호관세를 동반했다. 현금은 나라에 머물러 있어야 했고 외국의 상품을 위해 소비해서는 안 되었다. 특히 도시 시민계급은 경제적 부흥의 중추가 되었다.

전쟁으로 큰 타격을 받은 출판사들에게 이런 제한적인 경제정책은 생존을 위협하는 문제가 되었다. 왜냐하면 그들의 생산품인 책은 주요 수출입 품목이었기 때문이었다. 독일 신성로마제국이 수많은 국가로 분열된 이후 각국의 시장은 발행된 책을 유통하기에 턱없이 작았다. 이런 배경에서 도서의 교환거래가 국내 책 유통에서 우세한 형태로 발전했다. 이런 시기가 족히 100년간 지속되었다.

서적상들은 프랑크푸르트와 라이프치히의 도서박람회에서 자신들이 생산한 책들을—책의 개별적인 내용을 고려하지 않은 채—종이가격을 기준으로 교환했다. 이로써 광범위한 도서가 유통되기 시작했다. 책의 실질적 구매자들은 자기네 지역 서적상한테서 살 수 있었다. 이처럼 17세기에 지역을 넘나들며 교역한 서적상들은, 말하자면 출판가이자 서점의 역할을 동시에 수행한 셈이다.

하지만 교환거래는 곧 문제를 야기했다. 왜냐하면 책의 내용을 고려하지 않고 물량으로 교환했기 때문이다. 몇몇 서적상은 교환거래에 유리하게 참여할 목적으로 최대한 저렴한 비용을 들여 책을 생산한 반면 다른 서적상들은 거금을 쏟아부어 세심하게 편집하여 책을 생산했다. 이로 말미암아 책의 질적인 불균형이 발생했다.

이 시대의 학자들은 교환무역이 불필요한 책을 양산하고, 양질의 도서 생산을 저해한다고 경고했다. 예를 들어 고트프리트 빌헬름 라이프니츠 Gottfried Wilhelm Leibniz (1646~1716)는 "공공의 이익을 위해 이제까지 알려지지 않은 어떤 일을 수행했는지를 서문에서 밝히지 않는 저서는 인쇄되어서는 안 될 것입니다"라고 요구했다.

한편 독일 출판업에 지대한 영향을 끼친 또 다른 전쟁이 있다. 도서박람회 도시인 라이프치히와 프랑크푸르트 사이의 무혈 무역전쟁이 바로 그것이다. 30년 전쟁이 벌어지기 바로 전에 프랑크푸르트 암 마인은 라틴어로 쓰인 작품이 유통되는 세계적인 무역의 장으로 발전했다. 중고도서를 포함하여 유럽 출판물의 80퍼센트가 라틴어로 인쇄되었다. 이와 반대로 라이프치히는 종교개혁 이후에 독일어로 쓰인 작품이 유통되는 무역 중심지가 되었다. 검열에

대한 자유로운 대처, 출판업의 국가적인 장려, 뛰어난 인쇄기술이
그 기반이 되었다. 이러한 경쟁 관계 때문에 많은 출판사가 운송비
를 절약하기 위해서 박람회 도시에서 책을 제작했다. 라틴어(보수적
인 프랑크푸르트)와 독일어(자유로운 라이프치히)라는 경쟁 구도는 종교
개혁적인 북부 독일과 가톨릭의 남서부로 나뉜 독일의 종파 분리를
반영한 형국이었다.

　30년 전쟁 이후 프랑크푸르트의 국제관계는 단절되었다. 그 결
과 독일 시장에서 외국 저작물의 유통이 대폭 감소했다. 독일어로
된 작품의 생산지는 베를린^{Berlin}, 함부르크^{Hamburg}, 쾨니히스베르크
^{Königsberg}와 특히 1680년경에 독일 출판 사업의 중심지로 올라선 라
이프치히로 옮겨갔다. 50년 뒤에는 도시 거주자 가운데 거의 3퍼센
트가 직접적으로 출판산업에 종사하고 있었다.

　프랑크푸르트 도시 자문위원회의 잘못된 평가가 이런 사태를 유
발하는 데 한몫했다. 프랑크푸르트에서는 1710년 봄철 박람회 일
정을 3주 정도 다른 시기로 옮기기로 결정했는데, 그 결과 라이프
치히 박람회와 겹치게 되었다. 라이프치히는 예전 기간을 자부심을
갖고 서적상에게 어디에 참가할지에 대한 결정권을 넘겼다. 그들의
선택은 옳았다. 출판사 대다수가 라이프치히 박람회로 등록했기 때
문이다. 이로써 독일 출판업에서 라이프치히의 패권이 보장되었다.

⚜

　18세기 중엽 라이프치히 출판인들 사이에서 질이 낮은 서적이
점점 더 많이 생산되고 있다는 불만이 제기되었다. 라이프치히는

계몽의 본고장으로 여겨져 검열을 받지 않은 책들이 제국 도처에서 날개 도친 듯 팔렸다. 그러나 많은 비용을 들여 편집한 책과 교환해 온 책의 질이 대부분 형편없었기 때문에 작센에서는 거의 팔리지 않게 되었다. 서적상의 판로가 막혀 이윤이 줄어들었다.

이런 상황을 타개하기 위해 헤센Hessen 출신의 필립 에라스무스 라이히Philipp Erasmus Reich는 라이프치히의 교환거래를 반대하는 선봉에 섰다. 그는 라이프치히의 대형 출판사 바이트만Weidmann의 사장으로서 다른 동료들과 함께 교환거래를 조건거래로 대체했다. 이에 따르면 책을 책을 얻고자 하는 사람은 현금을 지급하되 책값의 25퍼센트 할인을 받을 수 있었다. 또한 라이히는 책을 반품할 수 없도록 하여 판매를 담당하는 동료에게 위험을 전가했다. 비트만은 "이와 더불어 독일 서적출판업이 교환경제로부터 금융경제로 나아가는 과도기가 나타났고, 서적출판업에서 상품 유통의 익명성이 시작되었으며, 출판사와 공급처가 분리되었고, 자본주의적인 경쟁에 대한 사고가 이런 직군에서 최초로 등장했다"고《독일 서적출판업의 역사》에 기록했다.

라이히는 가톨릭이 우세한 독일의 남서부 지역에 정주한 '제국의 서적상들'의 적이 되었다. 그들은 라이프치히 박람회를 보이콧하고 그쪽 출판사에서 나온 책을 대량으로 번각하겠다며 위협했다. 이에 대한 반발로 라이프치히 출판사들은 1764년 프랑크푸르트 박람회를 외면했다. 1773년 라이프치히 박람회는 작센에서 번각본 거래를 금지하는 규정*을 통과시킬 수 있었다.

라이히가 사망한 이후 1787년에 비로소 타협점을 찾았다. 거래에 대해서 33퍼센트 할인, 고정된 결산 기간, 판매되지 않는 도서의 반환, 연중 무휴 공급 등의 조건이 마련되었다. 조건거래는 이내 교환거래를 축출했다. 이로써 출판사 업무를 하지 않는 최초의 서적 소매상 (서점)이 등장했다. 책 공급과 출판사의 분리는 교환거래를 하던 동안에는 생각하지도 못했을 것이다. 거래에 참여할 수 있으려면 책을 인쇄해야 했기 때문이다. 오늘날 통상 출판사와 서점이 나뉘어 있는 구조는 말하자면 18세기 말에 생겨났다. 1796년에 프리드리히 크리스토프 페르테스Friedrich Christoph Perthes(1772~1843)가 최초로 책 판매만 하는 서점을 세웠다. 이후 서적 유통 구조는 200년 후 1995년 미국 회사인 아마존Amazon이라는 성공적인 온라인 서점이 등장하기까지 거의 변하지 않았다.

번각을 넘어 해적 행위로

번각(복제) 문제는 책의 문화사文化史로 가는 여정에서 여러 번 언급했다. 다른 출판사 작품의 판권을 승인받지 않고 출판하는 번각은 활판인쇄술이라는 구텐베르크의 발명이 나온 이후에 곧바로 생겼다. 이 때문에 15세기의 마지막 3분의 1 기간 동안 과잉 생산과 가

---

* 1773년 작센 선제후국 위임통치령은 지역 출판업자의 법적인 상황을 개선했다. 라이프치히 도서박람회에 번각본 거래를 차단하는 한편 작센의 출판업자와 저자를 위한 법적인 보호권을 확대했다. 작센 선제후국에서 발행된 모든 책은, 출판업자가 작가로부터 부여받은 출판권을 입증할 수 있고 이를 라이프치히의 서적위원회에 등록했다면, 10년간 보호받았다.

격 하락이라는 시장 위기가 대두했다. 이 시기에 출판업자는 황제나 제후에게 특권을 부여받아 위기를 극복하려 했다.

'인쇄 특권'은 원저작자와 그의 정신적인 업적이 아니라 인쇄업자와 그의 물질적인 소유권을 보호하는 방편이었다. 인문주의자 콘라트 켈티스Conrad Celtis는 1501년에 황제령 특권을 누린 최초의 인쇄업자였다. 누구라도 그가 펴낸 중세 여류 시인 로즈비타 폰 간더스하임Roswita von Gandersheim의 작품을 번각하면 엄중한 처벌을 받았다. 이처럼 특권을 가지면 출판업의 위험뿐 아니라 판권의 문화적인 성과도 제대로 인정받고 보호받을 수 있었다. 특권은 돈을 내거나 무료 증정본을 기증하는 대가로 배부되었다. 나중에는 개별 작품뿐 아니라 저자와 출판사 자체도 특권을 받을 수 있었다.

많은 사람이 원하고, 대개 한시적이었던 황제령의 특권은 제국 전체에서 효력을 발휘했지만, 불법 번각이 초래한 법률 침해에 대한 대책 마련은 지방관청의 임무였다. 지방관청은 이해관계에 의해 좌지우지되곤 했다. 17~18세기에 군주의 권력이 강화됨으로써 황제령의 특권은 유명무실해졌다. 지역적 특권의 영향력은 엄청났으나 그 명칭에서 알 수 있듯 제한적이었고, 다른 제후국에서 일어나는 번각 문제로부터 보호해줄 수 없었다. 번각은 18세기 중엽까지 해결할 수 없는 문제였다.

번각은 라이프치히 서적상들이 교환거래에 반대해 조건무역을 관철하던 18세기 중반에 이르러 새로운 차원에 도달했다. 독일 북동부 출판사들과 독일 남서부 출판사들 사이에 전개된 불화는 문화전쟁의 양상으로 확대되었다. 이미 언급했듯이 이 전쟁에서 복각은 결정적인 역할을 했다. 독일 전역에서 사랑받고 잘 팔리는 신간 시장을 독점하고 있던 조건거래 옹호자들의 사업 이면에는 프로이센과 작센의 경제정책의 이해관계가 놓여 있었다. 작센에서는 원본 출판사가 보호받았고, 결과적으로 원본 출판사들은 작센의 무역수지를 흑자로 만드는 데 기여했다. 그밖에 제지, 활자주조, 식자, 인쇄, 제본과 같은 하청업자들도 이익을 보았다.

반면 제국의 가톨릭 국가들과 특히 오스트리아의 상황은 달랐다. 오스트리아에서 원본^{原本} 생산은 바닥을 쳤다. 바덴^{Baden}의 한 인쇄업자는 오히려 번각을 국가정책 목표로 설명하기도 했다. "번각은 제국의 각국에서 정치적으로 매우 중요하다. 돈, 다시 말해서 …… 작센으로 흘러들어 가던 돈이 제국에 머무르고 되었고, 이로써 작센과의 무역수지를 따져보면 여느 때처럼 손해를 보지 않게 되었다. 산업의 새로운 길이 열렸다. 이는 다양한 시민계층에 자양분을 제공하고 제후의 계급으로 흘러들어 갔다."

무역수지를 개선하고 본고장의 서적 영업을 장려하기 위해서 제후들은 지역 출판사에게 드러내놓고 번각을 요구했다. 이를 가장 확실하게 행한 사람은 오스트리아의 여제 마리아 테레지아^{Maria Theresia}였다. 그녀는 악명 높은 빈의 번각업자인 요한 토마스 폰 트라트너와의 공식 회견에서 이렇게 말했다. "친애하는 트라트너여, 그대에게 책을 편찬하는 일이 우리의 국가 원칙이라고 말하노라. 책이 거의 없다. 더 많이 인쇄해야 한다. 원본이 나올 때까지 번각을 감행해야 한다. 더 많이 번각하라." 여왕은 트라트너에게 학업 장려에 필요한 모든 책을 번각하고 판매하는 특권을 부여했다. 또한 트라트너가 번각했거나 복제할 원전의 반입을 금지했다. 트라트너는 일생일대의 기회를 포착했고—그의 인쇄 제국은 인쇄공, 활자주조공, 활판인쇄공, 제본공 등 26명으로 이루어져 있었다—나라 전체에 책을 공급했다.

가톨릭 영지에 있는 출판사는 번각 출판의 확산에 반응했다. 자국을 위해 상상할 수 없는 차원으로 복제를 거듭했다. 그곳에서는 독일 전역에서 판매되는 원본보다 더 많은 번각본이 판매되었다. 가톨릭 국가들에서 이뤄진 번각본 판매는 작가들의 관점에서 보면 이익이었다. 종교개혁 시대와 유사하게 번각은 계몽주의 사유의 확산에 기여했다. 국가적으로 밀어붙인 번각의 시대는 대략 80년간 지속되었다. 1835년 11월 5일 독일 연방의회는 공식적으로 번각 금지를 결정했다.

❧

국가적으로 장려된 번각이 다른 역사에서 비슷하게 나타난 적이 있다. 번각은 1690~1730년 사이의 '황금시대'라는 완곡한 표어 아래 전성기를 맞았다. 잉글랜드 정부는 스페인을 경제적으로 약화시키고 신세계의 귀금속을 차지하고자 '적국 상선 납포 면허권'을 민간인에게 발행해주었다. 이를 통해 사람들은 다른 나라의 상선을 약탈하고 침몰시킬 권리를 부여받았다. 국가적으로 장려된 해적은 자신의 이익에 따라 마구잡이로 약탈했다. 이들은 잉글랜드 항구에서 활동 보호를 요청하면서 약탈품의 일부를 왕에게 바쳤다.

국가적으로 위임받은 해적과 범죄를 저지르는 해적이 구분되긴

134

하지만, 사실 이를 명확하게 나누기란 쉽지 않다. 해적질은 국가적인 계약, 국가의 보장 그리고 보호조치, 타국의 손해와 공동의 재정적인 목표 추구를 통해서 각기 다르게 정의된다. 이런 관점은 또한 18세기 중반부터 1835년까지 복각에 대한 대처에도 적용되었다.

독서혁명

독일의 북동부로 이전된 도서 생산, 조건무역의 도입, 출판과 유통의 분리, 번각본의 폭발적인 확산 등이 중요하긴 하지만, 이것으로 18세기 도서문화를 모두 설명할 수는 없다. 새로 창간된 일간지, 독서 모임과 도여 대여점, 독일어와 대중문학의 도서시장 개설 및 독서혁명이 출판계에 엄청난 영향을 끼쳤다.

종교개혁 시대의 《노이에 차이퉁》 같은 신문과 30년 전쟁 당시 발간된 속보책자에서 16세기 말에 반년마다 발행되는 잡지(1588년부터), 월간 정기간행물(1597년부터), 주간지(1609년부터), 일간지가 파생되었다. 1650년에 라이프치히 서적상 티모테우스 리취[Timotheus Ritzsch]에 의해 최초로 《아인코멘데 자이퉁[Einkommende Zeitung]》이라는 신문이 나왔다.

이런 발전상에서 흥미로운 점은 연관된 사회적인 현상이다. 왜냐하면 18세기 도서문화는 신문의 단체 구매와 공동 강독 모임에서 새로운 자극을 받았기 때문이다. 특히 17세기 초반부터 학생 집단뿐 아니라 도시 시민들도 공동으로 신문을 구독했다. 이는 사교 모임에서 신문을 함께 읽고 새로운 소식에 관해 논쟁하기 위해서였다. 또한 소시민과 하층계급 구성원조차도 일간지의 영향을 받았다. 도시에서는 술집과 다방, 와인 주점과 음식점이 전 세계의 최신 소식을 교환하기 좋은 장소로 발전했다. 시골에서는 목사, 교사, 상인과 소매상이 낭독자로 활동했다. 이로써 독서문화가 하층민에게도 전달되었다. 그들은 자식들에게 독서를 권했고, 독서는 그들의 미래에 중요한 영향을 끼쳤다.

❀

　일간지와 다른 정기간행물을 공동으로 구독한다는 생각이 18세기 중반부터는 '독서 모임'으로 이어졌다. 이를 위해 시민들은 책을 공동 구입하기로 합의했다. 이는 우선 경제적인 이유 때문이었으나 해가 지나면서 독서 모임은 두 가지 상이한 형태로 전개되었다. 몇몇 시민은 공동 구매를 한 후에 책을 각 가정으로 전달한다는 생각을 따랐다. 도서 대출이라는 방식이 잡지 분야에서는 오늘날까지 잘 알려진 지역 독서 모임으로 발전했다. 독서 모임의 다른 형태는 도서관을 끼고서 클럽과 사교 공간으로 확대되었다. 회원들은 클럽 공간을 개인적인 강독을 위한 목적 또는 사회적인 교류를 위해 활용했다. 대개 문학이나 정치 관련 토의가 이루어졌다. 이런 형태의 독서 모임에서는 공동으로 책을 구매하는 경제적 이득은 부차적인 것이었다.

　브레멘을 예로 들면 독서 모임의 빠른 발전상을 이해할 수 있을 것이다. 1774년 최초의 독서 모임이 생겼는데, 이들은 여행기를 구매하기 위해 모였다. 20년이 채 지나지 않아 브레멘에는 2340명의 회원을 거느린 36개의 독서 모임이 등록되어 있었다. 1760~1800년 사이 독일 전역에는 서로 다른 특징을 지닌 430여 개의 독서 모임이 있었다. 추정컨대 회원 수는 3만 명 이상이었다.

18세기 모든 독서 모임의 공통점은 여성과 학생은 회원이 될 수 없다는 데 있다. 회원의 사회적 지위는 공식적으로 어떤 역할도 하지 않았으나 도서 구매 혹은 공간을 유지할 만한 수입이 있는 사람이어야 했다. 이 때문에 하위층의 접근은 통제되었다. 도시의 부유한 시민은 자유롭게 독서 모임을 이용했다. 한편 교양을 쌓고자 힘썼던 소시민과 수공업자는 18세기 말부터 일종의 대안으로 '도서 대여점'을 이용했다. 이는 스코틀랜드 앨런 램세이Allan Ramsay의 발명품이었다. 1726년 그는 자신의 서점에 분리된 공간을 만들고, 요금을 내는 조건으로 사람들에게 일정 기간 책을 빌려주었다. 하층민에게도 강독의 기회를 제공하는 이 아이디어를 많은 사람이 따라해 다양한 아류가 생겼다. 유명한 독일 도시에는 몇몇의 도서 대여점이 있었다. 도서 대여점은 7만 의 장서를 보유하고 있을 뿐아니라 광범위한 주제를 아우르고 있었다. 하지만 상당수의 도서는 대중의 취향에 맞춰 소량으로 공급되었다. 19세기 후반에는 최초의 공공 도서 대여소가 생겨났다. 여기서는 보다 많은 주민에게 질적으로 훌륭한 문학작품을 대여했다.

❦

통계학적으로 18세기 서적시장의 발전을 살펴보면, 독서문화가 빠르게 확산되었고 군중의 구매욕은 점점 증가했다. 계몽주의 시대에는 독서 행위가 전반적으로 변화했다. 1740년경 매년 약 750권의 신간이 도서박람회에서 거래되었는데, 40년 뒤에는 매년 5000권의 신간이 나왔다. 18세기에는 어림잡아 17만 5000권의 신간이 출판되었는데, 이는 이전 세기와 비교할 때 두 배 이상 증가한 양이다.

30년 전쟁으로 라틴어 책은 독일어 책에 의해 밀려났다. 17세기 말 독일어 신간 도서는 라틴어 신간을 넘어섰고, 15년 뒤에는 2 대 1의 관계가 되었다.

문학뿐 아니라 학술 도서에서도 이런 경향을 볼 수 있다. 마찬가지로 '전문 분야'와 관련해서도 변화가 있었다. '순수문학'은 1740년에 전체 판매 도서의 6퍼센트를 차지하고 있었다. 1770년에 이르면 문학의 시장점유율은 16.5퍼센트로 상승해 분야별 판매 순위로는 6위에서 2위로 올라섰다. 18세기 말에는 문학이 시장점유율 27퍼센트로 도서 판매 순위 1위를 차지해 신학을 능가했다.

❧

책의 문화에서 변화가 많았던 18세기의 또 다른 특징은 독자적인 도서 장르로 아동서가 생겼다는 점이다. 그 계기는 교육받은 시민을 양성하려던 절대군주의 바람이었다. 대공국 작센-바이마르는 1619년에 교육의 의무를 도입했다. 제후의 복지사업 혹은 더 나은 예비 조처는 주로 두 가지 동기에서 기인했다. 한편으로 아이들은 학교에서 교육을 받아 능력을 갖춰 경제 부흥을 위해 기여해야 했다. 다른 한편으로 수업은 절대적인 세계 질서에 학생들을 적응시키는 데 이용되었다.

　이를 위해 학교 수업에 필요한 교과서 말고도 출판사는 독본과 그림책, 동요 모음집과 연작 시집 및 어린이를 대상으로 한 소설을 많이 출간했다. 책은 내용적으로 완벽한 지식을 전달해야 했고 도덕적인 가르침도 주어야 했다.

지적 소유물에 대한 논쟁

교양이라는 용어의 가치 변화와 더불어 발전한 도서문화의 발전상에 대해 도서관학에서는 이를 '독서혁명'이라고 말한다. 이는 18세기 중반 이래로 나라를 휩쓸었다. 독서혁명은 일시적으로 계몽주의라는 인문과학(혹은 인문학)의 시대와 함께 발생했으며, 이 시대에는 근본적인 가치 전복이 이뤄졌다. 절대주의에서 민주주의 가치를 지향하는 국가체계로의 이행이 시작되었다. 무엇보다도 미국의 독립운동과 프랑스혁명이 국가 통일과 민주주의를 구현한 국가에 대한 염원을 일깨웠다. 독서혁명은 도서무역을 지속적으로 변화시켰을 뿐 아니라―도서 생산, 출판의 형태, 도서 유통, 결제 방식 등에서―독자층과 그들의 독서습관도 바꾸었다. 고전주의나 학술적인 책보다 동시대의 대중문학이 더 잘 팔렸다. 순수문학에 대한 거대한 수요는 저자의 위상을 드높였다.

　30년 전쟁이 끝날 때부터 18세기 중반까지 작가는 예외 없이 지식인 계층에서 나왔다. 그들은 대부분 궁정 사회에 속했고 제후로부터 후원을 받았다. 시인들은 자신의 작품에서 후원자에게 경의를 표했다. 하지만 그것만으로는 생활할 수 없었고 계속해서 자기 책을 판매할 수도 없었다. 대부분의 시인은 세례, 결혼, 생일, 왕국 기념일, 탄생과 장례 같은 특별한 계기에 시를 지어주며 간신히 연명했다.

절대주의 치정과 궁정문화가 끝나면서 헌시도 유행 밖으로 사라졌다. 제후와 그의 수행단은 문학적인 과장過狀에 더는 큰 가치를 두지 않았다. 시인들도 자신들의 가치를 알아주는 후원자를 찾기 어려웠다. 작가가 부유한 세습 귀족 가문 출신이 아니라면, 돈을 벌 활동을 찾아야 했다. 궁정 시인들은 곧 신학자, 대학교수, 가정교사, 공무원, 교회 음악가로 변모했다. 사회적인 변화로 작가의 수용자도 바뀌었다. 궁정국가는 책의 주 구매 고객이 되지 못했고 부상하는 시민계급이 천천히 문학의 세계를 지배했다. 무엇보다 문학적인 양식과 주제가 새로운 대중과 잘 맞았다. 곧 대중문학 작가는 부상하는 시민계급의 목소리를 대변했다.

18세기 중반부터 시작된 독서혁명의 역풍으로, 종교개혁적이며 계몽적인 북부 독일의 출판사들은 공론장에서 사랑받는 작가들의 원고를 보호하기 위해 처음으로 원고료를 지불했다.

하지만 작가들은 출판업자가 아량을 베풀어 자신들에게 원고료를 지급하기 시작했다고 보지 않았다. 오히려 동시대 군중의 수요가 책 공급을 초과했다는 사실을 파악했다. 이런 이유에서 출판사는 원고료를 지급해서라도 잘 팔리는 작가들을 붙잡아둘 수밖에 없었다.

1814년에 괴테는 《시와 진실^{Dichtung und Wahrheit}》 3부에서 그 시대를 이렇게 기억하고 있다. "독일 작가들 사이에 하나의 움직임이 생겨났다. 그들은 그리 가난하지 않지만 그렇다고 벌이가 썩 좋지는 않은 자신들의 상태와 존경받는 서적상의 명성을 비교했다. 라베너^{Raberner} 또는 겔러르트^{Gellert}의 명성이 얼마나 대단한지 관찰했다. 그리하여 어떤 벌이로도 생활이 별반 나아지지 않으면 어떻게 소박하게 살아야하는지를 곰곰이 생각했다. 또한 중견 소장학자들은 자신들의 상황을 개선하고, 출판사로부터 독립하고 싶은 생생한 욕구를 느꼈다."

이런 요구를 한 가장 유명한 대변인은 고트홀트 에프라임 레싱이었다. 18세기 중반에 작가의 지적 소유물의 법률적 가치와 원고료 문제를 논의하고 새롭게 평가한 것은 레싱 덕분이라고 할 수 있다. 레싱의 유고 중에는 《자유롭게 맘 흐르듯 살아라^{Leben und leben lassen}》*라는 제목의 단장집^{斷章集}이 있다. 여기서 그는 작가가 자신의 정신적인 작업에 대해서 원고료를 받아서는 안 된다는 전통적인 견해에 격렬히 반대했다. 그는 시대적인 정신에 반하여 작가가 자신의 작품으로 생활하는 것이 적법하다고 요구했다. "어째서? 작가가 자신의 머리를 가능한 한 쓸모 있게 사용하는 일이 잘못이란 말인가? 작가는 고귀한 힘으로 작업하기 때문에 하찮은 잡부가 얻을

* 자기의 삶을 살고 타인의 삶을 있는 그대로 보아라. 이는 관용의 태도를 의미한다.

수 있는 만족―자신의 노력으로 돈을 번다는―을 느껴서는 안 된다는 말인가?" 작가는 글쓰기라는 직업을 수행함으로써 시민의 자유공간을 만들어야 한다는 동시대인들의 생각에 레싱은 반대했다. "나는 글쓰기가 공무와 관련된 급료의 목적이 될 수 있는지 모르겠다." 레싱은 정신적인 창작에 대해서 사례를 받는다는 것이 명예롭다는 견해를 옹호하기 위해 다음과 같이 썼다. "지혜를 돈을 받고 사고팔다니! 수치스럽다! 무료로 받은 것이라면, 공짜로 나눠주어야 한다! 고귀한 루터는 성경을 번역할 때 이렇게 생각했다. 하지만 나는 이렇게 대답하련다. 루터는 많은 일에 예외를 두었다. 작가가 팔려고 하는 것을 무료로 받았다는 것은 대부분 진실이 아니다. 종종 작가의 능력은 세계를 가르치고 즐겁게 하는 데까지 나아가는 것 같다." 레싱은 자신의 생각을 몸소 실천했다.

레싱은 시대정신에 저항하면서 문학적인 행위를 하는 것 외에도 작품에 대한 정신적인 소유에 관한 문제를 중시했다. 그는 출판업자 조합의 관례적인 법해석에 반대했다. 그들의 견해에 따르면 저자가 출판사에 작품을 판매하자마자 영원히 출판사의 소유로 넘어간다고 보았다. 이에 대해 레싱은 "사람들은 처음부터 **소유물과 소유물의 사용**을 구별했다. 나는 …… 출판사가 저자의 인가를 받아 인쇄한 책이 출판사 소유로 귀속된다는 사실이 입증된 바 없다고 간주한다."

이렇게 레싱은 출판의 계약관계에 의문을 제기했다. 고대부터 출판사와 저자의 계약은 출판사가 원고를 매입함으로써 그 작품에 대한 "영원한 출판권"을 얻은 것으로 간주되었다. 하지만 레싱의 의견은 이와는 완전히 달랐다. 그는 출판사와 저자 사이에 이뤄진 통상적인 계약의 적법성이 "입증된 바 없다"고 간주했고, 저자를 위해서 처음으로 새로운 사고를 요구했다.

아마도 레싱은 자신이 쓴 글이 일으킬 파장을 감지한 듯하다. 이런 이유로 그는 초안(추측컨대 1773년)을 제쳐놓았다. 그러나 1780년 1월 23일 게오르크 크리스토프 리히텐베르크^{Georg Christoph Lichtenberg}에게 보낸 서한을 보면 레싱이 다시 이 문제에 천착했음을 알 수 있다. 그는 리히텐베르크의 《괴팅쉐 마가진^{Göttingsches Magazin}》에 원고를 게재하려고 했으나 출간되지 못했다. 레싱은 1781년에 사망했고, 1800년에야 브레슬라우의 문학잡지인 《네벤슈툰덴^{Nebenstunden}》에 단장집이 실렸다.

❦

1767년 4월에 함부르크 국립극장에서 극작가이자 기획의 조언자로서 참여하기 위해서 베를린을 떠나 함부르크로 이주했을 때, 레싱은 38세였고 문학적 다양성으로 유명한 작가였다. 그럼에도 그는 젊은 시절에 했던 결정, 즉 창작물의 소유권을 넘기지 않겠다는 생각을 바꿀 수 없었다. 함부르크에서 레싱은 인쇄업자이자 번역가인 요한 요아힘 크리스토프 보데^{Johann Joachim Christoph Bode}를 알게 된다. 보데는 저자를 참여시키는 출판*을 계획하고 있었는데, 레싱은 이에 감동했다. 보데는 인쇄소에서 저자가 작품을 원가에 우수

---

*   자비출판.

한 품질로 인쇄할 수 있다고 했다. 이렇게 설립한 출판사는 정기 구독자들에게 책을 판매하고 현금 지급이 가능한 서점으로 도서를 직거래하려고 했다. 레싱은 이에 열광해 '독일 박물관Deutsches Museum'이라는 제목으로 총서를 기획하고, 독일에서 가장 유명한 작가들의 작품을 발간하려 했다.

보데가 생각한 사업의 특수성은 작가가 자신의 작품 판매에 직접 참여하게 된다는 점에 있었다. 이는 레싱의 생각과 일치했다. 레싱은 이 계획에 참여하기 위해서 자신의 장서 일부를 판매하려고 했다. 그는 새로운 사업으로 자기의 오랜 꿈을 이루고, 저술가로 살아갈 희망을 품었다.

1768년 부활절에 레싱은 시장 정보를 얻기 위해 라이프치히 박람회를 찾았다. 새로운 판매 방식에 벌써 문제가 생겼던 것 같다. 라이프치히에서 레싱은 성공한 출판업자인 프리드리히 니콜라이Friedrich Nicolai를 만났다. 그는 레싱에게 사업을 계속 하는 것에 대해 경고했다. 하지만 레싱은 출판계에서 산전수전을 다 겪은 그의 말을 들으려 하지 않았다. 반년도 지나지 않아 패기만만했던 기획은 실패로 끝나고 만다. 레싱은 빚을 갚기 위해 자신의 나머지 애장 도서와도 이별해야 했다.

1795년 칼 아우구스트 뵈팅거Karl August Böttinger는 야망이 가득했던 이 기획의 실패에 관해 "불행한 점은 이 두 사내가 도서거래라는 상업적인 과정을 전혀 몰랐다는 것이었다. 그들은 자신들의 환상의 산물을 사랑했다. 이론적으로는 그 생각을 수행할 수 있다고 생각했지만, 실제로는 큰 희생을 치르고서도 수행하지 못했다"고 적고 있다. 하지만 계획이 실패한 이유는 두 사람의 경험 부족 때문만은 아니었다. 그들이 파산한 이유는 출판하려고 했던 최고의 저자들의 책이 판매가 보장된 것은 아니었기 때문이다. 게다가 책은 라이프치히라는 장소에서 배송하는 방식이 일반적이었다. 조건 거래도 잘 이루어지지 않았다. 많은 상인이 도서의 현금 구매를 거부하고 있었다. 또한 레싱과 보데가 책에 들어가는 장식물에 거금을 투자한 탓에 책값이 비싸졌다는 이유도 있다. 그러나 무엇보다 기반이 잡힌 출판사들이 새로운 경쟁 상대를 경계한 것이 원인이었다. 자비 출판이라는 시도가 새로운 전례가 될 것을 우려한 라이프치히의 출판업자 엥엘하르트 벤야민 슈빅커르트Engelhard Benjamin Schwickert(1741~1825)는 《서적상에 부치는 소식Nachricht an die Herren Buchhändler》에서 자신과 조합의 생각을 이렇게 밝혔다. "합당한 능력도 없으면서 서점에 개입하려는 사람들—예를 들면 함부르크에서 새로 설치된 서점—의 자비출판을 거부하고, 그들의 책을 사정없이 번각하며, 그 책의 판매가를 절반으로 내릴 것이다." 그는 모든 '서적상'에게 시장에서 일어나는 "권한 없는 침해"를 보이콧하자고 계속해서 주장했다. 또한 슈빅커르트 스스로 이런 위협을 실행했다. 그는 레싱의 《함부르크 연극론Hamburgische Dramaturgie》을 번각해서 저자와 출판사에 어마어마한 손해를 끼쳤다.

레싱은 슈빅커르트의 《서적상에게 부치는 소식》에 쓴 글을 《함부르크 연극론》의 에필로그에 인용하면서 이렇게 대응했다. "자비 출판이 이전에 그 어디에서 금지된 적이 있는가? …… 어떤 법이 자기 작품을 사용하는 학자의 권리를 질책할 수 있는가? 그가 작품에서 끄집어낼 유용성을 질책할 수 있는가? '합당한 능력도 없으면서 서점에 개입'한다고 할 때 그에 요구되는 능력이란 무엇인가? 누군가에게 5년간 상자 포장하는 법을 배웠다는 사실이, 상자를 포장하는 법 말고는 다른 일을 못 한다는 뜻인가? 그렇다면 누가 서점에 개입해서는 안 되는가? 언제부터 서적거래가 조합의 일이었나? 무엇이 그들의 독점적인 특권인가? 누가 그들에게 특권을 부여했나?"

⚜

레싱과 보데의 공동 기획이 좌절됨으로써 자비출판이라는 최초의 시도는 실패하고 말지만, 저자들 사이에서 불만이 커졌다. 이 때문에 1773년에 이와 유사한 모델을 강행하려는 새로운 시도가 계획되었다.

최고의 국가시인으로 칭송받는 프리드리히 고틀리에프 클롭슈토크Friedrich Gottlieb Klopstock(1724~1803)가 포문을 열었다. 그는 그해 독일 문학에 큰 반향을 일으켰다. 민족국가라는 사상의 열성적인 옹호자이자 프랑스혁명의 추종자이기도 했던 그는 1748년에 〈메시아Der Messias〉라는 시로 명성을 얻었다. 그는 대중의 인기를 누렸고, 덴마크 왕 프리드리히 5세Friedrich V는 그에게 종신 연금을 보장했다.

클롭슈토크는 젊은 시절부터 출판할 때 까다로운 계약자로 알려져 있었다. 동시대 시인은 그가 운문 서사시 《메시아》의 계약을 체결했을 때 "한 번은 유다가 로마 교황에게, 또 한 번은 클롭슈토크가 헤메르데Hemmerde*에게" 예수를 팔았다며 농담조로 말했

146

다. 이후 1773년에 클롭슈토크는《이후의 문집에 대한 구독 계획 Subskriptionsplan zu folgender Schrift》이라는 소식지를 발간함으로써 사업적 능력도 증명했다. 그는 대중에게 자신이 계획한 책《독일 지식인 공화국Die deutsche Gelehrtenrepublik》을 예약(신청)하도록 광고했다. 광고 문안에서 그는 작품의 판매보다는 "지식인들이 사전 예약으로 자기 저술의 소유자가 될 수 있는지를 시도해보는" 의도가 중요하다고 설명했다. "왜냐하면 현재 표면상으로는 서적상이 실질적인 소유자다. 그들에게 지식인들이 자신의 저술을 …… 넘겨주어야 했기 때문이다."

말하자면 클롭슈토크는 자신의 저술을 대중에게 직접 판매함으로써 도서 생산 및 판매 과정을 주도하고자 했다. 이런 시도가 성공할 경우 작가들에게 귀감이 될 것이고 결과적으로 전통적인 서적 거래를 대신할 수 있기 때문이었다. 클롭슈토크는 자신의 계획을 실행에 옮기고자 그 일을 '모집인Kollekteuren'으로 구성된 촘촘한 연결망에 위임했다. 이들은 독일 전역의 사적 혹은 공적 주문을 받아 저자에게 통보하는 역할을 맡았다.

클롭슈토크의 광고가 나가자 대중의 호응은 폭발적이었다. 수많은 독자가 신청서에 서명했을 뿐 아니라 돈을 미리 내기도 했다(선불). 이는 존경하는 작가의 작품에 돈을 지불한다기보다 조국에 기여한 그의 공적을 칭송하기 위해서였다. 이에 대해 괴테는《시와 진실》에 "쓸 돈이 많지 않은 청년이든 처녀든, 이를 위해 지갑을 열

* 클롭슈토크가 계약한 출판업자.

었다. 남자든 여자든, 고위층이든 중산층이든 모두가 신성한 기부금에 동참했다. 아주 많은 선불금이 모였을 것이다. 기대는 최고조에 이르렀고, 믿음이 충만했다"고 썼다.

클롭슈토크의 발상은 성공적이었다. 전국 방방곡곡에서 구매 열풍이 일었다. 1744년 《독일 지식인 공화국》이 발간되었을 때 클롭슈토크는 263개 지역 3678명의 신청자와 선불자들에게 책을 공급할 수 있었다. 하지만 모집인과 주문자의 열정은 작품이 출간되자마자 사그라졌다. 지식인이 지배하는 공화국이라는 진중하게 진술된 생각이 독자의 기대에 양식적으로나 내용으로 부합하지 못했기 때문이다. 괴테는 이렇게 표현했다. "도처에 실망이 가득했다. 그러나 작가에 대한 존경 때문에 어떠한 불평도, 어떠한 웅얼거림도 나오지 않았다. 젊고 아름다운 세계는 패배를 견디며 익살을 떨면서 비싸게 얻은 책들을 선사했다. 나도 여자 친구들로부터 몇 권의 책을 받았지만, 지금 남아 있는 책은 한 권도 없다." 말하자면 클롭슈토크는 시장 정책적인 면에서는 성공을 거뒀으나 내용적인 면에서는 실패한 것이다. 그의 새로운 도서 판매 방식을 전쟁 선포로 생각했던 전통적인 서적상들은 천천히 숨을 골랐다. 예약 접수와 선불 구매를 통해 자신의 작품을 판매함으로써 수익을 내는 일은 힘들기도 했고, 혁신적이라고 생각할 수도 없었기 때문이었다. 1785년 시인 레오폴트 폰 고에킹크Leopold von Goeckingk는 서적상에 맞선 클롭슈토크의 시도에 대해 "예약과 선주문으로 책을 펴내는 일에는 사람들이 과거에 예상치 못한 수천 가지의 불평거리가 있다. 종국에는 출판업자가 저자에게 주려고 했던 수익만큼도 스스로 얻지 못한다. 그러므로 나는 그런 길을 가라고 그 누구에게도 조언하지 않을 것이다. 오히려 일을 더 잘 이해하는 출판업자에게 머물러 있으라고 말해줄 것이다"라고 기록했다.

꒰꒱

크리스토프 마르틴 빌란트Christoph Martin Wieland(1733~1813)는 작가로서 유일하게 자신의 저술에 대한 소유권을 유지할 수 있는 모델을 마련했다. 그는 작가로서 폭넓은 인정을 받고 난 다음 1773년에 《독일 메르쿠어Der Teusche Merkur》라는 잡지를 창간했다. 그는 이 잡지에 자신을 작품을 넣어 편집하고 출판했다. 이로써 그는 자신의 작품의 출판권을 확보했다. 이후에 그는 다른 출판업자에게 특정 기간 출판권을 위임했다.

빌란트는 작가의 활동에 천재적인 면이 없다고 보았다. 그에게는 작가의 활동 또한 하나의 직업일 뿐이었다. 대중의 취향과 타협할 수 없는 시학적 자기실현을 포기했지만, 그럼에도 문학적인 권리를 버리지는 않았다. 균형을 맞추기에는 까다로웠다.

괴테 역시 자비출판으로 자신의 작품 중 하나를 발간하려고 했다. 하지만 그는 1773년에 연극 무대를 위해 각색한 《괴츠 폰 베를리힝엔Götz von Berlichingen》이란 작품으로 클롭슈토크와는 정반대의 일을 경험했다. 이 작품으로 그는 매우 유명해졌지만, 경제적으로는 크게 실패하고 만다. 5개의 번각본이 시장을 장악했기 때문이었다. 이와 비슷한 일은 실러Schiller에게도 일어났다. 그는 1781년 데뷔작인 《군도Räuber》를 자비로 발간했지만 부채를 떠안아야 했다.

거장 카를 크리스토프 부흐^{Karl Christoph Buch}는 1781년에 데사우^{Dessau}에서 '학자 서점^{Buchhandlung der Gelehrten}'을 통해 새로운 길을 모색했다. 이런 서점은 연대 조합 사업으로 조직되었다. 저자가 자비로 자기 작품을 인쇄한 다음 판매를 위해 '학자 서점'에 넘긴다는 아이디어였다. 그러면 27퍼센트 할인된 책을 다른 서점으로 넘겨 계속해서 판매할 예정이었다. 하지만 입찰은 이루어지지 않았다. 다른 서점들은 저자들의 이런 행위를 의심했으며, 새로운 서적 거래를 거부했다. 결국 1785년에 카를 크리스토프 부흐는 파산할 수밖에 없었다.

데사우의 '학자 서점'과 더불어 저자가 작품의 생산과 판매에 관여하려던 마지막 시도가 실패했음에도 작가의 사정은 점차 개선되었다. 1800년경 적절한 원고료가 확정되었는데, 이로써 많은 작가가 작품 활동으로 생활할 수 있었다.

글을 써서 돈을 벌 수 있다는 가능성이 보이자 작가의 수가 급증했다. 1766년 요한 게오르크 모이젤^{Johann Georg Meusel}은 《독일 예술인 사전^{Teutschen Künstlerlexikon Verzeichnis der jetztlebenden teutschen Künstler}》에 3000명이 채 되지 않는 작가를 수록한 반면 10년 뒤에는 4300명 이상의 작가가, 1788년에는 거의 6200명의 작가가, 그리고 1806년에는 1만 1000명의 저자를 수록했다. 1796년 5쇄가 나왔을 때 발행인조차 작가군의 급증세에 놀라워했다. "이 모든 변화가 어떤 결론에 도달할지 예측할 수 없다. 다시 말해 형편없는 원고, 평이한 원고, 훌륭한 원고를 위해서 종이와 인쇄업자와 독자들이 과연 어디에서 나타날 것인지, 또한 수천 명에 달하는 필자가 과연 어디에서 작업을 위한 소재를 취할 수 있을지 말이다."

⁂

레싱은 불안정하면서도 활동적인 영혼의 소유자였다. 작센의 카멘츠^{Kamenz}에서 성장한 그는 라이프치히, 비텐베르크, 베를린, 브레슬라우, 함부르크, 볼펜뷔텔^{Wolfenbüttel} 등지에 살면서 일했다. 오랜 기간 여행을 통해 자연스럽게 독일 전역과 이탈리아를 이해했다. 그는 오늘날 우리가 18세기의 지식층으로 꼽는 사람들과 교류하면서 끈끈한 인맥을 다졌다. 따라서 지적 소유권에 대한 생각이 그가 사망한 이후 폭넓게 퍼졌다는 사실이 그리 놀랄 만한 일은 아니다.

'지적 소유'라는 개념은 1730년대 작센의 법학자들과 철학자들 사이에서 최초로 나타났다. 라이프치히의 서적상들은 자신들의 출판물을 번각본으로부터 보호하는 데 관심이 있었다. 그러므로 작센에서 지적 소유라는 생각이 법률적인 형식으로 등장한 것은 자연스러운 일이다. 명석한 법률가들은 실증적인 개념을 발전시켰다. 그들에 따르면 지적 소유는 '출판사 소유의 원칙'에 속했다. 이는 저자가 책을 출간하기 위해 원고를 넘긴 다음에는 작품에 대한 소유권이 출판사에—저자가 아니라—부여된다는 사실을 의미했다.

우리가 앞서 살펴봤듯이, 레싱은 자신의 책《자유롭게 맘 흐르듯 살아라》에서 이런 정의에 의문을 제기했다. 임마누엘 칸트^{Immanuel Kant}(1724~1804)가 1785년에 펴낸《도서 번각의 불법성에 대하여^{Von der Unrechtmäßigkeit des Büchernachdrucks}》를 보면 레싱의 생각을 받아들였음을 알 수 있다. 칸트는 번각을 불법으로 규정했는데, 그 이유는 '집

151

필자의 의지'에 반하는 번각본이—'원전 출판사의 의지'에 반해서 가 아니라—생산되었기 때문이다. 말하자면 인쇄된 작품을 소유하고 있는 자는 작품을 번각할 권리가 없다. 왜냐하면 작품에 대한 저자의 지적 소유와 인쇄된 물리적인 책 사이에는 차이가 있기 때문이다. 칸트는 출판사에 작가로부터 입수한 작품의 판매권을 부여했다. 이 권리는 '사유에 대한 집필가의 소유'처럼 양도할 수 없는 권리와는 달랐다.

요한 고틀리프 피히테Johann Gottlieb Fichte(1762~1814) 또한 이와 비슷하게 생각했다. 그는 《서적 번각의 위법 증명Beweis der Unrechtmäßigkeit des Büchernachdrucks》(1793)이라는 중요한 저술을 남겼다. 칸트의 작품이 사회적인 토론을 위한 기고문이었다면, 피히테는 지적 소유권에 대한 그때까지의 대처가 불법임이 입증되었다고 간주했다. 그는 칸트와 마찬가지로 책과 연관된 두 가지 소유권을 구별했다. 즉 "인쇄된 책이라는 대상의 **물리적인** 소유권과 작가에게 속한 **정신적인** 소유권"이 그것이다. 책을 구매함으로써 누구든 물리적인 대상에 대한 소유권을 얻을 수 있으나, 정신적인 소유권은 양도할 수 없으며 저자의 권리로 남는다고 보았다. 따라서 출판업자는 "저자와의 관계를 통해서 **소유권이 아니라** 정해진 조건하에서 저자, 다시 말해 그의 사유의 소유권을 이용하는 **용익권**用益權만을" 획득한다. 이에 따르면 번각업자는 저자로부터 권리를 부여받지 않은 채 작품을 사용한 것이 된다.

게오르크 빌헬름 프리드리히 헤겔Georg Wihelm Friedrich Hegel(1770~1813)도 1821년에 《법철학 요강Grundlinien der Philosophie des Rechts》에서 이

에 관해 언급했다. 그는 짧고 간결하게 "학문과 예술에 …… 최고의 후원은 도적질에 대해 안전을 보장하고 소유권을 인정하는 것이다. 무역과 산업의 최우선적이며 가장 중요한 후원과 마찬가지로 노상에서 벌어지는 도적질에 대항해 안전을 보장하는 것이다"라고 썼다.

이처럼 레싱의 지적 소유에 관한 사유는 18~19세기 초반에 유명한 독일 철학자들에게 영향을 끼쳤다. 물론 토론을 통해 판례법의 변화가 나타난 것은 아니었다. 저작권에 관한 중요한 법률은 1773년의 '작센 선제후국 위임통치령'이었다. 하지만 여기에 작가의 지적 소유권은 언급되어 있지 않았다. 19세기에야 비로소 저자의 요청이 법적 규율을 이끌어낸다.

번각본을 막으려 한 괴테의 노력

1824년 1월 14일 요한 볼프강 폰 괴테는 자신의 출판업자인 요한 프리드리히 코타Johann Friedrich Cotta에게 자신의 전집 집필 작업이 이루어졌음을 알렸다. 생애에서 '가장 중요한 작업'에 착수한 그 시점에 괴테는 73세였다. 그는 "저자–출판사 관계의 기본을 새롭게 …… 설명하고" "그 당시 작가의 상황을 새롭게 …… 규정"하는 것보다 후대에 남길 결정판을 만드는 데 관심이 있었다. 지크프리트 운젤트Siegfried Unseld가 쓴 괴테의 전기에서 이를 알 수 있다. 위대한 시인은 전집이 출간된 이후 그 어디에서도 번각되지 않는 것을 중요하게 여겼다. 그는 오랫동안 살면서 잘못된 번각으로 불쾌한 일을 충분히 겪었다. 이 때문에 전집 판본에 대해 제국 전역의 효력을 지닌 특권을 얻어내길 원했다. 그는 이 기획이 대담하다는 사실을 잘 알고 있었다. 1815년에 신성로마제국을 뒤이어 건립된 독일연방은 짧은 역사 속에서 그렇게 광범위한 특권을 내준 적이 없었다. 하지만 괴테는 담판을 지을 때 그러한 특권으로 자신의 위상이 현저히 나아질 것을 잘 알고 있었다. 예비 협의를 거친 후 괴테는 1825년 1월 11일에 프랑크푸르트에서 열리는 독일 연방의회에 청원서를 썼다. "결의를 통해서 …… 제 작품의 새로운 완성본에 대해 특권을 부여해주실 것과 이를 통해 모든 연방국가 안에서, 압류와 기타 등등의 죄로 위협하여, 번각에 대한 보호를 보장해주시기를 청원합니다."

연방의회는 곧바로 청원서를 검토했으나 법적 상황 때문에 제국 전체에서 구속력을 지니는 특권을 부여할 수 없다는 결론에 도달했다. 하지만 의회 구성원들은 이 유명한 청원인의 요구를 무시할 생각이 없었다. 이에 각각의 정부에 특권을 요청할 것을 결정했다. 그 결과 괴테는 예기치 않게 1825년 8월 15일 작센 정부의 특권을 손에 넣었지만, 연방의회가 헌법을 근거로 오래전에 그의 청원을 거부했다는 사실은 알지 못했다. 1826년 1월 23일 프리드리히 빌헬름 3세Friedrich Wilhelm III가 독일연방의 39명의 군주 중 마지막으로 프로이센 특권에 서명했을 때 괴테는 매우 기뻐했다. 이 사실은《프로이센 왕국 법전집Gesetz-Sammlung für die Königlich Preußischen Staaten》에 공시되어 있다. 특권은 무기한이었고 괴테의 유산에 통용되었다.

이로써 괴테는 독일제국 전역에서 완벽한 작품 보호라는 목표를 달성했다. 법적 보호는 공작령 슐레스비히^{Schleswig}부터 백작령 티롤^{Tirol}까지, 대 공작령 룩셈부르크^{Luxemburg}에서 변경백*령 메렌^{Mähren}까지 이르렀는데, 이는 그 어떤 다른 작가도 받지 못한 특권이었다. 이 소식은 들불처럼 독일 소재 출판사로 퍼졌다. 곧바로 괴테는 37건의 계약을 제안받았다. 계약금 중 최고가는 1만 7000탈러^{Taler**}에서 20만 탈러에 달했다. 최고의 제안을 한 고타^{Gothar}의 편지를 열었을 때는 괴테조차 숨이 멎었을 것이다. 그 금액을 오늘날 가치로 환산하면 1000만 유로 가까이 된다. 이는 그 당시 상황으로서만 전대미문의 '개런티'(원고료 가불액)가 아니었다.

하지만 괴테는 금전적인 제안만을 중시하지 않았다. 그는 자기 생애의 작품을 한 곳의 출판사에 맡기고자 했다. 이런 거대한 계획을 위해 출판사는 교정과 인쇄, 생산과 판매 및 결산까지 최고의 전문성으로 전념해야 했다. 이런 이유로 괴테는 코타 출판사로 결정했다. 그 출판사는 괴테의 전집 중 2권을 냈고 괴테는 그와 더불어 좋은 경험을 했다. 코타는 최소한 6만 5000 탈러(대략 300만 유로)를 원고료로 지불할 의무가 있었다. 1826년 3월에 계약이 체결되었다.

원고료가 어마어마하지만, 괴테가 전집 판본을 작업하는 데 6년 이상이 걸렸으며 그 당시에 많은 필사가와 비서가 그의 작업을 도

---

* 타국과 영토가 맞닿은 일부 봉토의 영주. 외침에 대비한 군사권과 자치권이 인정되었다. 넓은 영토와 강력한 권리 때문에 실제적인 위계는 후작 또는 그 이상으로 받아들여진다.
** 유럽에서 15세기부터 19세기까지 통용된 은화.

왔다는 사실을 잊어서는 안 된다. 지크프리트 운젤트는 "괴테를 전후로 이 정도 규모의 조력자들을 상대하면서 이렇게 집중적으로 작업했던 작가는 없다"고 평가한다. 전집 중 다섯 권이 1827년 부활절 박람회에 나왔고, 나머지 책들은 1831년 3월에 인도되었다. 이후 1년이 지나 1832년 3월 22일 괴테는 바이마르에서 84세에 영면했다. 그가 생의 결정판으로 법의 역사를 새로 쓴 덕분에 작가의 위상은 완전히 달라졌다.

시인은 공중누각을 짓고,
독자가 그 안에 살며,
출판가는 임대료를 챙긴다.

— 막심 고리키Maxim Gorki (1868~1936)

태초에 단어가 있었다.
숫자가 아니라.

— 쿠르트 볼프Kurt Wolff (1887~1963)

19세기와
20세기의 도서문화

작가와 책, 그리고 검열

1814년 봄 나폴레옹Napoleon이 몰락한 이후 약 200개의 유럽 국가와
제후국과 자유 도시에서 온 파견단은 유럽의 정치 지형도를 새로
짜기 위해 빈 의회에 모였다. 오스트리아 외무부장관인 메테르니히
Metternich의 주도로 1814년 9월 18일부터 1815년 6월 9일까지 논의
를 이어갔다. 다양한 논의를 거쳐 6월 8일에 독일연방이 건국되었
고, 사실상 신성로마제국은 붕괴했다. 메테르니히의 신절대주의 정
치가 확고한 기반을 얻어 복고주의 시대로 나아갔다.

독일연방 헌법 18장에 "연방의회는 …… 최초의 회합에서 출판

의 자유와 번각에 대한 작가와 출판업자의 권리 보장에 대한 동등한 법령들에 몰두"하겠다고 확정되어 있었으나 실상은 달랐다. 카를스바트Karlsbad 결의로 말미암아 1819년에 신문과 잡지는 물론 320쪽 분량의 도서에 대한 사전 검열이 단행되었다. 나폴레옹 전쟁이 일어난 시기에 다수의 해당 국가는 언론을 통해 조직되어 있는 시민계층의 정치적인 활동을 여전히 지원하고 있었다. 그러나 독일 연방 안에서 느슨하게 결합된 국가들로서는 정치적 권력을 안정시키고 민족국가적인 경향을 제압하는 일이 중요했다.

도서와 언론의 검열에 대해 출판업자 조합은 입장에 따라 다르게 반응했다. 괴테 시대에 가장 유명한 출판업자였던 보수적 기독교인 프리드리히 페르테스Friedrich Perthes(1772~1843)는 언론자유에 반대하면서 "글쟁이들의 말문을 막아 버렸다"는 사실에 기쁨을 표했다. 1827년에 페르테스는 2년 전에 창립된 독일서적상출판인협회의 대표와 더불어 어떤 반대중적인 동료의 정치적 불온서적들을 불태우려는 계획을 세우기도 했다.

반면 독일의 젊은 작가들 중 일부는 다르게 보았다. 부르봉가家의 몰락과 시민계층의 권력 장악으로 귀결된 1830년 파리의 7월 혁명은 그들 안에서 정치적·미학적 과격화로 이어졌다. 젊은 작가들은 '예술 시대의 종말'을 선언하며 문학을 매개로 정치적인 논의에 개입하기를 요구했다. 이런 작가의 대표격으로 하인리히 하이네Heinrich Heine(1797~1856), 게오르크 뷔히너Georg Büchner(1813~1837), 루드비히 뵈르네Ludwig Börne(1786~1837), 카를 구츠코프Karl Gutzkow (1811~1878)가 있다. 그들은 검열에 단호히 반대하면서 통일된, 시민적이고 자유로운 독일을 옹호했다.

이러한 저항 작가들은 함부르크의 '호프만 & 캄페Hoffmann & Campe'를 자신들의 출판 본거지로 삼았다. 1781에 창립된 이 출판사는 율리우스 캄페Julius Campe(1792~1867)가 이끌면서 1832년부터 독일의 주요 출판사로 성장했다. 율리우스 캄페는 살아 있는 동안 정치적으로 소수에 속한 36명 저자들과 더불어 146편의 작품을 출판했다. 당국의 의심을 산 출판사는 출판 주종이 젊은 작가의 저작이라는 모토를 밝혔다. 1835년의 검열은 청년 독일파Das Junge Deutschland의 저술 전체를 금지했을 때 정점에 다다랐다. 금지법 4항에 "자유도시 함부르크의 정부는 …… 특히 호프만 & 캄페와 함부르크의 관계에서, 상술한 방식의 저술을 출판하고 판매한 했던 위 서점에 대해 적절한 경고를 전달할 것"이 요청되었다.

1842년 캄페는 《오스트리아와 그 미래Oesterreich und seine Zukunft》라는 책을 출판했다. 한 일화에 의하면 기만적인 빈 정부는 불온작가의 이름을 알아내고자 프라하Prag의 경감 무트Muth를 함부르크에 위장수사관으로 파견했다. 경감은 가짜 이름으로 호텔을 예약했고 캄페의 서점을 방문했다. 그는 자신을 빈 시장에서 구할 수 없는 금서를 찾는 상인이라고 소개했다. 캄페는 그에게 다양한 책을 제시했고 무트는 신뢰를 얻으려고 그 책들을 사들였다. 며칠 후 무트는 서점을 다시 찾아 불온도서의 집필자에 대해 캐물었다. 캄페는 호기심 많은 상인에게 저자가 오스트리아 고위 공무원이라고 소개하면서 이름을 누설할 수 없다고 말했다. 그러고 나서 캄페는 상인에게만은 예외로 작가 이름을 밝혀도 되는지를 작가에게 편지로 물어보겠다고 약속했다. 2주가 뒤 캄페는 상인에게 익명의 집필자가 다름 아닌 프라하의 무트 경감이라는 사실을 알려주었다.

믿을 만한 이야기는 아니지만, 다양한 속임수와 평계로 검열이 매번 좌절된 이야기를 통해 캄페가 어떤 사람이었는지를 알 수 있다. 율리우스 캄페는 진보적이었고, 젊은 저자들을 후원했다. 한편 그는 이윤을 추구하는 함부르크의 상인이기도 했다. 그는 자신의 출판사에서 펴낸 정치적인 문학 작품을 능숙하게 판매했고, 작가들에게 적절한 원고료를 지급했다. 캄페는 검열당국과의 싸움이 점점 격렬해지고 있음을 잘 알고 있었다. 그는 더 다양한 책을 더 많이 찍어 광범위하게 확산시킨다면 검열당국의 의도를 무산시킬 수 있음을 명확이 알고 있었다.

❧

1834년 7월 31일 밤, 대공국 헤센-다름슈타트에 《헤센의 전령사Der Hessische Landbote》라는 제목을 단 여덟 장짜리 소책자가 유포된 후 헤센 정부는 이 간행물의 배후자를 체포하는 수사에 착수했다. 21살의 게오르크 뷔히너는 '오두막엔 평화를, 궁전엔 전쟁을Friede den Hütten, Krieg den Palästen'이라는 제목으로 혁명적인 성명을 작성했다. 그는 절대주의에 대항해 봉기하라면서 진보적인 시민계층이 아닌, 여전히 비참한 상황에 처한 노동자와 농부를 호명했다. 하지만 국가를 위협하는 도발은 헤센 정부를 움직였다. 뷔히너는 지명수배되어 추적을 당했지만, 프랑스로 도피해 목숨을 보존했다. 반면 그의 친구이자 공동 발행자이며 헤센의 신학자요 출판가이자 체

162

조운동의 선구자였던 프리드리히 루드비히 바이디히$^{Friedrich\ Ludwig}$ ^{Weidig}(1791~1837)는 2년간 구금되어 고문을 당했다. 그 와중에 바이디히는 뷔히너의 원고를 작가의 의도와 달리 표현을 엄청나게 완화시켰다. 바이디히는 다름슈타트의 감옥에서 지금까지도 알려지지 않은 이유로 사망했다. 시^{市} 검시관 콘라트 게오르기$^{Konrad\ Georgi}$는 바이디히가 자유의사에 따라 생을 마감했다고 공표했다.

혁명의 해인 1848년에 출판의 자유가 도래하는가 싶었으나 1849년에 다시 검열규정이 공포되었다. 1874년에는 제국 전체를 아우르는 통일된 출판법으로 검열이 더욱 엄격해졌다. 그때부터 비판적인 매체를 압수하는 데 법관의 결정이 필요하지 않았다. 이로써 경찰당국은 전횡을 일삼았다. 비스마르크^{Bismarck}가 1878년에 가결한 〈공동에 해를 끼치는, 사회민주주의의 노력에 반대하는 법률^{Gesetz} $^{gegen\ die\ gemeingefährlichen\ Bestrebungen\ der\ Socialdemocratie}$〉은 불온한 저술들을 겨냥했다. "이런 저술은 국가 질서나 사회 질서의 전복을 꾀하며 사회민주적, 사회주의적, 공산주의적 노력으로 공공의 평화, 특히 주민계층의 단결에 위해^{危害}를 가한다."

1880년경 자연주의가 문학, 연극, 회화 등에 나타났다. 이런 경향의 대표자들은 예술활동에 사회적인 문제의식을 포함시켰다. 그들은 산업주의의 산물, 임대아파트 단지 같은 생활세계 는 물론 선술집과 창녀와 범죄자의 환경 등을 주제로 잡았다. 그들의 책, 희곡, 그림은 표면적인 불안이 아닌 일종의 사회적 고발로 간주되어 검열의 대상이 되었다. 경찰이 주시하는 예술가들은 사회 중심부에서 작은 모임이나 단체로 물러났다. 공공극장에서 올릴 수 없는 희곡을 자유극단에 올리기 위해서였다. 1890년 베를린 경찰국장은 헤르만 주더만Hermann Sudermann (1857~1928)의 예술 드라마인 《소돔의 종말Sodoms》 상연을 금지했다. 그는 금지 이유를 "전반적인 방향이 우리와 맞지 않다"고 언급했다.

❀

자유적인 성향을 띤 시민계층 중에서 진보적인 일원은, 청년 독일파 작가들과 1848년의 3월 혁명 이전기의 작가들을 자유운동의 문화·정치적인 선봉가로 인정하면서 그들을 자신들의 이상향과 동일시했다. 하지만 정치·사회·경제적인 희망을 꿈꾸던 혁명이 실패하자 그들의 시각은 부정적으로 바뀌었다. 쉽게 나아가지 못하는 제 4신분의 혁명이 폭력적인 경향을 보인 반면 시민계급은 그들의 정치적 실패의 책임을 수뇌부에게 돌렸다. 1850년 이후 시민은 보수주의 시대에 익숙해졌다. 《평온, 시민의 첫 번째 의무Ruhe ist die erste Bürgerpflicht》는―1852년 빌리발트 알렉시스Willibald Alexis의 소설 제목―그들의 정치적인 사도신경이 되었다. 하인리히 하이네의 독설적인 산문은 오락작품에 자리를 내주었다. 상승세를 타던 출판업은 대중의 욕구에 대처했다. 결국 19세기 후반에 이르러 주요한 작가들은 적절한 생계수단을 찾아야 했다. 예를 들어 테오도르 폰타네Theodor Fontane는 "그래도 …… 신문이 최고다"라고 적었다. "신문은 매일 송달될 소식을 담아 나온다. 구독하는 사람들과 좋은 관계를 유지하기만 하면 대개 12시간이 채 안 되어 신문은 누군가에게 호의를 베풀고, 괴롭히지 않으며 …… 신속하고 훌륭하게 보수를

164

지급한다."

도서 생산의 산업화

18세기 후반까지 모든 인쇄소에서 사용되던 구텐베르크의 인쇄술은 고작 몇십 년 만에 사라질 위기에 처했다. 19세기 산업혁명이 도서 생산에도 영향을 끼쳤기 때문이다.

1818년에 베를린에서 증기기관으로 작동되는 최초의 제지공장이 들어섰을 때 1일 생산량은 10배나 급증했다. 18세기 독서혁명은 종이 부족 사태를 초래했으나, 이 문제는 사전에 해결될 수 있었음에 틀림없다. 종이 생산을 위한 원료인 천 조각은 점점 희귀해졌다. 이때 작센의 괴짜 아마추어 공작가인 프리드리히 고트롭 켈러Friedrich Gottlob Keller가 1844년에 목제 펄프를 발명해 원료 문제를 해결했다. 또한 1873년 화학교수인 알렉산더 미쳐리히Alexander Mitscherlich는 헝겊 없이 섬유소로 종이를 생산하는 방법을 발전시켰다. 이로써 종이의 대량생산을 막을 수 없었다.

가동활자를 생산하던 구텐베르크의 주조 도구가 1838년에 활자 주조기로 대체되어 마침내 금속활자 주조가 자동화되었다. 손으로 활자를 선별하던 식자 방식도 19세기에는 인쇄소에서 거의 사라졌다. 두서너 번의 자동화 시도를 거쳐 1883년에 오트마 메르겐탈러Ottmar Mergenthaler는 라이노타이프를 완성했다. 이로써 기계적인 조판 방식으로 책, 신문, 잡지 등의 간행물을 100년 가까이 찍어냈다.

프리드리히 쾨니히^{Friedrich Koenig}가 개발한 고속 인쇄기는 구텐베르크 당시의 인쇄기를 엄청나게 혁신했다. 1814년부터 런던에서는 《타임스^{Times}》를 고속 인쇄기를 이용해 발행했다. 1817년 쾨니히는 뷔르츠부르크^{Würzburg}에 최초의 인쇄기 공장을 세웠다. 1823년부터 그의 증기식 고속 인쇄기가 베를린, 함부르크, 아우크스부르크에서 사용되었다. 코타 출판사 또한 괴테의 결정판을 이런 방식으로 펴냈다.

이러한 모든 기술적인 발전은 인쇄 작업의 가속화와 관련되었기 때문에, 제본업도 대량생산 과정의 정체를 막기 위해 필연적으로 기계화 과정을 거쳤다. 19세기 동안 손으로 묶는 목판 인쇄본은 기계로 생산된 책표지에 밀려 사라졌다. 1851년에는 접지기^{摺紙機}가 발명되었고, 1878년에 중철기^{中綴機}와 재단기^{裁斷機} 발명이 뒤따랐다. 1866년에는 이미 증기기관이 제본소에 설치되었다. 1885년에는 제책과정에 필요한 사철기^{絲綴機}*가 들어왔다. 4000년이나 이어지던 수공업 출판 전통을 산업화된 방식일 밀어내는 데에는 35년이 채 걸리지 않았다.

독서에 열광한 사람들

사회사의 관점에서 보면 19세기는 지방에서 도시로, 수공업에서

---

* 인쇄된 접지물을 실로 엮는 기계.

산업적인 방식으로 바뀐 과도기로 정의할 수 있다. 특히 19세기 후반에 급격한 변화가 일어났다. 1871년 독일 인구의 3분의 2가 시골에서 살고 있었던 반면 20세기 초반에는 인구의 5분의 3이 산업에 종사했다.

산업화는 직업세계를 점점 세분화했다. 능력 있는 사무 인력에 대한 관공서의 행정 수요도 증가했다. 이런 시기에 인본주의 교육이라는 이상을 추구하는 교육기관은 급증하는 노동 수요를 충분히 만족시킬 수 없었다. 강론을 통한 사교육이 직업 발전에서 중요해졌다. 출판계는 사전, 세계사, 조언서, 자연과학 및 기술 교과서를 유통하며 교육시장으로 뛰어들었다. 이로써 책은 점점 더 대중적인 매체로 변화했다.

책의 발전은 인구의 대부분이 문맹에서 벗어났다는 사실과도 맞물려 있다. 사회 전반적으로 실행된 기본교육, 가스등 혹은 전등 같은 새로운 광원의 발전, 노동 시간의 단축, 교육을 통한 사회적 상승 등이 주요한 배경이었다. 19세기에서 20세기로 가는 전환기를 사람들은 기꺼이 '책의 황금기'로 불렀다. 이 시기는 문맹에서 벗어난 최초의 세대인 동시에 인쇄 매체가 다른 매체와 경쟁하지 않은 시기를 경험한 마지막 세대로 이어지기 때문이다. 여기에서 다른 매체는 예를 들면 영화와 라디오(1924년부터), 그리고 텔레비전(1936년에 올림픽 경기를 보여주던)을 들 수 있다.

19세기에 새로 등장한 가장 열렬한 독자군은 여성, 어린이, 청소년, 노동자였다. 19세기 시민계층 여성의 근거지는 집이었다. 그들은 여가 시간의 대부분을 소설 읽기에 할애했다. 그리 부유하지 않은 여성들은 도서 대여점에서 책을 대출하는 것으로 독서욕을 달랬다. 이와 달리 중상류층의 시민 가정에는 도서관이 있었다. 대도시에서는 다양한 문학 살롱이 생겼는데, 이는 미학적인 논쟁의 중심지가 되었다. 헨리에테 헤르츠Henriette Herz, 라헬 바른하겐 폰 엔제Rahel Varnhagen von Ense, 베티나 폰 아르님Bettina von Arnim의 살롱이 유명했다. 독서하는 여성은 에두아르트 마네Éduard Manet, 끌로드 모네Claude Monet, 오노레 도미에Honoré Daumier, 장 오노레 프라고나르Jean-Honoré Fragonard 등의 화가에게 인기 있는 소재가 되었다.

아동과 청소년은 독서의 수혜자였다. 1828~1849년 사이에 아동도서와 청소년도서를 펴내는 출판사—특히 엔슬린 & 라이블린Ensslin & Laiblin과 티네만Thienemann 출판사—가 급증했다. 이런 변화는 아동의 독서능력이 그게 신장되었음을 보여주는 명확한 근거다. 프랑스 사학자 필립 아리에스Philippe Ariès는 번창하는 아동도서 산업의 발생을 그 자신이 '아동의 탄생'이라 명명했던 과정을 가리킨다고 보았다. 말하자면 그는 아동기를 특별한 문제와 욕구를 지닌 고유한 생의 단계로 인정한 것이다.

노동자는 오락문학에 열광했다. 그들은 단축된 노동시간—1870년부터 하루 12시간—을 도서관에 가거나 책을 빌리는 데 빈번히 사용했다. 이 시대의 많은 공장에 노동자를 위한 회사 소유의 도서관이 있었다. 회사의 도서관은 박애주의적인 이유라기보다 노동자를 음주 행위나 정치적으로 위험한 저서를 읽는 행위로부터 떼어놓으려는 목적으로 사용되었다. 사실 후자의 목적은 근거가 미약하다. 노동자들은 주로 오락문학에 흥미가 있었기 때문이다. 이 때문에 노동운동 지도자들은 노동조합 도서관을 창설하거나 정치적으로 중요한 책을 추천함으로써 노동자의 독서에 영향을 끼치려 했지만, 이런 시도는 대부분 실패했다.

노동자는 기본적으로 중산층이나 상위층과 달랐다. 중산층 가운데 상위에 속하는 의사나 변호사, 지주나 고위직 공무원의 서가는 주로 백과사전, 고전문학, 호화판본, 가족잡지 등으로—말하자면 오락문학은 거의 없이—가득 차 있었다. 오히려 오락문학은 하위 중산층이 구매했다. 소매상, 수공업자, 관리직원 등은 공공도서관을 이용하거나 비용을 지불하는 도서대여점에서 책을 빌렸다.

이와 달리 귀족, 대지주, 성공한 상인과 고위공무원의 집에서는 책을 찾아보기 어려웠다. 부흥기에 사회를 통치하던 계급은 책을 전혀 사지 않았다. 그들은 황실도 방문하는 선별된 도서관에서 주로 교제했다.

이렇게 볼 때 19세기의 도서 구매는 주로 중산층에서 이뤄졌음을 알 수 있다. 그들은 출판시장에 실로 어마어마한 영향을 끼쳤다.

19세기의 출판사와 도서거래

19세기의 시작과 더불어 도서시장은 견실해졌다. 조건거래가 자리를 잡았고, 박람회 장소였던 라이프치히와 프랑크푸르트의 무역전쟁도 진정되었다. 도서시장은 출판사와 서점으로 분화하기 시작했고, 양측은 서서히 전문화되었다. 신간의 수는 지속적으로 증가했고 출판사와 저자 간의 첨예한 대립도 끝이 났다. 지적소유권 문제에 관한 포괄적이고 법적 구속력이 있는 규약집은 없었지만, 저자의 지적소유권은 포괄적으로 인정되었다.

출판사는 사람들의 욕구에 맞춰 출간을 기획해 사람들의 교육욕구와 그들의 관심에 부응했다. 예를 들어 프리드리히 아르놀트 브로크하우스Friedrich Arnold Brockhaus (1772~1832)는 1806년에 《화담용백과사전Conversationslexikon》을 처음으로 6권짜리 판본으로 발간했다. 그는 1쇄로 2000권을 제작해 판매했다. 출세 욕구를 갖고 교육에 힘쓰는 시민계층을 위해 여러 권의 참고서적을 내놓는 아이디어는 경제적으로도 성공을 거두었다. 이를 토대로 출판사는 10권짜리 전집을 5쇄나 펴내기도 했는데, 1818~1821년 사이에 3만 2000권이 발행되었다. 브로크하우스는 19세기 전반기에 총 15만 권 이상의 책을 판매했다. 이 때문에 비슷한 판매부수를 목표로 한 모방자와 경쟁자가 나타나기도 했다.

브로크하우스는 그 시대에 성공적인 출판가에 속했다. 그는 자신의 출판사에서 다양한 출간 목록을 기획했다. 예를 들어 그 당시에는 거의 알려지지 않은 작가 아르투르 쇼펜하우어Arthur Schopenhauer의 철학 작품인 《의지와 표상으로서의 세계Die Welt als Wille und Vorstellung》외에 카사노바Casanova의 회상집도 출간했다. 출판 목록의 다양화는 브로크하우스로 하여금 출판사 운영을 혼합계산 방식으로 이끌었다. 의사였던 로렌츠 오켄Lorenz Oken에게 보내는 편지에서 브로크하우스는 자신의 운영 방식에 대해 이렇게 설명했다. "출판사에서 책을 거래할 때는 크게 성공할 가능성이 있어야만 한다. 왜냐하면 우리는 20개의 기획 중에 10개는 손해를 보고, 5개는 만족하고, 4개는 충분히 벌고, 1개는 꽤 이익을 본다고 가정해야 하기 때문이다. 하나가 다른 하나의 균형을 맞춘다." 이런 방식은 오늘날 대부분의 출판사에서 이뤄지고 있다. 얼마 되지 않은 책들이—때로는 단 한 권—출판사 운영 자금을 댄다. 대부분의 책은 겨우 생산비를 맞추거나 마이너스의 이익을 올릴 뿐이다.

카를 요제프 마이어Carl Joseph Meyer(1796~1856)는 제화공의 아들로 평범한 환경에서 자랐고 상인이라는 직업을 선택했다. 런던과 프랑크푸르트에서 큰 실패를 맛본 뒤 그는 1826년 고타에 서지학 연구소를 세우고, 적당한 가격의 셰익스피어 판본과 《독일 고전주의 축쇄판 문고Miniaturbibliothek deutscher Klassiker》로 시장에서 성공을 거뒀다. 마이어는 동방무역과 화학산업을 통해 상업에 경험이 있었다. 그는 이런 경험을 살려 브로크하우스와 마찬가지로 도서거래의 개척자로서 그간의 거래 관습을 무시하고 전혀 새로운 영업 전략을 발전시켰다. 그는 책의 예약 신청서를 서적 행상인을 통해 가정에 돌렸다. "교육은 자유롭게 만든다"라는 기치로 150권짜리 《축쇄판 문고》를 출간하고 작품 한 권을 배송할 때마다 2그로쉔을 받았다. 예약된 책은 나오자마자 곧장 서적행상인을 통해 고객에게 전달되었다. 이때 신청인은 예약 도서의 비용을 치르면서 다음 책을 예약했다.

마이어는 문고판의 첫 배송품을 프리드리히 쾨니히가 개발한 고속 인쇄기로 찍어 저렴한 비용으로 많은 부수를 발간했다. 그는 이런 방식으로 시장을 지배하려고 했다. 최종 신청자에 맞춰 나오는 배송품의 발행부수는 안정적이었다. 마이어는 전통적인 서적거래로는 값비싼 책을 살 수 없어 소홀히 여겨졌던 고객층에 방문판매 방식으로 도달할 수 있게 되었다. 마이어는 신문광고로도 선풍을 일으켰다. 새로운 광고 전략, 저렴한 배송비, 전통적인 서점을 배제한 최종 고객과의 직거래로 그의 출판사는 성공을 거뒀다. 이에 대해 기존 서점은 분노했고 출판계의 이방인을 보이콧했다. 마이어는 동시대 작가들과 문제를 일으키기도 했기 때문이다. 그는 작가들의 원전을 허가받지 않은 채 원고료조차 지급하지 않고 출판하고 판매했다. 마이어는 법의 빈틈을 노렸다. 그는 보호받는 작품의 원고료를 주지 않으려고 선집選集 혹은 발췌본으로 번각했다.

마이어는 정치적으로 자유롭고 민주적인 성향으로 절대주의 구조의 극복을 옹호했다. 그는 개별 배송품을 320쪽 이상의 책으로 발간함으로써 사전 검열을 피해갔다.

이내 마이어의 배송 판매를 모방하는 사람들이 생겨났다. 몇 년이 사이에 수많은 외국서적이 적당한 가격의 배송품으로 등장했다. 찰스 디킨스Charles Dickens의 《올리버 트위스트Oliver Twist》, 제임스 페니모어 쿠퍼James Fenimore Cooper의 《모히칸 족의 최후Der letzte Mohikaner》, 알렉산드르 뒤마Alexandre Duma의 《몬테크리스토 백작Der Graf von Monte Christo》은 독자들의 마음을 휘어잡았다. 1827년부터 요한 베네딕트 메츨러Johann Benedikt Metzler는 자신의 슈투트가르트 출판사에서 729권의 그리스·로마 작품으로 고전주의와 인본주의 교육에 도움이 되는 적절한 가격의 책을 펴냈다.

광범위한 백과사전, 적절한 가격의 원전, 독일과 국제적인 작가들의 저렴한 판본과 더불어 19세기의 출판사는 교육열과 독서 욕

구를 가진 대중독자들 곁으로 다가갔다. 대중독자는 곧 하위 중산
층까지 확대되었다.

⁂

19세기 후반 출판사의 전문화는 새로운 차원에 도달했다. 이르
렀다. 자연과학과 인문과학 전 영역에서 전문 출판사와 학술 출판
사가 생겨났다. 책을 내려는 지식인의 수도 끊임없이 증가했다. 오
로지 학술적인 고객을 대상으로 저술된 책이 점점 더 많이 출간되
었다. 일반 백과사전 혹은 화담용 백과사전이 교육에 목말랐던 폭
넓은 시민계층에 다가서는 동안 전문 출판사는 연구자와 지식층의
학술 담론을 심화시켰다.

과학 분야의 방향을 전통적인 대학 출판사가 설정했는데, 대학
출판사에 수많은 기관이 신설되었다. 몇십 년 안에 거의 모든 전
공 분야에서 하나 혹은 다수의 출판사에서 출판의 기회를 찾았다.
예를 들어 1719년에 창립한 브라이트코프 & 헤르텔 출판사Verlag
Breitkopf & Härtel는 악보류를 전문적으로 펴냈다. 이후 이 시장은 베른
하르트 쇼트Bernhard Schott (1770) 출판사가 나누어가졌다. 둥커 & 훔
브롯Duncker & Humblo (1798) 출판사는 역사, 사회정치학, 국가론에 집
중했다. 유스투스 페르테스Justus Perthes (1785) 지리학 출판부는 19세
기에 제도법으로 가장 유명한 전문 출판사로 발전했다. 카를 베데
커Karl Baedeker (1827) 출판사는 오늘날까지도 여행안내서로 유례없는
성공의 역사를 이어가고 있다.

프리드리히 부르크만Friedrich Bruckmann (1858) 출판사는 게오르크 칼

베이^{Georg Callwey}(1884) 출판사와 마찬가지로 조형예술에 몰두했다. 의학은 많은 전문 출판사가 담당했다. 이 중 몇 개만 언급하자면 페르디난트 엔케^{Ferdinand Enke}(1837), 우르반 & 슈바르첸베르크^{Urban & Schwarzenberg}(1876), 게오르크 티메^{Georg Thieme}(1886) 출판사가 있다. 빌헬름 에른스트 & 존^{Wilhelm Ernst & Sohn}(1851) 출판사는 건축학과 기술학이 전문이다. 바로 직전에 율리우스 슈프링어^{Julius Springer}(1824) 출판사는 자연과학과 기술학을 전문으로 했다. 1881년부터 요트하베디츠^{J. H. W. Diez} 출판사는 사회민주적인 기업으로서 노동이론·정치이론과 실천을 다루었다. 농경학, 삼림학, 조경은 파울 파레이^{Paul Parey}(1848) 출판사가 철저하게 연구했다. 1878년 구스타프 피셔^{Gustav Fischer}는 국가경제학, 의학과 자연과학 출판사를 세웠다. 베네디쿠스 고트헬프 토이프너^{Benedictus Gotthelf Teubner}는 1811년 수학을 받아들였고, 체하벡^{C. H. Beck}은 1763년부터 법학을 다루었다. 마찬가지로 교과서 출판사로는 슈뢰델^{Schroedel}(1792), 클레트^{Klett}(1844), 슈반^{Schwann}(1821)과 게오르크 베스터만^{Georg Westermann}(1838)도 유명했다.

❧

1856년 11월 6일 연방의회는 독일연방 국가에서 상이하게 적용되던 저작권 보호 기간의 통일화 안건에 대해, 제국 전역에서 1837년 11월 9일 이전에 사망한 작가들의 저작권 시효가 1867년 11월 9일로 끝나게 된다고 결정했다. 이는 실질적으로 그날부터 거의 모든 독일 고전주의 및 낭만주의 국민작가의 작품을 원고료 없이 출간해도 괜찮다는 의미였다. 요한 프리드리히 코타의 출판사는 괴테, 실러, 빌란트, 클라이스트Kleist, 횔덜린Hölderlin, 울란트Uhland, 훔볼트Humboldt, 헤르더Herder 및 여타 작가의 작품을 펴내던 독점적인 지위를 갑작스럽게 상실했다. 1867년은 '고전의 해'로 독일 서적문화의 역사로 들어섰다.

코타 출판사의 고전판본은 1853~1862년까지《독일 고전주의 민중총서Volksbibliothek deutscher Classiker》라는 세 권의 연작으로 발간되었다. 총서는 낱권 판매를 제외하고 518세트가 배송되었다. 이 판본을 살 수 없었던 사람은 이보다 훨씬 비싼《고전주의 시인과 희극 작가의 축소본Miniatur-Bibliothek classischer Dichter und Dramatiker》이라는 단행본을 선택해야 했다. 가격정책이 얼마나 엄격했는지는 실러의《돈 카를로스Don Carlos》판본의 사례를 통해 알 수 있다. 코타 출판사는 2라이히스탈러Reichstaler에 판매한 반면 레클람 출판사는 1867년에 같은 작품을 2그로쉔에 판매했다. 말하자면 원전 가격의 24분의 1가격에 판매해 시장에서 성공을 거뒀다. 따라서 독일 출판사와 독자들이 저작권 보호기간이 종료되기를 기다렸다는 사실을 납득할 수 있다.

브로크하우스, 마이어, 구스타프 헴펠과 그밖에 출판사들은 집중적인 광고캠페인이 벌어지기 몇 년 전부터 출판물을 알렸다. 구스타프 헴펠은 15만 권의《독일 고전주의 총서Nationalbibliothek sämtlicher deutscher Classiker》를 배송 한 건당 2.5그로쉔으로 판매하기 시작했다. 하지만 초반의 성공은 길게 가지 못했다. 12년 후 출판사가 이 시리즈 총서의 714번째 배송을 끝냈을 때, 판매부수는 몇 배나 감소했다. 다른 출판사의 사정도 비슷했다.

한 출판사만이 고전의 해 덕택에 엄청난 성공을 맛보았는데, 이는 오늘날까지 이어지고 있다. 카를 하인리히 레클람Carl Heinrich Reclam은 1802년에 라이프치히에 서점과 출판사를 세웠다. 1807년에 태어난 그의 아들 안톤 필립 레클람Anton Philipp Reclam은 1828년에 아버지로부터 3000탈러를 빌렸다. 라이프치히에 열람실을 갖춘 대여도서관을 넘겨받아 자신의 출판사를 세우기 위해서였다. 그는 11년 후에 필립 레클람 주니어로 이름을 바꿨다. 1846년 오스트리아에서 합스부르크가에 반대하는 책들 때문에 금서 조치를 당하고 라이프치히에서 '종교의 공적 폄하'를 이유로 법정에 서야 했던 진보적인 사고의 소유자인 이 출판업자는 1848년 혁명 이후에 다양한 분야를 망라한 출판 기획을 선보였다. 그의 출간 목록에는 노래모음집, 오페라 피아노 악보, 성경, 고전작품, 사전 등이 있었다. 고전의 해는 레클람 출판사에 역사적으로 중요했다. 그는 아들 한스 하인리히Hans Heinrich와 공동으로 '일반 총서Universal-Bibliothek'를 기획했다. "우리시대 모든 고전작품의 발간"으로 알려진 이 기획은 "낯설고 사장된 최고의 문학작품을 독일어로 훌륭히 번역"할 것을 약속했다. 실제로 이 기획은 대중의 인기를 누렸다. 고전의 해라는 소란스러운 광고들 안에서 우리가 주목해야 할 내용이 있다면, '일반 총서' 1권인 괴테의 《파우스트》가 2그로쉔이라는 가격으로 초판을 2만 권이나 찍었다는 사실이다. 1867년 이후 총서는 해마다 대략 140권이 나왔다. 독일 및 유럽 문학 이외에도 철학, 오락문학, 고전, 오페라, 법전 등이 발간되었다. 《일반 총서》의 수많은 단행본은 오늘날까지 각 권당 수백만 권 이상이 판매되었다.

19세기가 저무는 30년 동안 출판업의 기능과 작업방식이 바뀌기 시작했다. 그때까지 서점은 수요가 없어도 출판사로부터 신간을 받아 맘에 들면 책을 사는 조건으로 고객에게 배송했다. 그리고 약정한 시점에 출판사와 결산했다. 이때 팔리지 않은 책은 반송되었고, 판매된 책에 대해서 서적상은 출판사에 할인을 요구했다. 신간 판매는 지역 상점 자체에서는 거의 나타나지 않았다. 상점에서 서적상은 교과서, 성경, 종교문학, 달력, 각종 지역 소식지 등을 판매했다.

19세기 중반에 '현금 서적 도매업'이 시작되면서 서적거래에 새로운 바람이 일었다. 도매업자들은 자비로 출판사들의 책을 다량으로 사들여—기술적인 진보 덕택에—기계로 바로 제본할 수 있었다. 그들은 이렇게 제본한 책들을 지역 상점이 출판사와 애초 약정했던 지불조건에 맞춰 공급했다. 도매업자들은 대량주문을 통해 출판사로부터 더 많은 할인을 받았다. 이들은 책을 사고팔 때 남는 차액으로 생계를 유지했다. 이들은 곧 도서 판매목록Nettokataloge을 만들어 출판업자에게 알렸는데, 이는 수십 년이 지나면서 광범위한 참고자료로 발전했다. 한편 도매업자들은 수요를 증가시키기 위해 독자 상황표도 내놓았다. 도매업자는 특정한 책을 주문했고 출판사는 이에 발빠르게 대응했다. 이로써 도매업자는 서적상에게 '선별표'를 보내 어떤 책을 받기를 원하는지 결정하게 했다. 이렇게 하여 도매상은 정산할 때 책을 반품하지 않는 대가로 격려금조의 추가

할인을 받을 수 있었다.

19세기 말에 새로운 서점이 생겼다. 서점은 갖가지 상품을 한곳에 모아두고 책을 팔기 시작했다. 불과 몇 년 전만 해도 서적상이 고객을 찾아가는 것이 일반적이었다면, 고객들은 지역에 있는 서점을 방문하여 취향에 따라 책을 선택했다. 이 시기 도서거래는 현대적인 유통과도 꽤나 비슷하게 요약된다. 서점을 통해 이뤄지는 종별 공급 도서 수합, 출판사와 도매상을 거치는 주문서적 공급 및 유통, 서점의 세분화 및 영업장에서의 판매집중 등이 그것이다. 1세기가 지나도 도서유통에서 이러한 거래 관습은 변한 것이 없다. 사람들이 디지털 시대에 책이 어떻게 거래되는지 흥미로워할 것 같긴 하다.

࿆࿆࿆

저렴한 독일 고전 판본이 나와 책이 홍수를 이루자 부유하고 유복한 상위층은 자신들의 문화적인 주도권을 보여주는 특별한 책을 바라게 되었다. 삽화와 장식적인 치장을 보완한 인쇄기술이 이런 소망을 충족시켰다. 19세기 중반, 특히 1867년 이후에 많은 비용을 들여 생산한 책과 간행본이 나왔는데, '특별판'이라는 개념으로 책의 역사에 등장했다. 코타, 브룩만 같은 출판사들은 경제부흥기*의 중상류층 살롱에 적합한 책을 펴냈다. 과시용 가구들과 어울리게끔, 화려한 삽화를 넣은 괴테나 혹은 실러의 판본을 가죽 표지로 감싸고, 양각을 새긴 모서리 조각과 금속 장식을 붙여, 근로자의 한

---

* 제국창립기라고 번역되는 그륀더차이트는 19세기 독일과 오스트리아의 산업화와 경제부흥기를 말하며, 시기적으로는 대개 1870년경을 가리킨다.

달 급여보다 세 배나 비싼 가격으로 팔았다. 이런 덩치가 큰 책들은 독서용이라고 생각할 수 없다. 이런 책들은 귀족의 체면 유지 욕구를 만족시켰을 것이다.

19세기 문화발전의 한 양식으로 크리스마스 축제 때 트리, 말구유 모형, 캐럴, 예배 참석, 특히 선물을 교환하는 문화가 생겨나자 서점은 12월에 특별판을 판매하기 시작했다. 이런 시장은 전대미문의 수익을 창출했다. 상위 중산층의 돈주머니를 겨냥해 출판사는 평범한 표지를 덧댄 삽화도서를 생산하기도 했다.

19세기 마지막 30년 동안 저렴한 고전주의 판본과 값비싼 특별 판본을 판매함으로써 폭넓은 고객을 확보할 수 있었지만 도서시장은 곧 위기에 봉착하고 만다. 그 이유는 그 시대의 영업조직에 있었다. 한편으로는 통속소설의 행상 판매가 지역에 자리 잡은 서점을 괴롭혔다. 가가호호 방문하면서 책을 파는 서적행상인은 구텐베르크 시대부터 있었다. 그런데 19세기 중반, 특히 1867년 고전의 해와 관련해서 이들의 활동이 점점 더 활발해졌다. 서점의 또 다른 경쟁자는 도서대여점이었다. 이들의 영업은 호평을 얻었고, 잠재적인 도서 구매자들의 독서욕을 충분히 만족시켰다.

전통적인 서점을 가장 힘들게 한 원인은 19세기의 마지막 기간에 엄청나가 발행된 도서를 일반 가격으로 판매하기 어려워졌다는 점이었다. 점점 더 많은 재고가 중간 상인과 헌책방에 쌓였다. "서점은 신간을 알리기 위해서만 존재한다. 서적상은 고객이 무엇을 원하는지 적어놓고 헌책방에서 책을 주문한다"며 불평하는 사람들도 많았다. 신간조차 20퍼센트 할인된 가격으로 판매되었다. 출판사의 정가는 사실상 지켜지지 않았다. 특히 대도시에서는 이른바 '회전업자'가 신간도서에 고객 할인가를 높게 받아 시장을 갉아먹고 있었다. 영업의 자유가 도입됨으로써 다른 무역상들과 수공업자들도 책을 거래하기 위해 출판시장에 뛰어들었다.

이로써 지역 서점은 붕괴할 위험에 처했다. 말하자면 독일서적상출판인협회 같은 규제력을 지닌 연합체의 참여가 없었다면 이런 혼탁함이 시정되기는 어려웠을 것이다.

독일서적상출판인협회

"여기에는 다른 탈출구가 없다. 박람회 기간에 길거리에 나서지 않거나 모든 편의를 포기하고서 …… 천천히 그리고 조심스레 짐수레 뒤를 걸어야만 한다." 작가 아우구스트 살로몬 마우러August Salomon Maurer는 박람회 기간 동안 라이프치히 길거리의 혼잡한 인파에 대해 1799년《황홀한 라이프치히Leipzig im Taumel》라는 책에서 이렇게 묘사했다. 그보다 몇 년 전에 독일 철학자 프리드리히 빌헬름 요제프 폰 쉘링Friedrich Wilhelm Joseph von Schelling이 박람회의 특성을 "도서시장은 별로 소음을 내지 않는다. 정적이 가득한 가운데 멀리 떨어진 상점에서 독일 책이 팔린다"고 기록한 내용과는 사뭇 대조적이다.

박람회에서 출판사는 팔리지 않고 반송된 책을 분류하고, 수량을 파악했다. 또한 서점에 신간을 배송하는 한편 반품 도서를 다른 방식으로 팔려고 노력했다. 박람회 동안 도서의 유통 현황을 파악하기 위해서는 모든 영업과정을 꼼꼼하게 기록해야 했다. 재고품 반송과 신간 배송은 어떤 출판사를 막론하고 박람회와 도시 전체에 산재한 서점과 각양각색의 축제에서 반복되었다. 프랑스의 기행문 작가 빅토르 티소Victor Tissot는 1875년에 이렇게 언급했다. "이는 진정한 축제다. 마치 플랑드르 화가의 유쾌한 회화에 표현된 것처럼 말이다." "도처에는 삶과 광채, 시끄럽고 조용한 수다, 잔 부딪히는 소리, 북과 트럼펫 소리가 가득했다. 왜냐하면 제국에 있는 곡예사, 줄 타는 광대와 방랑 음악인이 전부 여기로 모여들었기 때문이다. 라이프치히의 시청은 성업을 위해서 축제 기간에 음악가들을 고용해 외지인이 좋은 기분을 유지할 수 있도록 식사시간에 여인숙과 여관의 문 앞에서 연주하게 했다."

외국 서적상의 관점에서 박람회는 유흥 이상이었다. 1714년에 할레Halle 출신의 서적상 하인리히 율리우스 엘러스Heinrich Julius Elers는 이렇게 불평했다. "새벽 5시부터 장사가 시작되었다. 이른 아침부터 가게를 순례했는데 사람들이 맞아주었다. 이런 일이 이른 아침부터 오후 그리고 저녁 8시까지 계속되어 나중에는 말을 하기가 곤란할 지경이었다."

해마다 늘어나는 서점과 복잡한 결산 때문에 출판사들은 다른 방법을 찾아야 했다. 우선 박람회가 열리는 도시의 박람회 관리자가 독자적인 기업(위탁 판매인)으로 발전했다. 그는 주문을 주는 출판사(위탁자)를 위해 결산을 이행하고 박람회 기간 외에도 물품을 공급했다. 이런 위탁 판매인으로부터 현금 서적 소매업과 출판사를 연결하는 중간 도매상이 등장하게 된다. 라이프치히의 도매상은 결산 기간에 서적상들을 자신의 사무실에서 맞이했고, 외국 서적상은 이를 위해 한시적으로 사무실을 빌렸다. 외국의 많은 출판업자가 결산을 위해 음식점이나 커피하우스에서 서적상을 만났다. 도서박람회는 도시 전체를 장악했다. 1792년에 최초로 결산업무기구, 즉 서적상협회가 중요한 공간을 임대했다. 1797년부터 협회는 라이프치히 대학의 신학 강의실을 빌렸는데, 그 근처에 라이프치히 대부분의 서점과 출판사가 있기 때문이었다.

성과 없이 몇 번의 회동을 거친 후 1825년 4월 30일 부활절 박람회를 위해 라이프치히 대학 신학 강의실에 101명의 서점 및 출판사 대표가 모였다. 그들의 목표는 도서거래를 규제할 협회를 창설하는 것이었다. 이런 목표에 따라 서적 분야의 조직에 '독일서적상출판인협회'라는 이름이 붙었다. 1826년 회의 기록에서 알 수 있듯이 협회는 장소를 마련하는 데 집중했다. 1834년 독일서적상출판인협회는 독자적인 잡지인 《독일출판업협회지Börsenblatt für den Deutschen Buchhandel》를 창간했다. 처음에는 일주일에 한 번 나왔지만, 1837년부터는 일주일에 두 번씩, 1867년부터는 매일 발행하게 되었다. 1836년 4월 26일 독일서적상출판인협회 사옥이 이탈리아 15세기의 건축양식으로 들어서며 화려한 축제와 함께 개관식을 치렀다.

19세기 중반 박람회와 협회 역사에 몇 가지 중요한 발전이 더해졌다. 우선 협회 이외에 지역적 이해관계를 반영한 각종 연맹이 생겨났다. 또한 서적상협회의 위탁 판매인을 통해 결산 교역이 전문화되자 도서박람회의 방문이 지나치게 많다는 의견이 제시되었다. 이를 반영해 1844년 부활절 박람회 기간에 라이프치히의 《삽화 신문Illustrierte Zeitung》은 "박람회에 오지 않는 자는 위탁 판매인을 통해 결산 및 지불할 수 있다"고 명시했다. 실제로 다수의 서적상은 박람회에 참여하지 않았다.

서점과 출판사가 많아져 도서시장의 경쟁이 심해지자, 사람들은 협회를 강화하여 이를 '서적 출판업의 최고 법원'으로 만들고, 불성실한 기업을 배제하는 권력을 지닌 집행기관으로 만들어야 한다는 요청이 쇄도했다. 협회는 이를 위해 모든 회원이 따라야 할 행동 규약집을 발전시켜야 했고, 서적출판 영업거래의 규율을 정해야 했다. 그런데 놀랍게도 이런 요청이 협회 임원진에 의해 거부되었다. 임원진은 서적상들 사이에 벌어지는 '일반적인 분쟁'을 경고했다. 대표인 요한 모어Johann Mohr는 협회지를 통해 "임원진은 법관이나 집행자로 적합하지 않다"고 의견을 표명했다. 또한 프리드리히 요한 프로만Friedrich Johann Frommann은 협회는 동업조합이 아니고, 그렇게 되어서도 안 된다는 의견을 내세웠다. 출판협회는 서적상들의 자유 단체이고, 제도적 권력을 지닌다면 협회가 파괴될 것이라고 했다. 협회의 기능에 관한 이런 내분은 해결되지 못한 채 수십 년간 지속되었다. 혼란을 틈타 앞서 언급한 '회전업자'들의 할인 행위가 날로 심해져 불만이 증폭되었다.

《독일 서적출판업 주소록Adressbuch des deutschen Buchhandels》에 등록된 회사는 1870년에 3575곳이었는데 10년 뒤에는 5410곳으로 증가했다. 이 시대에는 서점들 사이에 격렬한 경쟁이 사라졌다. 회전업자 같은 위협 요인이 훨씬 커졌기 때문이었다. 협회에는 점점 더 많은 중재 요청이 들어왔다. 이에 대한 대응으로 1863년에 창설된 독일

서적 소매업자 단체는 1878년 6월 22일 회의를 열었다. "어떤 방식으로 전체 서적출판업에 대한 감독을 수행해야 하는지, 도처에서 빈발하는 권리침해에 어떻게 대항해야 하는지, 서점 간의 반목을 어떻게 중재해야 하는지에 관한 성명을 통과시켰다. 한마디로 말하자면, 협회는 독일 서적출판업의 입법청이자 행정청 그리고 경찰청이 되어야 한다."

수십 년간 이어온 논쟁의 결과로 1887년 9월 25일 대표회의를 통해 알프레트 크뢰너Alfred Kröner는 포괄적인 개혁을 결정했다. 두 시간 반의 토의 끝에 그는 개혁 작업에 대한 투표 결과를 공고했다. 협회지에는 다음과 같이 기록되어 있다. "여러분! 여러분께 표결 결과를 전해드리겠습니다. 출석자 395명 중 27명이 법안에 반대했으며, 7명은 기권했습니다. 그러므로 우리는 굳건한 요청에서 나온 다수의 의견을 지지합니다. (몇 분간 우레와 같은 환호와 박수)"

크뢰너는 협회의 기능을 크게 세 가지 분야에서 개혁했다. 우선 협회 정관에 책이 발간될 때마다 판매가격을 명시할 것을 출판사의 의무조항으로 넣음으로써, '가격 준수 의무'라는 포괄적인 보호 대책의 토대를 만들었다. 서적 소매업자는 정가를 유지할 의무가 있었다. 이들이 규정을 준수하지 않을 때에는 출판사에서 배송을 중지하겠다는 위협을 받았다. 또한 협회는 독일 전체 서적상과 출판사 연맹의 상부 조직임을 표명했다. 이는 연맹이 협회의 회원임을 인정하는 한 통용된다. 그리고 마침내 협회 정관 1조에 의무적인 무역 관행을 규정하는 내용이 수용되었다. 이 세 가지 규정은 오늘날에도 존재한다.

알프레드 크뢰너는 1888년에 칸타타 일요일*에 작센 왕이 참석한 가운데 라이프치히 출판인협회 사옥을 개관함으로써 그 시대의 대미를 장식 했다. 그는 오늘날 독일서적상출판인협회 역사에서 가장 유명한 대표로 인정받고 있다.

※

1825년에 독일서적상출판인협회는 창설과 동시에 출판사가 요구하는 급작스러운 문제, 즉 저작권법과 출판법에 몰두했다. 협회는 창설되기 이전부터 출판 분야에서 법률적인 변화를 초래한 일련의 발의를 계승했다. 1815년의 작센 선제후국 위임통치령은 저작권법과 출판법과 연방의회의 의도에 관한 내용을 다루고 있다. 1834년에 협회는 테오도르 엔스린^{Theodor Enslin} 대표 주도로 〈독일연방 국가들 안에서 문헌의 법적 상태를 확언하기 위한 건의^{Vorschläge} ^{zur Feststellung des literarischen Rechtszustandes in den Staaten des Deutschen Bundes}〉라는 진정서를 발의했다. 1년 후 연방의회는 번각 금지를 결의했다. 그러나 연방의회는 저작권법 문제와 관련된 그밖에 결정은 유보했다. 그럼에도 1834년의 진정서는 1837년 〈번각과 복제에 따른 학문과 예술 작품들에 대한 소유권을 보호하기 위한 프로이센 법^{das Preußishe} ^{Gesetz zum Schutze des Eigenthums an Werken der Wissenschaft und Kunst in Nachdruck und} ^{Nachbildung}〉에 지대한 영향을 끼쳤다. 이로써 "연방 지역에서 발간된 날로부터 10년간 문학 생산물과 예술작품의 보호"가 인정되었다.

---

* 부활절이 지난 후 4번째 일요일, 성령강림절 3주 전 일요일.

이 법령과 더불어 작가의 권리 보호가 처음으로 도입되었고 1845년
에는 보호 기간이 30년으로 확대되었다. 이렇게 연장된 기간이 앞
서 언급한 1867년 고전의 해로 이어진다.

1855년부터 1857년까지 협회 위원회는 모리츠 바이트Moritz Veith
대표 주도하에 〈저작권과 출판권에 대한 독일 보편 연방법에 대
한 건의Vorschläge zu einem allgemeinen deutschen Bundesgesetz über das Urheber-und
Verlagsrecht〉를 완성했다. 많은 시도와 수정을 거쳐 이 초안은 1871년
독일제국 건국 이후 〈문집, 초상, 음악 작곡과 희극 작품에 대한 저
작권에 해당하는 법Gesetz betreffend das Urheberrecht an Schriftwerken, Abbildungen,
musikalischen Kompositionen und dramatischen Werken〉의 토대가 되었다. 이로로
제국 안에서 일괄적으로 적용되는 저작권법이 보편적인 효력을 얻
게 되었다.

지적 소유권을 보호하고자 노력했던 레싱의 숙고는 《자유롭게
물 흐르듯 살아라》가 나온 후 100년이 지난 시점에 협회의 적극적
인 도움으로 법적인 효력을 획득했다.

진짜 인기상품은 본래 베를린에서만 나올 수 있다!

1880년대까지 라이프치히는 의심할 바 없는 독일 도서거래의 중심
지였다. 그곳에서 독일 도서박람회가 열렸고, 플라이세Pleiße 근교에
독일서적상출판인협회가 있었으며 그래픽 지구Graphisches Viertel에는
인쇄소와 출판에 필요한 유통 인프라가 생겨났다. 독일에서 가장

작고 외진 장소까지 라이프치히 중간 도매상을 통해 대부분의 책이 배송되었다. 1869년 베를린에 는 이미 110개의 서점이 있었지만, 출판사의 수, 출판한 도서와 출판사 판매고를 측정하면 라이프치히가 독일에서 가장 유명한 출판도시로 앞서 있었다.

1871년 독일제국 건립과 베를린이 독일 수도로 선포되는 변혁적인 사건으로 출판업계에 지각변동이 일어났다. 새로운 수도의 흡인력은 강력했고 사회 전체에 영향을 끼쳤다. 연구와 산업의 메카인 베를린은 이내 라이프치히 그래픽 지구의 경쟁자로 등장했다. 문화중심지는 출판사로서는 매혹적이었으나, 수도의 문화적인 분위기는 새로운 예술양식을 발전시켰을 뿐 아니라 이를 출판하는 수많은 출판사의 창립을 이끌어냈다.

제국이 건국된 지 채 몇 년도 안 되어 독일 출판업계에서 넘볼 수 없었던 라이프치히의 우위는 산산이 무너졌다. 1885년에 베를린은 이미 전통적인 책의 도시를 넘어섰다. 그해 베를린에서 2743권의 신간이 나온 반면 라이프치히에서는 2664권의 책이 출간되었다. 1920년대에 이르러 베를린은 독일의 출판도시 중 정상에 올랐고 라이프치히는 저만치 뒤떨어졌다. 1927년에는 베를린에서 신간이 3000권이나 더 많이 출판되었다. 또한 출판사 수와 최대 판매량 면에서도 베를린은 라이프치히를 앞서나갔다. 어떤 작가는 1925년에 "진정한 인기상품, 즉 책은 아주 짧은 기간에 대량 발행을 거듭하여 유행했다. 그런 책들은 원래 베를린에서만 나올 수 있다"고 밝혔다.

발행인 클라우스 스트로마이어Klaus Strohmeyer는 자신이 편집한 선집에 "베를린에서 시계태엽을 감으면 독일제국은 그에 맞춰야 했다"고 언급했다. 이처럼 '베를린 템포'는 제국의 슬로건이 되었다. 쿠르트 투홀스키Kurt Tucholsky는 "베를리너(베를린에 사는 사람)에겐 시간이 없다. 그들이 천국에 들어간다면 그곳에서도 4시에 뭔가를 계획하고 있을 것이다"라고 비웃듯 썼다. 빈의 작가 알프레드 폴가르Alfred Polgar 역시 이와 비슷하게 느꼈다. "베를린 주민은 자기 일에 골몰한다. 게으름뱅이조차 아무것도 하지 않은 채 이마에 땀을 흘려가며 게으르기 위해 골몰한다."

베를린이 세계에서 가장 급변하는 도시로 발전하기 전에 새로운 출판가의 유형이 등장했다. 이들은 오이겐 디데리히Eugen Diederich의 알기 쉬운 분류에 따라 '문화출판가'로 불렸다. 이 책에서 사례로 등장할 최초의—또한 가장 유명한—대표자는 자무엘 피셔Samuel Fischer(1859~1934)다. 그는 유대 상인의 아들로 헝가리에서 성장해 1874년 빈에서 서적출판론을 익혔으며 1880년에 출판사 보조 인력으로 베를린에 왔다. 1886년에 피셔는 다음과 같은 기치를 내걸고 자신의 출판사를 세웠다. "대중이 원하지 않는 새로운 가치를 강요하는 것은 출판사의 가장 아름답고도 중요한 미션이다." 자무엘 피셔가 세운 출판사의 영업 핵심은 자신이 발견한 현대 작가들의 야심만만한 작품들을 아름다운 장식을 곁들이되 저렴한 가격으로 가능한 한 폭넓은 독자에게 제공하는 것이었다. 피셔는 작가들과 장기간의 공동 작업, 서로를 동업자로 여기는 배려를 출판가의 주요 과제로 보았다. 그는 다른 출판사에서 작가들을 빼오지 않았으나 운 좋게 작가들을 직접 발굴하여 끊임없이 그들의 전집을 출판하고 자 노력했다.

자무엘 피셔는 서적 생산을 인쇄소에 떠넘기지 않고 화가들과 공동으로 표지를 작업했다. 이 시대에 출판업계에 생산가*라는 직업군이 형성되었는데 피셔는 이에 한몫했다. 그밖에 그는 모라츠 하이만Moritz Heimann과 오스카 로에르케Oskar Loerke라는 두 작가를 편집자로 고용하고, 이런 활동의 가치를 격상시켜 포기하지 않도록 배려했다.

자무엘 피셔는 헨릭 입센Henrik Ibsen과 게르하르트 하우프트만Gerhart Hauptmann 같은 작가와 작업하며 문학의 자연주의를 출판하는 담지자가 되었다. 또한 토마스 만Thomas Mann을 발굴함으로써 그의 출판사는 세계적인 명성을 얻었다. 1929년 자무엘 피셔는 토마스 만의《부덴부로크 일가Buddenbrooks》를 저렴한 판본으로 출간하기로 했다. 원래 이 작품은 1901년에 처음으로 발간되어 스테디셀러로 발전했다. 성탄절 판매가 시작되자 책은 축약되지 않은 단행본으로 이전 가격인 17마르크 대신 2.85마르크에 발매되었다. 이런 낮은 가격은 대규모의 발행부수가 전제되어야 가능했는데, 피셔는 이를 15만 부로 잡았다. 많은 양을 가능한 한 단시간에 생산하기 위해서 독일 전역의 인쇄소와 공동으로 작업했다. 이러한 방식은 이제까지 알려지지 않은 낯선 과정이었다. 피셔의 위험천만한 계획은, 기

---

* 생산가는 편집부 검토가 끝난 원고의 내용으로 인쇄 공간, 래스터 시스템과 조판을 결정하는 일을 담당한다.

대하지 않았으나 최고로 반가운 지원을 스웨덴으로부터 받게 된다. 토마스 만이 《부덴부로크 일가》로 노벨 문학상을 받은 것이다. 덕분에 그해에만 65만 5000권이 팔렸다.

1910년경 표현주의라는 문학 양식에 자무엘 피셔, 오이겐 디데리히, 알베르트 랑엔Albert Langen과 안톤 키펜베르크Anton Kippenberg는 회의적인 태도를 보였다. 질병과 광증, 불안과 묵시론, 대도시와 전쟁, 매춘과 환각에 대한 표현주의의 끔찍한 연출은 이전 문화출판가의 프로그램에 맞지 않았다. 반면 쿠르트 볼프Kurt Wolff, 에른스트 로볼트Ernst Rowohlt, 헤르바르트 발덴Herwarth Walden과 프란츠 펨퍼르트Franz Pfemfert는 새로운 출판 세대의 주인공들로 표현주의의 영향을 받았다. 이로써 1910~1920년 사이에는 책의 역사에서 문학과 회화 사이에 짧게나마 협동이 이뤄졌다. 에른스트 루드비히 키르히너Ernst Ludwig Kirchner, 루드비히 마이트너Ludwig Meidner, 오스카 코코슈카Oskar Kokoschka, 프란스 마제렐Frans Masereel, 바실리 칸딘스키Wassly Kandinsky, 프란츠 마르크Franz Marc, 아우구스트 마케August Macke와 파울 클레Paul Klee 및 다른 화가들은 400개 이상의 출판사가 펴낸 대략 2300권의 책에 새로운 면모를 부여했다. 이로써 그 어떤 예술가 그룹과 달리 책의 형태에 지대한 영향을 끼쳤다.

❧

1922년 9월 독일의 인플레이션 시기에 협회는 경제위기에도 정가제를 고수하기로 결의하면서 인플레이션 이전 일반 가격에 물가지수율을 곱해 비례수를 산정했다. 이 수치는 각각의 물가상승률에 적용되었다. 9월 8일 협회지에 다음과 같은 내용이 나온다. "비례수는 새로운 비례수를 공지할 때까지 유효하다." 9월 13일에 효력이 발휘되면서 60이 비례수로 확정되었다. 연말에 비례수는 이미 600에 도달했고, 1923년 6월 21일 효력이 발생하면서 비례수는 6300까지 올랐고, 9월 11일에는 600만까지 상승했다. 위기의 정점인 1923년 12월 3일에 비례수는 전설적인 1조 1000억이나 나갔다. 작은 레클람 문고본을 사기 위해 1917년에 20페니히를 냈다면, 1923년에는 3300억 마르크의 지폐를 내야만 했다.

서점과 출판사가 이런 조치를 통해 파산을 막으려 했지만, 작가들은 원고료가 급감하는 상황을 넋 놓고 바라보아야만 했다. 출판사는 인플레이션 기간 동안에 책 정가를 토대로 반년 혹은 매년마다 원고료를 비례수를 감안하지 않고 산정했기에 결과적으로 완불된 원고료는 계산 시점에는 가치가 없었다.

작가들은 이에 대해—18세기 작가들이 그러했듯이—열렬히 의견을 표명했으나 별다른 성과를 거두지는 못했다. 카를 슈테른하임Carl Sternheim은 쿠르트 볼프에게 자신이 20년간 성공적인 작가생활을 해오면서 원고료로 총 0.75골드 마르크를 받았을 뿐이라며 이를 해명하라고 요구했다. 1924년에 헤르베르트 오일렌베르크Herbert Eulenberg는 《벨트뷔네Die Weltbühne》*에서 작가들 사이의 분위기를 이렇게 설명했다. "참여자들은 전쟁 이후 독일 기업 가운데 출판사가 가장 착취를 많이 했다는 데 의견의 일치를 보았다. …… 별이 흐

<hr>

* 1905년에 창간된 자유주의 성향의 정치 주간지. 나치의 출현에 반대하며 지성인들이 정치, 예술, 경제 분야에서 강력한 비판을 쏟아내며 사회적 경종을 울렸다.

릿하고 구름이 먹먹하게 낀 11월의 밤처럼 이 암울한 시간을 단지 몇 개의 예외만이 환하게 비추고 있을 뿐이다." 같은 해에 엘제 라스커쉴러Else Lasker-Schüler는 자비출판으로 낸 문집 《내가 정리한다!Ich räume auf》에서 출판계 전체를 저주했다. "준비가 되었다. 저주받아야 할 출판업에 맞서겠다. 나는 시인들이 출판업자들에게 세워준 신전에서 그들을 내쫓을 것이다. …… 우리의 푸른 신전은 자본가가 아니라 인류에 속한 것이다. …… 예술 전 영역에서 우리 시인들은 결속하고자 한다. 우리는 착취자의 문 앞으로 갈 것이다."

바이마르공화국에서 작가에 대한 검열 역시 극적으로 전개되었다. 바이마르 헌법에 "검열은 행하지 않는다"고 나와 있지만, 부기附記는 "저속한 저술을 퇴치하기 위해서 …… 법적 조치가 허용된다"고 규정하고 있다. 1926년에 〈저속한 저술들로부터 청소년을 보호하기 위한 법률〉이 공표되었다. 이런 법적 토대는 좌파 작가들을 탄압하고 압박하는 데 쓰였다. 바이마르공화국에서 보수적인 공무원 계층은 파시즘의 현상을 무시하며 시민의 자유를 파괴하기 시작했다. 이는 결과적으로 국가사회주의로 완결되었다.

카를 아인슈타인Carl Einstein은 희곡 《언짢은 소식Die schlimme Botschaft》 때문에 소송을 당했다. 게오르게 그로스츠George Grosz는 '외설적이고 졸렬한 작품' 《수난 그리스도Esse homo》로 6000마르크의 벌금형을 선고받았다. 1929년 3월 12일 《벨트뷔네》에 독일제국 국방군을 비판하는 기사가 게재되자 제국 법원은 미공개 재판으로 발행인인 칼 폰 오시에츠키Carl von Ossietzky에게 국방부 기밀 유포라는 명목으로 2년 6개월의 금고형을 선고했다. 조형예술 작품도 검열의 눈을 피하지 못했다. 오토 딕스^{Otto Dix}, 리오넬 파이니거^{Lyonel Feiniger}와 파울 클레의 회화작품이 박물관에서 사라졌다. 비판적인 영화와 현대 작곡 공연도 금지되었다. 검열의 촉수가 독일 전체를 에워쌌다.

❦

20세기 초반에 대부분의 독일인은 글을 읽고 쓸 수 있었다. 하지만 복잡한 원고를 명확히 이해하는 능력이 어느 정도로 폭넓게 퍼져 있었는지는 불분명하다. 오늘날 생생한 독서문화 활동에 참여하는 비율은 인구의 80퍼센트 수준이다. 지난 세기와는 달리 월등하게 많은 사람이 능동적인 독자가 되었다. 이런 변화로 서적상은 이익을 보았는데, 특히 언론계가 그러했다. 바이마르공화국 시대에는 두 기업—후겐베르크 콘체른^{Hugenberg-Konzern}*과 울슈타인^{Uhlstein} 출판사—이 시장을 지배했다.

중상류층 가정에서 자란 극단적인 보수주의자이자 크룹 주식회사^{Krupp-AG} 총재였던 알프레드 후겐베르크^{Alfred Hugenberg}(1865~1951)는 미디어 제국을 건설하기 시작했다. 창립, 인수, 합병을 통해 그는 가장 유명한 독일의 언론 대리업체와 광고 대리업체를 세웠다. 후겐베르크는 수백 개의 언론사를 수하에 둘 때까지 신문사를 하나씩 하나씩 사들였다. 그리하여 독일 전체 신문 중 절반 정도를 차지했다. 1927년에 우겐베르크 콘체른은 독일에서 가장 큰 영화회사인 우니베르줌 필름 주식회사^{Universum AG, UFA}마저 인수했다. 후겐베

---

* 콘체른은 기업결합이라고 하며 법률상으로 독립되어 있으나 경영상 실질적으로 결합되어 있는 기업 형태를 말한다.

르크의 언론은 독일민족 금융권의 반유대주의적인 메가폰으로서 국가사회주의의 길을 평탄하게 만들어주었다.

이에 맞서 수도에는 울슈타인 출판사가 있었다. 이곳에서는 베를린에서만 4개의 일간지를 발간했다. 《포시쉐 자이퉁^{Vossische} Zeitung》《베를리너 모르겐포스트^{Berliner Morgenpost}》《베체트 암 미탁^{BZ} am Mittag》, 석간지인 《템포^{Tempo}》가 그것이다. 여기에 잡지 《크베어 슈니트^{Querschnitt}》와 《우후^{Uhu}》* 외에 다양한 정기간행물이 출판사에 속해 있었다. 또한 도서 출판사로서도 이 기업은 명성이 자자했다. 출간물은 가벼운 오락문학부터 수준 높은 대중문학을 포괄했다. 출판사는 에리히 마리아 레마르크^{Erich Maria Remarque}가 쓴 《서부 전선 이상 없다^{Im Westen nichts Neues}》라는 소설로 1929년에 최고의 성공을 거두었다. 이 소설은 1년 안에 100만 권 이상 팔렸다. 아루투어 쾨스틀러^{Arthur Koestler}는 울슈타인 출판사의 표어가 "정치적 자유주의와 근대 문화였다"고 회고한다. "그들은 반군사적이고, 반쇼비니즘적이며 유럽적이었다. 울슈타인의 집은 정치적인 권력이자 바이마르 공화국의 진보적인 범세계주의 정신의 화신이었다."

울슈타인 출판사와 마찬가지로 많은 작가는 다른 미디어 콘체른을 통해 단편소설과 소설을 일간지 혹은 월간지에 낼 수 있었다. 이로써 전통적인 출판업에 지대한 변화가 일어났다. 문학작품의 대중적인 유포로 말미암아 출판업 자체의 작업 방식이 변화될 수밖에 없었기 때문이다. 서적판매의 전형인 주문 발송품은 예외였다. 서

---

* 남성 독자를 겨냥한 월간지로 여성 사진이나 각종 뉴스 및 르포르타주를 다뤘다.

점은 광고와 판매라는 근대 전략을 사용했다. 광고를 끼워 넣고 전단을 부치고, 고객의 편의를 위해 판매 공간을 조성하고, 광고 효과가 있는 쇼윈도를 발명하기도 했다. 특별판 외에 파본과 떨이 상품 및 반송품을 제공한 헌책방과 저렴한 책들 때문에 새로운 구매층의 마음은 서점으로 향했다. 서적 소매업의 경쟁이 치열해졌다.

대도시의 변두리와 지방에 문방구와 제본소를 결합한 상점이 들어섰다. 그동안 도서 판매에 출판사의 책표지는 불문율과 같았다. 제본업자가 비공식적인 책표지를 만들려고 종이를 구매하는 일은 총매상 가운데 극히 적은 부분을 차지했다. 이런 이유로 제본가는 달력이나 교과서, 그 외 다른 브롯아티켈로 매상을 올리려고 했다.

1854년 하이델베르크에서는 역에서 도서판매가 이뤄졌다. 도서시장은 근거리 및 장거리 교통의 증가와 더불어 번성했다. 레클람 출판사는 1912년부터 서점을 통해 자판기에서 책을 팔기 위해 역을 이용했는데, 전국에 거의 2000개의 자판기가 있었다. 그곳에서 사람들은 단돈 20페니히로 레클람의 책을 뽑아 읽을 수 있었다.

백화점 서점도 언급할 만한 책 공급지로 발전했다. 1899년에 베를린의 백화점 콘체른은 고전주의 작가들의 작품 8000권을 판매했지만, 화보집은 15만 권, 오락문학은 12만 권, 요리책은 1만 1000권을 팔았다. 키오스크도 도서판매장소가 되었다. 값싼 소설집의 판매가 활발히 이뤄졌다.

북클럽은 바이마르공화국 시절에 전성기를 맞이했다. 1933년까지 30개 이상의 북클럽이 생겼다. 북클럽은 책을 저렴한 가격에 다양한 신간을 훑어보고 시장을 투명하게 만들겠다는 목적으로 등장했다. 하지만 도서 선정에는 종종 해당 북클럽의 세계관이 반영되었다.

전통적인 서점의 마지막 경쟁자로 출판사의 직접 판매를 언급할 수 있다. 고객에게 책을 직접 배송하는 이런 행위는 서점과 출판사 사이에 끊임없는 불쾌감을 불러일으켰다.

하지만 전통적인 서점을 곤란하게 하는 다양한 공급 형식뿐만 아니라 새로운 기술의 발전이 시장과 사회를 변화시켰다. 전화는 소통의 신기원을 열었고, 자동차는 유동성을 증가시켰다. 빛은 경주, 권투 경기, 카바레 같은 새로운 오락거리를 등장시켜 사람들의 여가생활을 탈바꿈시켰다. 저널리스트인 이시도르 카스탄^{Isidor Kastan}은 1919년에 "베를린은 해가 지지 않는 도시가 되었다"고 썼다. 그리고 마침내 책의 역사에 영화와 라디오라는 전혀 새로운 매체가 등장했다.

1920년대 말 정치적으로 불안정한 상황과 더불어 이 모든 변화가 책의 위기를 초래했다. 이는 일반적인 문화 위기의 징후로 간주되었다. 루돌프 보르하르트^{Rudolf Borchardt}는 1929년에 시민사회의 와해를 진단했다. 토마스 만은 1930년에 "경제적으로 병든 민족에게 건전한 정치적인 사유를 요구한다면 너무 많은 것을 바라는 것이다"라며 단념한 듯 말했다. 자무엘 피셔는 서적시장의 스산한 고요를 언급하며 이렇게 말했다. "책이 일상적인 생활에서 가장 불필요한 대상에 속한다는 사실이 중요하다. 사람들은 운동을 하고, 춤을 추고, 라디오를 듣고, 영화관에서 저녁시간을 보내는 등, 직업 활동 외에 여가를 온전히 누리게 되면서 책 읽을 시간을 내지 않는다."

또 다른 문제도 나타났다. 1929년 3월 19일 칼 폰 오시에츠키는 《벨트뷔네》에 〈책의 날에 벌어진 이단행위Ketzereien zum Büchertag〉라는 글을 게재했다. 여기에서 그는 레마르크의 《서부 전선 이상 없다》를 반복적으로 모방하는 출판업계의 방임을 비판했다. "원전과 작품의 독창성에 대한 존경이 사라졌다. 격렬한 르포르타주, 전쟁소설 등은 새로운 아이디어였으나 이내 진부해졌다. 수많은 모방자로 말미암아 위축되고 장르의 특성마저 의심받는 상태다. 책 한 권이 형식적으로 혹은 신선한 동기에서 며칠간 주목을 받는다면, 많은 출판사가 곧바로 이렇게 말한다. '우리도 그러한 것을 가져야 한다!' 이 말에 독일 출판 시장 전체의 재앙이 내포되어 있다. …… 혹자에게 묘안이 있으면 20명의 경쟁자가 그로 인해 살아간다." 서적문화의 몰락을 비판하는 오시에츠키의 기사는 탄식으로 끝난다. "이 모든 것의 배후에 신들의 황혼, 새로운 야만주의의 등장이 어렴풋하게 보인다. 이는 오늘날 우리가 여전히 붙잡고 있는 가치들을 처참하게 쓸어낼 것이다. 기름이 잔뜩 낀 정신 앞에는 고된 식이요법이 놓여 있을 뿐이다."

4년 뒤인 1933년 1월 30일, 고령의 제국수장인 파울 폰 힌덴부르크Paul von Hindenbrug는 아돌프 히틀러Adolf Hitler를 바이마르제국의 행정부 수반으로 임명한다. 이로써 파멸적인 국가 테러와 문화 단절의 문이 열렸다. 칼 폰 오시에츠키는 1933년 2월 28일에 구속되어 여러 수용소를 떠돌아야 했다. 1936년에 그가 노벨 평화상을 받았을 때 국가사회주의 정권은 중환자인 오시에츠키를 베를린 노르트엔드Nordend 병원으로 후송할 수밖에 없었다. 나치는 노벨 평화상

수상자가 그해 5월에 개최되는 올림픽 경기 중에 사망하게 될 때 일어날지 모르는 공중의 격렬한 반응을 무척 두려워했다. 오시에츠키는 여러 수용소를 옮겨 다닐 때 걸린 결핵 때문에 사망하고 말았다.

제3제국 시대의 출판업과 협회

국가사회주의자가 권력을 장악한 이후 독일출판인서적상협회 대표는 신중하게 행동했다. 프리드리히 올덴부르크^{Friedrich Oldenbourg} 대표를 위시해 임원들이 민족주의적이고 보수적이며 반유대주의적인 태도를 취하긴 했으나 민족사회주의 독일노동당^{NSDAP} 회원은 없었다. 협회 임원회는 새로운 권력의 등장에 정치적으로 준비되어 있지 않았다. 그들은 일단 1933년 3월 5일의 선거를 지켜보았다. 히틀러 정부가 선거를 통해 인정받자마자 협회는 새로운 상황에 발빠르게 처신했다.

1933년 5월 3일 협회지에는 대표가 공표한 〈독일 서적출판업에 대한 긴급조치^{Sofortprogramm des deutschen Buchhandels}〉가 게재되어 있다. 새로운 정부에 거는 대표의 기대가 포함되어 있는 이 글은 "독일 서적출판업은 국가의 격상을 환영합니다"라는 고백으로 시작된다. 협회는 신정부가 '전체 서적상을 위한 강제기구'로 협회를 인정해주기를 바라는 한편 전체 '출판업 영업체' 중에서 독점 사업권을 받기를 고대했다. 그러나 무엇보다도 시장은 협회에서 조직된 서적 소매업자의 이해관계를 위해서 정화될 필요가 있었다. 협회 대표는 이를 위해 서적판매 분야에서 국가기관과 노동조합 그리고 정당의 활동 제한, 북클럽 '해체', '백화점의 출판 행위와 도서 판매 금지', 그리고 '현대적인 도서관의 불건전하고 민족을 해하는 간행물 유포를 저지하는' 법적 조처를 요구했다. 이처럼 협회는 새로운 정부를 등에 업고 전통적인 서적거래의 주요 경쟁자를 배재하고자 계획했다. 시장 정화를 위한 보답으로 협회는 다음과 같은 내용을 약속했다. "대표는 유대인 문제에 대해 제국정부 수뇌부를 신뢰하며 권력을 이용해 망설임 없이 정부의 명령을 관철할 것이다."

정부의 환심을 사기 위해 노력한 지 겨우 열흘 만에 협회지는 1933년 5월 10일의 분서焚書에 대한 즉각적 반응으로 12명의 작가 이름을 적은 목록을 발표했다. 이들 작가는 "독일인의 명예를 위해 한다고 간주"되어 독일 출판계는 그들의 책을 제공하지 않기로 했다. 목록에는 리온 포이히트방어Lion Feuchtwanger, 알프레트 케르Alfred Kerr, 하인리히 만Heinrich Mann, 쿠르트 투홀스키와 아놀드 츠바이크 Arnold Zweig 같은 작가가 포함되었다. 사실 이런 성명은 요제프 괴벨스Joseph Goebbels를 위한 선물에 다름 아니었다. 괴벨스는 하루 뒤 라이프치히 서적출판인협회 사옥에서 열린 회의에서 출판 분야를 위해 연설했다. 제국의 민족계몽을 맡은 선전선동부 수장은 이렇게 선언했다. "미래의 독일인은 책 읽는 사람일 뿐 아니라 품성을 갖춘 사람이 될 것입니다." 서적상과 출판가들 앞에서 괴벨스는 독일인의 특성에 대한 자신의 견해를 피력하기도 했다. "1933년 1월 30일과 더불어 출현한 〔신정부의〕 이런 사고들은 본질적으로 반-제국주의적, 반-평화주의적, 반-민주주의적이다. 이는 본질적으로 전쟁이란 사고로 굳어져, 독일 민족과 그의 사고를 다시 인종, 종교, 민족성으로 소급시키려는 의도에서, 본질적으로 공공생활 전체에서 권위 있는 인품이라는 사고로 관철되었다."

얀피터 바비안Jan-Pieter Barbian은 〈1933~1945년까지의 출판협회Der Börsenverein in den Jahren 1933 bis 1945〉라는 기고문에서 괴벨스의 연설을 들은 사람들의 반응을 다음과 같이 기록했다. "총회의 강압적인 성명이 우레와 같은 박수를 받았다는 사실을, 결코 예의 바른 행위나 기회주의적인 행위라고 오해해서는 안 된다. 오히려 괴벨스는 바이마르 제국 시대에 정치, 공공행정, 경제 및 종교 분야의 상이한 권력 지도층이 다원주의적 민주주의와 현대의 국제적 문화에 반대해왔다는 의구심을 표현했다."

프리드리히 올덴부르크의 정치적 행보는 성공을 거둔 듯 보였다. 1933년 11월에 그때까지 사법으로 인정받던 협회는 공법 단체로 제국문서보관소로 인도되었고, 12월 1일에는 "책을 생산, 판매, 대여하는 모든 영업인들에 대해" 협회가 독점권을 지닌 유일한 전문 연합체라고 공표될 수 있었다.

하지만 올덴부르크의 적인 국가사회주의 출판가 구스타브 페촐트Gustav Pezold는 협회장이 상황을 완전히 잘못 평가했다고 생각했다. 12월 22일자 편지에서 그는 "올덴부르크는 지금 대체 무슨 일이 벌어지는지 전혀 모릅니다"라고 썼다. 구스타브 페촐트는 올바르게 보고 있었다. 프리드리히 올덴부르크는 시장 정화에 대한 국가적인 조사를 협회 회원들의 이해관계를 위해서 이용하려고 노력했으나 민족사회주의 독일노동당 역시 그 기회를 자신들의 이익을 위해 노리고 있었다는 사실을 놓쳐버렸다.

1934년 봄 프리드리히 올덴부르크와 당의 지도부 간의 갈등이 불거졌다. 4월 16일에 루돌프 헤스Rudolf Heß는 총통의 대리인 자격으로 검열관청의 설치를 허용했다. 게다가 명령에 따라 "국가사회주의적인 문제와 소재를 다룬 원고는 우선 민족사회주의 독일노동당의 소유인 중앙당 출판사에 출판권을 제공"해야 했다. 프리드리히 올덴부르크는 이런 규정으로 발생하는 경제적인 규모를 눈치 채고는 1934년 4월 17일 헤스에게 보내는 편지에서 다음과 같은 입장을 취했다. "명령이 의미하는 바는 프란츠 에어 나흐폴거Franz Eher Nachfolger 출판사가 정치적인 문집 전반에 대해서만 국가 출판사로서 고려된다는 것이겠지요." 올덴부르크는 이로 인해 발생하는 손해를 고려하여 "출판사 선발은 저자의 선택에 맡겨 달라고" 제안했다.

하지만 올덴부르크는 루돌프 헤스의 단호한 거절뿐 아니라 프란츠 에어 나흐폴거 출판사의 젊은 사장인 빌헬름 바우르Wilhelm Baur한테서 전보도 받았다. 바우르는 올덴부르크의 의견을 "국가사회주의 중앙당 출판사에 대한 적대적 의식"으로 해석하면서 협회장을 다음번 회의에서 낙선시킬 것이라며 위협했다. "우리는 의식적으로 우리를 반대하는 사람을 협회 우두머리로 내세우는 데에 강력히 반대합니다. 국가사회주의 국가에서 협회 수장은 진정한 국가사회주의자가 적임자이나 프리드리히 올덴부르크 박사는 그렇지 않습니다." 실제로 프리드리히 올덴부르크는 1934년 5월 말에 대표직을 상실하고 만다.

1934년 9월 21일 광적인 국가사회주의자인 빌헬름 바우르는 29세의 젊은 나이로 협회 직무를 양도받았다. 협회는 순응기를 거쳐 점점 회원을 강압하는 단체로 변화했다. 빌헬름 바우르의 관할 아래 협회의 획일화 작업이 완수되었다. 1934년 10월 1일 바우르는 직무를 맡자마자 협회지를 통해 서적 소매업에 대한 자신의 입장을 명확히 알렸다. "우리는 언론을 통해서나 서신을 교환하면서 종종 회사들(서점)이 유해하며 바라지도 않는 책을 계속해서 제공한다는 비난을 마주하곤 합니다. 그런 책들은 도서 구매자들에게 불필요한 부담을 주고 실망감을 안길 수밖에 없습니다. 민족에 해가 되는 문집을 파는 자는 그 직업을 수행할 권리를 잃게 될 것입니다."

새로운 협회장은 다양한 출판사를 위해 외면상 중재적 입장을 취했다. 그는 프란츠 에어 나흐폴거 출판사의 경영자로서 "러시아처럼 국가 소유의 출판사를 설치"하고 싶지 않다고 말했다. 프란츠 에어 나흐폴거 출판사는 이 때문에 "최상의 독일문학으로 경쟁하면서 다른 출판사와 더불어 독일 출판사로 존재하기 위해 앞으로도 계속 노력하겠다"고 말했다. 그럼에도 출판사는 "당의 작품만을 발간할 권리"를 스스로를 위해 남겨두면서, "이는 누구라도 인정할 수 있을 것이다"라고 했다.

빌헬름 바우르는 이러한 권리를 폭넓게 사용했다. 그는 아리아인주의를 기저에 깔고 추가 매입과 창립을 통해 당 소유의 출판사를 거대한 서적 및 언론 콘체른으로 만들었다. 1939년에 중앙당 출판사는 독일제국에서 최대의 경제 기업으로 성장했다. 연간 이익이 1억 제국 마르크 이상이었다. 1941년까지 출판사는 1억 3200만 권의 책을 판매했다. 출판사의 베스트셀러는 당연히 히틀러가 쓴 《나의 투쟁^{Mein Kampf}》이었다. 1940년 4월에 전체 발행부수가 600만 권에 달했다. 1940년대 초반에 약 150개의 출판사가 콘체른에 속했는데, 고용 인원이 3만 5000명에 달해 세계에서 가장 큰 독점업체로 간주되었다. 출판사의 경제력이 정점에 달했을 때, 바우르는 독일 신문 전체의 82.5퍼센트를 관리했다. 매상의 어마어마한 부분이 서적 소매상을 거치지 않고 이뤄졌다. 국가사회주의 독일노동당도 막대한 이익을 누렸다.

제3제국 시대에 출판업의 역사는—여기서는 책의 문화에 관한 언급을 피하겠다—이제까지 존재하지 않은 이데올로기적이며 경제적인 집중화 과정이다. 이는 유대민족의 재산을 몰수한 역사와 긴밀하게 관련되어 있다. 1934년에 유대인이 소유한 가장 큰 미디어 기업인 울슈타인 콘체른이 아리아인의 소유가 되었다. 국가사회주의 독일노동당의 금융회사는 기업 가치의 10분의 1에 불과한 비용으로 저명한 출판사와 신문사를 인수했다.

서적 소매업과 출판업에 종사하는 유대인의 비율은 2.5퍼센트에 불과했지만, 1933년 이후에는 유대인 출판업자와 서적상을 배제하기 위해 악의적인 술수를 썼다. 기업을 자유의사로 내놓거나 매각하지 않는 자는 1935년 말부터 제국문서보관소로부터 공식적인 배제를 당했다. "귀하는 유대인 출신이기에 문화를 전달하는 직업 분야에서 활동하기에는 부적절하다고 간주합니다." 유대인이 운영하는 출판사와 서점이 게토에서 잠시 영업을 할 수 있었다. 하지만 1938년 11월 9~10일에 일어난 '수정의 밤^{Kristallnacht}'*과 함께 이마저도 끝이 나고 만다. 12월 31일 요제프 괴벨스는 유대인의 상행위

근절을 지시했다. 이로써 유대인 소유의 출판사와 서점 전체가 종말을 맞았다. 이는 비단 기업의 종말만 뜻하는 건 아니었다. 유대교를 믿는 많은 서적상과 출판업자가 강제수용소에서 목숨을 잃었다.

도서문화의 새로운 시작

1945년 5월 8일 독일의 무조건 항복이 선포된 이후 몰락했던 출판계의 재건이 시작될 수 있었다. 국가사회주의 지배 속에서 가해진 황폐화는 너무나 심해서 서점과 출판사는 바이마르 시대와 단절되어 흔적조차 찾기 어려웠다. 독일이 4개의 점령 지역으로 분리되고 연합군의 문화정책의 영향을 받아야 했다는 사실도 도서시장의 황폐화에 영향을 주었다.

전후시대 서독의 도서문화 발전은 주로 다음의 변화들에 의해 견인되었다. 지정학적 관점에서 보면 베를린과 라이프치히는 냉전 때문에 그때까지의 전권을 상실했다. 매체 기술적 관점에서 보면 포켓북이라는 새로운 책의 형태가 생겨났다. 시장정책적 관점에서 보면 북클럽이 이례적으로 큰 역할을 수행했다. 경영학적 관점에서 보면 포켓북과 북클럽을 통해 출판사는 새로운 가능성을 발견했다.

---

*　　파리 주재 독일 대사관의 3등 서기관이었던 에른스트 폼 라트가 헤르셸 그린슈판이라는 17세의 독일계 유태인 청년의 암살로 사망한 사건에 대한 보복으로 일어난 사건을 말한다. 1938년 11월 9~10일 밤 사이에 나치 당원과 동조자들이 독일 전역의 유대인 교회와 상점을 파괴했다. 이 사건은 '깨진 수정의 밤' 또는 '깨진 유리의 밤'으로 불리기도 하는데, 이는 사건 당시 수많은 유리창이 깨진데서 유래한 이름이다.

전문 분야의 정책적 관점에서 보면 독일서적상출판인협회의 재창설은 분산된 이해관계를 대표한다는 점에서 중요했다. 마지막으로 국가 정책적 관점에서 보면 독일 시장의 분할이 독일 분단의 결과로 강조되어야만 한다. 이런 변화들은 도서문화에 지속적인 영향을 끼쳤다.

〰️

제2차 세계대전이 끝난 후 며칠도 지나지 않아 연합군은 독일의 도서시장을 정비하기 시작했다. 1945년 5월 12일 과거 간행물의 생산 및 판매가 금지되었다. 동시에 도서관과 도서 대여점에 있던 국가사회주의적이고 전쟁을 칭송하는 문학작품은 몰수되었다. 책을 생산하거나 판매하기 원하는 출판가와 서적상은 면허를 받아야 했고 허가된 출판사만이 종이와 인쇄기계를 할당받을 수 있었다. 이런 면허증은 민주주의적인 식견과 그에 합당한 직업적 경험을 입증할 수 있는 사람에게만 발행되었다.

과도기를 거치면서 출판물은 조금씩 증가했다. 하지만 대중은 정신적으로 굶주려 있었고, 10년간 합법적으로 판매될 수 없었던 책들을 요구했다. 수요가 공급을 초과했기 때문에 책은 암시장에서 선망의 대상이었다. 동시대인들은 "책은 교환가치를 가졌다"고 기억한다. "사람들은 삶을 부정하는 쇼펜하우어를 팔아 삶을 지탱하는 카텐쉰켄Katenschinken* 한 덩이를 받았을 것이다."

* 북독일에 있는 홀스타인Holstein 지방의 특산품으로 소금에 절인 훈연 돼지고기를 말한다.

205

소비에트가 주둔하던 지역에서 서부 연합군 주둔지로 출판사가 이전하는 것은 순전히 정치적인 이유에서였다. 도서 창고와 인쇄소가 많던 라이프치히의 그라픽 지구와 베를린이 엄청나게 파괴된 것도 하나의 이유였다. 베를린과 라이프치히에 있던 출판사들은 부동산, 기록 문서실, 재고 도서 등을 잃었다. 많은 작가와 출판 인력이 실종되었다. 포로수용소나 독일 전역에 흩어진 이들도 있었다. 사람들은 완전히 처음부터 시작해야만 했다. 그러나 이런 일을 소비에트군이 주둔하는 지역에서 실행해야 할 이유는 전혀 없었다. 결국 브로크하우스, 디더리히스, 피셔, 인젤Insel, 키펜호이어Kiepenheuer, 리스트List, 루흐터한트Luchterhand, 마이어, 레클람, 로볼트, 주어캄프 같은 출판사들은 서쪽으로 이전했다.

새로운 회사의 위치를 선정하는 전략적인 이유는 없었다. 출판사들은 거주공간과 사업공간을 쓸 수 있고 가족 구성원의 고향을 찾거나 허가를 받을 기회가 있는 곳으로 이주했다. 그리하여 프랑크푸르트 암 마인, 함부르크, 쾰른, 만하임Mannheim, 뮌헨, 노이비트Neuwied, 슈투트가르트 등지에 정착할 수 있었다. 전후시대에 서독에서 출판의 중심 도시가 구성될 수 없었으나 1958년에 이르러 뮌헨은 출간된 도서의 수를 산정해볼 때 독일 최고의 출판 도시가 되었다. 그럼에도 뮌헨은 출판의 중심지가 될 수는 없었다. 2006년 이자Isar 강 근방의 도시(뮌헨)는 베를린에 1등 자리를 내주었다.

제2차 세계대전이 종식되었을 때 독일 서부 지역은 인쇄 시설의 40퍼센트와 제본 시설의 60퍼센트가 파괴되었고 종이도 모자랐다. 당시 독일 주민을 재교육하는 데 언론이 책보다 더 큰 역할을 수행했기 때문에 종이는 60 대 40 비율로 사용되었다. 물론 신문 인쇄에는 일반적인 도서인쇄기가 아니라 윤전기가 사용되었다는 사실을 덧붙여야 한다.

이런 상황에서 하인리히 마리아 레디히 로볼트Heinrich Maria Ledig-Rowohlt는 1946년 8월에 신문 절반 정도 크기로《스토리-외국의 이야기꾼Story-Erzähler des Auslands》이라는 월간지를 발간했다. 창간호는 10만 부를 찍었다. 이러한 아이디어에 착안해 같은 해에《로볼트 로테이션 로만Rowohlts Rotations Romane, RoRoRo》(로로로RoRoRo)이 나왔다. 이는 제본되지 않은 신문판으로 10만 부를 발행했는데 각각의 책 제목이 중요했다. 로볼트는 인쇄산업과 제지산업의 상황을 살피며 대량 판매를 위한 새로운 매체 형식을 고안하기 위해 재교육 전략을 능숙하게 활용했다.

1949년 6월 하인리히 마리아 레디히 로볼트가 미국 단행본 시장의 정보를 얻고자 미국 정부의 초청을 받아 뉴욕으로 여행을 떠났을 때,《로볼트 로테이션 로만》의 시대는 열두 번째 신문판을 끝으로 종결되었다. 이와 관련해서는 여러 가지 이유가 있다. 1948년 6월 21일 단행된 화폐개혁 덕분에 오랫동안 부족했던 일상용품이 점점 더 풍족히 공급되어 소비의 변화가 일어났다. 문학을 향한 갈망은 점차 진정되었고, 다른 소비욕구도 충족될 수 있었다. 이런 변화된 상황이 출판계의 판매 위기로 이어졌다.《로볼트 로테이션 로만》은 빳빳한 종이에 신문판으로 인쇄된 탓에 대중성을 잃었다. 독자층은 문학작품 공급의 일환으로 등장했던 일시적인 해결책에 더는 흥미를 느끼지 못했다. 레디히 로볼트가 미국에서 돌아왔을 때 그의 머릿속에는 새로운 아이디어가 있었다. 바로 문고본이었다. 문고본은 비용과 설비 측면에서 여전히 윤전기로 인쇄했지만 제본된 책의 형태로 완성되었다. 1950년 6월 17일 최초의 문고본이 발간되었는데, 그중에는 한스 팔라다^{Hans Fallada}의 《월급쟁이, 이제 어떻게 할 것인가?^{Kleiner Mann was nun?}》와 쿠르트 투홀스키의 《그립스홀름 성^{Schloß Gripsholm}》 같은 작품이 있었다. 로볼트 문고본의 초판 발행부수는 5만 권이었고, 권당 1.5독일마르크에 판매되었다. 로볼트가 출간한 문고본의 또 다른 특징은 책에 담배나 유가증권 등의 광고를 채택했다는 점이다. 출판사는 이로써 추가적인 수입을 얻을수 있었다. 로볼트의 천재적인 아이디어는 다소 황당한 면이 있지만, 판매 위기에 대응하는 성공적인 전략이었다. 문고본의 성공으로 그의 아이디어는 곧바로 모방되었다. 1952년부터 자무엘 피셔가 문고본 시리즈를 출판했고 골트만^{Goldmann}, 울슈타인, 크나우르^{Knaur} 같은 출판사도 뒤따랐다. 문고본은 도서대여점에 사형 선고를 내렸을 뿐 아니라 도서시장을 개혁했다. 오늘날 문고본은 전체 도서 판매액의 35퍼센트를 차지한다.

서적 소매상은—바이마르 시대에서처럼—치열한 경쟁 환경에 흔들렸다. 도서대여점의 시대가 거의 끝나고 있었으나 기차역의 서점과 백화점의 서점 그리고 북클럽 등이 도서 매출에 지대한 영향을 주었다. 후자는 특히 새로운 전성기를 맞았다. 1950년에 가장 유명한 북클럽으로 베텔스만 정기구독 대여점^{Bertelsmann Lesering}이 생겼는데, 나중에 베텔스만 북클럽으로 회사 이름을 변경했다. 베텔스만 북클럽은 1960~1970년대 중반에 이르는 전성기에 대략 6500만 명의 회원을 거느렸다. 회원 중 절반 이상은 초등학교 출신자였고, 단 7퍼센트만이 대입시험을 치른 사람들이었다. 말하자면 북클럽 회원은 중하층 사람들이 주를 이뤘다. 전후시대에 북클럽의 성공에는 교육을 열망하는 수요가 한몫했다. 고전주의 책에 대한 고객들의 공포증Schwellenangst*, 수많은 책 가운데 전문가가 보장하는 추천도서, 그리고 고정된 서점의 정가와 비교해 상대적으로 저렴한 회원 우대가 덕분에 북클럽은 급성장할 수 있었다. 회원들은 북클럽을 통해 정기적으로 책을 구매하면서 소규모의 개인 도서관을 키웠다. 바이마르공화국 시대에 그러했듯이 전후시대에 규모가 큰 북클럽은 회원들의 욕구를 충족시키기 위해 정치적이거나 종교적인 내용보다는 폭넓은 주제의 도서를 제공했다.

현재에는 베텔스만 이외에 서적길드 구텐베르크Büchergilde Gutenberg와 다름슈타트 학술 북클럽Wissenschaftliche Buchgesellschaft Darmstadt이라는 콘체른에서 독립한 북클럽이 있다. 서적길드가 아름다운 책을 만나는 기쁨을 추구한다면, 학술 북클럽은 지적 즐거움을 추구하는 대중에 주목한다.

책의 가격을 산정하는 데 전통적으로 출판사는 책 자체의 매출을 중요하게 여겼다. 하지만 이런 생각은 1950년대 들어와 바뀌었다. 북클럽, 문고본, 책 내용의 부분 사용, 특별판, 선집選集, 교과서, 영화, 라디오, 해외 라이선스 등 책 이외의 영역에서 수익을 창출할 가능성이 열렸기 때문이다. 이러한 부수적인 권리들은 오늘날 출판

---

* 　광고심리학 용어로 특정 건물이나 상점에 들어가길 망설이는 공포증을 뜻한다.

사의 총매출에서 중요한 역할을 하고 있다.

⁂

협회가 국가사회주의 권력자를 향해 불필요하게 의도적으로 환심을 사려 했다는 사실은 은폐되지 않은 채 남아 있었다. 종전 이후 독일연방의 정치적 원칙이 전적으로 바뀌어야 했기 때문에 출판사와 서점의 대표들 또한 자신들의 목소리를 낼 기구가 필요했다. 이에 종전 이후 출판업 대표기구 창립의 역사를 베를린의 예로 간략하게 소개하려고 한다. 왜냐하면 베를린이 4대 열강에 의해 점령된 유일한 연방이었기 때문에 다른 연방보다 창립 역사가 복잡하기 때문이다. 대표기구의 설립은 1946년 5월 5일 베를린 영국군 주둔지에서 독일 출판사와 서적상의 연합단체가 건립되면서 시작되었다. 3주 뒤 미국군 점령지에서도 이에 상응하는 통합단체가 설립되었다. 1946년 8월 30일에는 러시아군 주둔지에서 출판사와 서적상의 연합단체가 생겼다. 그 이후 모든 관계자들은 프랑스군 주둔지에서 출판사와 서적상을 고려해서 존속하는 모든 단체를 통합하는 데 집중했다. 그리하여 마침내 1946년 11월 21일 베를린에 있는 출판사와 서적상의 통합단체가 출판계 전체를 대표하는 기구로 확정되었다.

이 통합단체는 전후 몇 년간 각 지역의 출판계가 비슷한 문제에 처해 있다고 보고 이를 취한 해결책을 찾으려 했다. 예를 들면, 동·서독 지역 간 교통에서* 도서 배송을 조직하거나 식량 배급표를 배부할 때 회원들에게 더 나은 자격을 부여하는 것이었다. 매번 거론되는 주제는 출판사를 위한 '일반 계약'을 정식화하는 일이었다.

1947년 중반에 통합단체는 저자 보호단체와 더불어 계약의 토대를 합의할 수 있었다. 또한 통합단체는 탄약상자에 책을 담아 배송하는 방안을 협의했다. 하지만 포장이 문제가 아니었다. 더 큰 문제는 베를린의 서적상에 책을 공급하지 않겠다는 서독 출판사들의 결정에 있었다. 1946년 하노버에서 열린 출판 관련 회의에 초대된 두 명의 베를린 대표단은 "사람들은 베를린을 포함해 동독을 제외하려는 주장을 관철하고자 했다. 이는 명망 있는 출판업자들과의 대화에서도 강조되었다. 베를린이 처한 어려움을 이해하려 하지 않았다"고 전한다. 실제로 "1년에—아마도 1947년—동독의 책은 3500제국마르크 정도나 서방으로 팔려나갔지만 반대로 서독의 책은 베를린에서 17만 제국마르크 정도밖에 팔리지 않았다."

베를린 통합단체는 1947년 6월 7~20일 동안 샬롯텐부르크 성에서 '새로운 책'이라는 기치로 도서전시회를 개최했다. 이 전시회는 2년 뒤 창설된 프랑크푸르트 도서박람회의 전신으로 간주된다. 안드레아스 볼프Andrea Wolff가 정리한 1945~1947년의 신간 목록을 보면 6000권의 책이 실려 있다. 그중에 400개의 출판사가 출간한 약 1500권 책은 대중적인 문학작품이었다. 독일에서 허가받은 전체 출판사 가운데 약 65퍼센트가 신간 목록에 올라 있다. 800권의 도서는 베를린에서 직접 목록을 작성하기도 했다. 페터 주어캄프는

---

* 　지역 간 교통Interzonenverkehr은 1945~1973년까지 4개로 나뉜 독일 점령지역을 연결하는 교통체계를 일컫는다. 1945년 5월에 민간인은 통행 허가증을 지녀야만 거주지를 떠날 수 있었다. 각각의 점령지역 안에서 버스와 철도가 다양한 노선으로 운영되었으나 점령지역 간의 교통은 중단된 상태였다.

"이제까지 완성된 목록을 살펴보면 전반적으로 합당한 노력이 실행되고 있음을 알 수 있다"고 어떤 기사에서 평가하기도 했다. 베를린 통합단체는 베를린을 독일 서적출판연맹의 중심으로 발전시키고자 했다. 이를 위해 통합단체는—도서전시회와 마찬가지로—전쟁 이후 출판 관련 단체장들의 모임을 조직했다. 협회지는 중요한 결정을 통지했다. "모든 단체의 대표자들은 정당한 기구를 만들어 전체 서점의 이름으로 발언하고, 연방 연합단체의 의견을 표결하는 일의 필요성를 강조했다. 이에 협력위원회를 설치하자는 결정이 입안되었고, 베를린의 출판업자 및 서적상 연합단체에 관할권이 있었다. 이구동성으로 입안된 이 결정은 독일 전체 출판업에 중요한 의미를 지닌다."

회장단의 두 번째 회의는 1948년 베를린 봉쇄로 취소될 수밖에 없었다. 정치적 상황으로 베를린에서 협회를 재건하려던 작업에는 어려움이 따랐다. 통합단체는 곧 프랑크푸르트 암 마인에 있는 출판단체로 무게중심이 기울었다.

동독의 도서문화

16세기 중반에 독일의 서적시장이 신앙과 분리되기 시작하여 약 200년간 지속된 반면 독일 서적시장의 정치적인 분리는 1945년 독일 분할로부터 1990년 10월 3일 통일되기까지 정확히 45년간 지속되었다. 비교적 짧은 기간이었으나 독일의 도서문화에 엄청난 변화를 초래했다. 유감스럽게도 독일민주공화국^{DDR}(동독)의 도서문화 역사에 관해서는 포괄적이고 학술적인 문헌이 오늘날까지 발간되지 못하고 있는 상황이다. 동독 출판사의 역사를 파악할 수 있는 자료로는 2009년 봄 크리스토프 링스^{Christoph Links} 출판사가 발간한 《독일민주공화국-출판사의 운명^{Das Schicksal der DDR-Verlage}》이라는 논문이 유일하다.

1948년 7~8월 사이에 소비에트군의 점령지역이었던 베를린에서 디츠^{Dietz}, 아우프바우^{Aufbau}, 폴크 & 비센^{Volk & Wissen} 출판사가 허가를 받았다. 디츠 출판사는 독일공산당^{KPD}에 속해 있었으며 정치 관련 문집을 발간했다. 아우프바우 출판사는 문예 관련 도서를 출판했다. 폴크 & 비센 출판사는 교과서를 출판하는 국가 소유의 출판사였다. 1949년 5월 30일 독일민주공화국이 건국될 때까지 총 160개의 출판사가 허가를 받았는데 앞서 언급했듯이 베를린과 라이프치히에 있던 전통적인 출판사는 대부분 서독으로 이주했다. 오래되고 명망 있는 회사 중 몇 군데는 1946년 이후 국유화되었다. 이 때문에 출판사 이름은 같지만 서독과 동독에서 회사가 둘로 나뉘는 일도 있었다. 브로크하우스, 레클람, 인젤 등의 출판사가 이에 해당한다.

1963~1965년 사이 동독의 출판계에 자본의 집중화가 진행되었다. 그 결과 출판사가 78곳으로 감소했다. 이들 회사는 동독이 와해될 때까지 존속했으나 출판사의 소유관계가 책 출판에 미치는 영향은 막대하다. 동독의 출판사 가운데 대략 절반이 국가 소유였으며 약 40퍼센트는 당과 조합에 속해 있었다. 그밖에 출판사는 국가

가 지분을 가지고 있거나 국가의 관리하에 형식상 개인 소유 형태로 존재했다. 교과서 출판사인 폴크 & 비센을 제외하면, 출간물의 양으로 볼 때 독일사회통일당SED 소유의 킨더부흐Kinderbuch, 아우프바우, 디츠, 노이에스 레벤Neues Leben이 동독에서 4대 출판사에 속했다. 전환기 이전인 1988년에 킨더부흐 출판사는 472권을, 아우프바우 출판사는 301권, 디츠 출판사는 300권, 노이에스 레벤 출판사는 291권의 책을 출간했다. 동독의 최대 출판사인 폴크 & 비센은 같은 시기에 500권을 출간했다. 독일사회통일당에는 23개의 출판사가 속해 있었는데 1985년에 3억 6500만 마르크의 수익을 거뒀다. 경쟁이 심하지 않고 발행부수가 많아 출판사의 수익성은 만족스러웠지만, 이윤을 당이 가져갔기 때문에 의미가 없었다. 국가 혹은 조합 소유의 출판사들의 상황은 이와 유사했다. 자유독일노동조합연맹의 트리뷔네Tribühne 출판사, 자유독일청년회의의 융예벨트Junge Welt 출판사와 독일 기독교민주연합의 유니온Union 출판사가 그러한 예에 속한다.

동독의 출판환경은 출판사의 수가 적고 베를린과 라이프치히 두 곳에 집중되어 있어 한눈에 파악하기가 용이했다. 이 때문에 검열하기가 손쉬웠다. 동독의 검열은 허가제를 통해 출판사의 시장 진입을 제한하는 것으로 시작되었다. 1949년에 서독에서 허가증 발부가 폐지된 반면 동독에서는 허가제가 1990년 1월 15일까지 통용되었다. 또한 서독과 달리 동독에서는 책을 펴낼 때마다 인쇄 허가를 받아야 했다. 이를 위해 원고를 심사했기 때문에—이에 대한 심급은 해마다 몇 번씩 바뀌었다—동독에서 체계적인 사전 검열이 있었음을 언급될 수밖에 없다.

동독의 문화정책은 공무청인 문화부에 속한 출판사와 서적상 중앙관리본부에 의해 좌우되었다. 라이프치히의 전문위원회와 도매서적상조합은 경제, 문화의 계획 본부이자 허가받은 출판사와 배송을 관리했다. 중앙관리본부는 700개 이상의 민중서적상과 도서의 수출입, 고서점과 연방의 도서관 등을 관리했다. 서점과 출판사는 라이프치히에 있는 독일서적상출판인협회에 속해 있었지만, 중앙관리본부의 지시를 따라야 했다. 중앙관리본부는 신간의 배분과 판매도 통제했다. 전체 도서의 67퍼센트는 민중서적상에 할당되었고, 개인 서적상은 7퍼센트의 할당량에 만족해야만 했다. 발간된 초판 도서의 나머지 24퍼센트는 수출되거나 당 혹은 군대의 서점에 할당되었다.

이 시기 서독과 동독의 출판사들은 정치관와 세계관이 전혀 달랐으나 다양한 방식으로 협동했다. 왕성한 허가 거래와 공동발간 프로젝트는 양국 사이에서 경제적인 관계만이 아니라 문화적인 관계를 이어주었다. 아우프바우와 주어캄프 출판사의 공동 작업이 인상적인데, 방대한 주석을 단 베르톨트 브레히트[Bertolt Brecht] 작품의 베를린과 프랑크푸르트 판본이 대표적인 사례다.

라이프치히 도서박람회는 이런 무역관계의 중요한 전환점이었다. 전환기의 소란을 겪고 난 이후 라이프치히 도서박람회는 거대한 규모의 대중적인 박람회이자 출판계의 회합 장소로서 성공적으로 자리를 잡았다. 프랑크푸르트와 라이프치히의 양대 박람회에서 펼쳐지던 격렬한 경제적 이데올로기적 경쟁은 과거에 속했다. 4일간의 박람회 일정에 거의 2000개 가까운 각종 강연이 열려 라이프치히 도서박람회는 세계적인 도서박람회로서 독보적인 지위를 점유하게 되었다.

전환기는 동독의 도서경제에 깊은 단절을 의미했다. 국가적인 독점이 전체 분야에서 사라졌다. 서점의 사유화는 상이하게 진행되었다. 동베를린과 브란덴부르크Brandenburg에서 대부분의 서점이 각각의 서적상 경영자에게 매각된 반면 작센의 민간 서점들은 서독에서 온 투자자에게 넘어갔다. 오늘날에도 동독에 있는 서점이 전체적으로 서쪽 회사들의 영향 아래 있다는 사실을 언급해야 할 것 같다. 이는 서점의 수가 아니라 판매 면적과 매출 면에서 그렇다.

출판사의 사유화는 다시금 본격적인 재해였다. 크리스토프 링스는 《독일민주공화국-출판사의 운명》에서 그 몰락의 역사를 상세하게 기록했다. 전환기 이후 동독 출판사의 여건은 처음부터 불리했다. 대개 출판사 건물의 소유권을 갖지 못했고, 시설도 불충분했다. 게다가 출판권의 대부분이 하룻밤 사이에 사실상 가치를 잃었다. 그 이유는 한편으로는 서독 출판사들로부터 취득한 판권이 동독이 와해되면서 동시에 법적 토대를 잃었다는 점이고, 다른 한편으로는 동독 출판사들의 원판을 사겠다는 사람이 서독에서 나타나지 않았다는 점이다. 오랫동안 갈망하던 서독 출판사의 책이 합법적으로 넘쳐나자, 동독 서점은 더 이상 동독 출판사의 책에 관심을 보이지 않았다. 동독 출판사들이 항상 이윤을 출판 소유자에게 지불했다는 사실은 나쁜 결과를 초래했다. 전환기 이후에 출판사는 새로운 출발을 위한 유동 자금이 없었다. 또한 동독 출판사들은 출간할 책도, 판매할 재고도 없었다. 결국 상당한 돈을 신간 출간에 투자할 수밖에 없었다. 여기에 동독의 출판영업 독점화는 판매와 광고의 문제에 있어서 전문 지식을 발전시킬 수 없게 만들었고, 또한 상인다운 생각도 단지 흔적으로만 남아 있었다. 게다가 주된 문제는 신탁기관의 정치였다. 위 기관에는 동독 출판사의 독점화가 위임된 상태였다. 신탁기관은 대표 데트레프 카르스텐 로베더^{Detlev Karsten Rohwedder}의 통솔하에 동독의 문화자산을 가능한 한 많이 보존하려는 목표를 좇았다. 하지만 1991년 4월 그가 살해당하고 비르키트 브로이엘^{Birgit Breuel}이 뒤를 이었을 때 정책의 목표가 변했다. 이제는 기업의 회생이 아닌 신속한 판매가 전면에 부각되었다. 오래된 짐을 가방에 짊어진 상태에서 동독 출판사의 성공적인 사유화는 이루어지지 않았다. 이런 과정의 대차대조표는 크리스토프 링스의 책에서 빠져 있다. "독일 전체를 비교하면 동독 출판사의 경제력은 오히려 무시되었다. 1070억 유로의 독일 출판 분야의 전체 매출 중에서 새로운 연방들(구동독 지역, 베를린 제외)의 기업들은 2006년에 단지 0.9퍼센트만 담당했고, 베를린은 5.6퍼센트를 차지했다." 사람들은 유일한 동독 출판사조차도 전환기를 외부의 도움 없이 극복하지 못했다고 덧붙이고 싶어 할 것 같다.

하지만 서독도 전환기 소동에서 벗어날 수 없었다. 이어지는 기이한 역사는 기본적으로 역사에서 보면 하찮은 사건일지라도, 이는 그 당시 서독에 높은 해일을 불러일으켰다. 말하자면 서베를린의 서적상은, 전환기 이후에 많은 서독 출판사들이 바로 동베를린 서점에 프로그램을 알리기 위해 책을 배송하기 시작했다는 사실을 불쾌하게 생각했다. 배송은 일반적으로 1:1 환전시세로 행해졌다. 그러므로 서적상은 예를 들어 책 한 권을 100마르크(서독 독일마르크) 가치로 받았고 매매차익을 빼고 난 다음에 이에 대해 60마르크(동독 독일마르크)를 출판사에 지불했다. 서적상의 최종고객은 그 책에 대해 98마르크를 지불해야만 했다. 계속 이런 식이었다. 단지 동독 마르크 시세는 1990년대 초반에 1:20으로 하락했다. 그리고 이 시세는 1990년 7월 1일에 경제단체, 화폐협회와 사회단체에까지 통용되었고, 그날 독일 마르크는 유일한 지불수단이 되었다. 그때까지 물론 모든 사람은 서독은행을 방문할 수 있었고, 그곳에서 서독의 5마르크를 동독의 100마르크로 교환할 수 있었고, 앞서 말한 책을 구입하기 위해서 베를린 미테Mitte(동베를린 구역)로 갈 수 있었다. 그렇게 싼 가격으로 책에 다가선 적은 없었다. 이 시대에는 이런 방식으로 동베를린 동료에게서 자신의 창고를 채운 몇몇 베를린 서적상도 있었다.

전환기 이후에 협회의 재건은 역사적 주해 정도로 그치지 않지만, 그럼에도 여기에서는 간략히 언급할 것이다. 1991년 1월 1일 라이프치히에 있는 서적상출판인협회는 독일 서적상협회와 합병했다. 새로운 단체의 주요 거처는 프랑크푸르트 암 마인이 되었다.

같은 시기에 서베를린의 단체였던 출판인과 서적상연합은 정관을 바꿔 동베를린과 브란덴부르크에 있는 서점과 출판사들도 단체의 회원이 될 수 있었다. 이는 명칭을 베를린 브란덴부르크 출판사 및 서적상 연맹으로 바꿨고, 현재는 베를린 브란덴부르크 독일서적상출판인 연방협회로 불린다. 1990년 10월 25일 라이프치히에서 서적상 연방협회가 창설되었다. 이는 연방주 작센, 작센-안할트와 튀링엔Thüringen 주를 포함했지만, 서쪽 연방주와 합병하지는 않았다. 1992년 1월 1일에 마침내 독일 서북부와 동북부는 베를린 브란덴부르크를 모범으로 하나의 공동 단체가 되었다. 이로 인해 베를린장벽이 붕괴되고 족히 2년 후에 연방과 국가 층위를 연결하는 협회가 재건되었다.

좌파 진영의 저술과 해적판

📖

1960년대에 전후세대는 과거 청산이 부족하고, 소비 중심적인 태도에 불쾌감을 표명했다. 사회는 냉전과 경제기적의 시대 속에서 애초에 갖고 있던 이상을 잃어버렸다. 소시민의 도덕, 지적 무기력, 정치적 기회주의는 민주적인 열린사회로의 여정을 엉망으로 만들었다. 국내외의 일련의 정치적인 사건은 소요만 일으키는 저항의 급진화를 초래했다. 1962년의 슈피겔 사건*, 1965년 미국의 베트남

---

*　　1962년 10월 8일, 독일 시사주간지 《슈피겔》에 서독의 군軍 방어 태세의 문제점을 지적하는 22쪽 분량의 기사가 실렸다. 잡지가 나온 지 18일째인 26일 밤 《슈피겔》 편집국에 들이닥친 독일 연방경찰의 수사관들은 창간인이자 발행인인 루돌프 아우크슈타인과 기사를 쓴 콘라드 알러스 기자 등을 체포하고 수천 건의 서류를 압수했다. 분단국가였던 서독의 군사기밀을 공개했다고 하여 국가기밀 누설 혐의를 적용한 것이다. 그러나 독일 국민은 이를 언론의 자유에 대한 공권력의 부당한 폭거로 인식했다. 독일 전역에서 수천 명의 시민이 거리로 몰려나와 시위를 벌였다. 이로써 아우크슈타

참전, 1968년 5월 비상 사태법 공표는 특히 대학교 주변에서 불쾌감으로부터 급격한 정치화로 귀결되었다. 비슷한 시기에 학생혁명과 함께 청년운동이 일어났고, 음악, 유행 등 거의 모든 교류형태를 부모세대로부터 급격하게 분리시켰다. 특히 젊은 여성들은 아데나워^{Adenauer} 시대의 곰팡내 나는 가족의 진부한 관계를 거역했다. 사람들은 여성이 직업을 갖거나 은행에 개인 구좌를 갖기 위해 남편의 동의가 필요했다는 사실을 기억해냈다.

이러한 저항운동은 지하조직의 잡지, 현수막, 대안을 제시하는 소규모 출판사와 서점들 및 새로운 활자와 그래픽 미학을 통해 고유한 책의 문화를 발전시켰다. 1960년대 후반기에는 테오도르 W. 아도르노^{Theodor W. Adorno}, 막스 호르크하이머^{Max Horkheimer}, 로자 룩셈부르크^{Rosa Luxemburg}, 빌헬름 라이히^{Wilhelm Reich} 같은 저자들의 책이 유통되지 않았기 때문에, 전복을 꾀하는 인쇄소에서 이런 책들을 해적판이나 복제본으로 생산해 이를 선술집, 대학 및 그밖에 다른 경로로 유포하려는 생각을 떠올렸다. 왜냐하면 이런 저술들은 신좌파의 자기 이해와 정치적인 단초에 결정적인 역할을 했기 때문이다.

이른바 시민적인 출판사들은 이런 비판적인 반공공성의 시장 가능성을 매우 빠르게 인식했고, 그에 알맞은 기획을 제공하는 것으로 반응했다. 1966년에 로볼트가 위험하지 않은 문고본 시리즈《로

인은 투옥된 지 103일 만에 풀려났고, 사건을 주도했던 콘라트 아데나워 총리는 임기 2년을 남긴 채 사퇴했으며, 프란츠 슈트라우스 국방장관도 물러났다. 서독 민주주의는 슈피겔 사건과 함께 시작되었다는 평가를 받을 정도로 이 사건의 의미는 상당하다. 세계 저명 언론인들은 워터게이트 사건과 더불어 슈피겔 사건을 국가 권력에 맞서 언론 자유를 신장시킨 20세기 최대의 사건으로 손꼽는다.

로로와 함께 즐겁게 요리해요Koche froh mit RoRoRo》를 시작으로《로볼트 악투엘Rowohlt aktuell》을 발간했다. 이 시리즈는 시대의 사회정치적인 갈등을 주제화했다. 그리하여 1968년에 루디 두취케Rudi Dutschke가 펴낸 최고의 책《학생 반란 혹은 새로운 여당Rebellion der Studenten oder Die neue Opposition》이 나왔다. 로볼트는 주목할 만한 베스트셀러를 내놓았는데, 좌파 성향의 가정이라면 꼭 소장하고 있을 닐A.S.Neill의《반권위주의적인 교육의 이론과 실천-서머힐을 사례로Theorie und Praxis der antiautoritären Erziehung-Das Beispiel Summerhill》라는 책이었다. 주어캄프 출판사도 신간을 출간했다. 주어캄프 문화라는 개념은 1973년에 처음으로 표현되었지만, 1960~1970년대의 가장 중요한 미학 텍스트들을 발간한《에디션 주어캄프edition suhrkamp》를 빼고서 이 시대를 생각할 수는 없다.

대형 출판사에서 저항운동과 여성운동, 좌파적인 하위문화와 마약문화 등에 관해서 수많은 책이 발간되고, 1970년대 초반 새로운 내면성*이 확산되기 시작하자, 그사이에 엄청난 시설을 세운 해적판 활동에 위기가 도래했다. 좌파 문학에 대한 폭넓은 공급이 해적판 생산 의 토대를 위협했다. 이 때문에 베스트셀러를 복제해서 출판하려는 생각이 나왔다. 이때 좌파 모임에서 철학자 게오르크 빌

---

* 　신내면주의는 마르셀 라이히 라니츠키Marcel Reich-Ranicki가 1970년대 독일 문학의 새로운 방향을 표현한 신주관성Neue Subjektivität과 연관된 개념이다. 68운동으로 생겨난 체제 비판적이며 사회이론적인 함의를 포함한 정치 참여적인 문학에 대항해 내면성, 자기 관찰과 자기 경험에 치중한 글쓰기를 목표로 했다. 자전적이고, 일기 같거나 감정을 강조하여 체념적인 색채를 띤다. 대표작으로는 페터 슈나이더Peter Schneider의《렌츠Lenz》, 페터 바이스Peter Weiss의《양친과의 이별Abschied von den Eltern》 등이 있다.

헬름 프리드리히 헤겔이 연구되었다. 그는 1821년에 집필한 《법철학 요강》에서 "책의 판매를 통해 단지 책 한 권이 인도되는 것이지, 그 책의 복제 가능성이 인도되는 것이 아니다"라고 확언했다. 하지만 그는 저작권 소멸시효 원칙에도 몰두하여, 책은 저자가 사망함으로써 주인을 잃을 수 있고, 그 때문에 사람들이 소멸시효를 통해서 지적 창작에 대한 판매권을 획득할 수 있을 것이라고 상술했다. 맥락에서 벗어난 이런 생각과 자본주의 서적 콘체른에 대항해서 전쟁을 표방하던 이들은 정치와 무관한 미하엘 엔데[Michael Ende]의 《모모[Momo]》와 그밖에 다른 책들을—저자가 대부분 생존해 있음에도—복제하기 시작했다. 일부 좌파 진영에 동조하며 경제적인 동기에서 나온 패러다임의 변화는 결과적으로 독일 서적상출판인협회가 해적판에 투쟁을 선포하고 법적인 수단으로 회원들의 이익을 관철하게 만들었다. 수많은 도서 압수와 소송을 거치며 1970년대가 지나는 동안 해적판 사업은 종말을 맞았다.

책방에서 도서 백화점으로

20세기 초에 나타난 문화출판가는 제2차 세계대전이 끝난 후 출판영업이라는 무대에 잠깐 등장했다. 페터 주어캄프, 에른스트 로볼트와 하인리히 마리아 레디히 로볼트, 쿠르트 데쉬[Kurt Desch], 라인하르트 피퍼[Reinhard Piper], 고트프리트 베르만 피셔, 오이겐 클라센[Eugen Classen] 등이 출판허가증을 받았다. 파시즘을 경험한 그들로서는 자신들의 미래를 경제적으로 보장해줄 뿐 아니라 독일에서 새로운 문화적인 다양성을 정립할 수 있는 작가를 발굴하고 출간 기획을 발전시키는 일이 중요했다. 하지만 화폐개혁 이후 판매방식의 변화와 독일의 경제기적이라는 신속한 발전 그리고 서적시장에서 격해지는 경쟁, 그 외 다른 요인들로 말미암아 결과적으로 1955년의 화폐개혁이 있기까지 허가증을 받은 출판사 중 3분의 1이 사라졌다.

1951~1970년 사이에 신간은 1만 4000권에서 4만 5000권 이상으로 증가했고, 출판사의 수는 거의 2000개로 늘었다. 오늘날에는 해마다 대략 6만 권의 신간이 출판되고, 그중 대부분이 협회에 속한 1800개의 출판사에서 나온다. 대형 출판사에서는 그사이에 고용된 매니저가 사장직을 차지했다. 즉 출판사의 가부장시대는 과거에 속한다. 지난 세기에 출판사 직능의 전문화가 진척되었다. 편집, 판매, 마케팅, 행사, 인쇄, 저작권 계약, 생산, 경리, 인사와 행정 부서에서 전문 인력이 책임을 인계받았다. 저자 관리는 관리부가 아닌 편집부의 일이 되었다.

수십 년간의 변화의 특징을, 라디오와 인쇄 분야에서 대중매체의 발전, 출판경제학의 전지구화, 출판사 영업의 국내외 집중, 생산과정 및 내용의 디지털화로 요약할 수 있다.

출판업에서 신간이 봇물을 이루지만 점점 더 빨리 사라지고, 대중매체를 통해 과대광고를 하기 시작하면서 출판사는 광고예산을 소수의 주력상품에 집중했다. 주력상품은 기대 수익을 얻기 위해 뚜렷한 활용 단계들을 가능한 한 다 거치게 하는 것이 중요했다. 미국에서는 이런 이유로 출판 분야를 '콘텐츠산업'이라고 부른다. 이를 위한 세계적인 출판 콘체른이 정비되었다. 출판 콘체른은 전통적인 출판사에 머물지 않고, 문고본 출판사, 오디오북 출판사, 잡지사와 신문사, 서점 체인, 북클럽, 라디오 방송사, 텔레비전 방송사, 인터넷 회사 등을 포함한다.

독일에서는 다섯 개의 도서 및 매체 콘체른이 활동하고 있다. 독일의 가장 큰 도서 출판사는 스프링어 사이언스＋비즈니스 미디어Springer Science+Business Media라는 과학출판사다. 이는 2003년부터 영국 금융투자사인 신벤Cinven과 캔도버Candover의 소유다. 이를 악셀 스프링어 신문사Axel Springer Zeitungsverlag와 헷갈려서는 안 된다. 이 기업은 남미와 호주를 빼고 거의 전 대륙에 걸쳐 자사 소유의 회사와 지분을 갖고 있다. 스웨덴의 미디어그룹 보니어Bonnier에 독일의 카를젠Carlsen, 피퍼, 울슈타인 출판사가 속해 있다. 베텔스만 주식회사에는 랜덤하우스라는 회사 밑에서 독일에서만 거의 40개의 출판사가 속해 있다. 세계적으로 190여 개의 출판사가 속해 있는 랜덤하우스는 대중 출판사 중에서 가장 큰 출판사그룹이다. 게다가 베텔스만 주식회사는 RTL* 그룹과 그루너＋야Gruner+Jahr 출판하우스의 대주주다. 홀츠브링크Holtzbrinck 그룹에는 로볼트, 피셔, 키펜호이어 & 비취 출판사가 속해 있다. 게다가 여기에는 잡지와 신문《디 차이트Die Zeit》《타게스슈피겔Der Tagesspiegel》, 출판그룹 《한델스블라트Handelsblatt》 및 수많은 전자매체 기업과 서비스 회사가 속해 있다. 마지막으로 벨트빌트Weltbild 그룹은 동명의 배송무역업체 말고도 서

---

* Radio Television Luxemburg의 약칭으로 독일 텔레비전 방송사.

적상 체인인 조커스Jokers, 볼탓Wohlthat과 벨트빌트 플루스Weltbild Plus 를 연합해 소유하고 있다. 그 외에도 이 그룹은 드로에머 크나우르 Droemer Knaur 출판사와 서적상 체인인 후겐두벨Hugelbubel의 주주이기 도 하다. 이런 짧은 설명을 보더라도 거대한 출판사 콘체른과 서적 상 콘체른이 오래전에 자신들의 기원을 능가해 전문영역을 아우르 는 미디어 콘체른으로 발전했다는 사실이 명확해진다.

그럼에도 독일에서 다양하고 생생한 출판사의 풍경을 언급할 수 있다. 왜냐하면 앞서 말한 콘체른 출판사 이외에도 문화적이며 경 제적으로 중요한 수많은 독립출판사가 존재하기 때문이다. 대중 출 판사와 교과서 출판 분야에 종사하는 출판사 이름을 몇 개 언급해 보자면 다음과 같다. 주어캄프, 한저, 베를린, 아우프바우, 레클람, 뤼베Lübbe, 호프만 & 캄페, 클레트, 코르넬센Cornelsen, 벡, 도이췌 타 쉔부흐 페어락Deutscher Taschenbuch Verlag. 게다가 독일의 출판 환경은 다 수의 중소규모의 출판사에 의해 정해진다. 그들은 때때로 베스트셀 러의 성공으로 거대 출판사를—그리고 자기 자신조차도—깜짝 놀 라게 한다. 베스트셀러를 낸 중소 출판사의 예를 들면 함부르크의 에디션 나우틸루스Edition Nautilus(안나 마리아 셴켈Anna Maria Schenkel:《살인의 마을 탄뇌드Tannöd》), 클라우스 바겐바흐Klaus Wagenbach 출판사(알란 베넷 Alan Benett:《독립적인 여성독자Die souveräne Leserin》)와 트란지트Transit 출판사(마 리아 바르발Maria Barbal:《자갈더미의 돌처럼Wie ein Stein im Geröll》)이 있다.

❦

베스트셀러와 높은 발행부수는 모든 참여자—작가, 출판사, 서점—에게는 축복이다. 그럼에도 2004년 3월 《쥐트도이체 차이퉁 Süddeutsche Zeitung》은 《20세기의 50대 소설 50 große Romane des 20. Jahrhunderts》 이라는 간행물로 전체 도서시장을 놀라게 했다. 책은 세심히 인쇄 되었고, 양장본으로 나왔으며, 일부는 같은 제목의 문고본보다도 저렴했다. 엄청난 성공을 거둔 이런 활동에 대한 아이디어는 이탈 리아에서 가져왔다. 로마의 일간지 《라 레푸블리카 La Repubblica》는 비 슷한 방식으로 1년 만에 2500만 권을 팔았다. 《쥐트도이체 차이퉁》 은 그 정도의 판매까지는 아니어도 대중의 엄청난 인기를 끌었다. 이로써 어마어마한 수의 책과 CD와 DVD가 상이한 시리즈로 다양 한 일간지를 거쳐 시장에 나왔다. 출판사 소유주는 이런 시장의 변 화에 희비가 엇갈린다. 한편으로는 책 판매가 줄어들지만, 다른 한 편으로는 일반적인 방법으로는 감히 도달하지 못했을 판매고를 올 리기 때문이다. 이때 출판사는 라이선스 부여자로서 판매 결과와 연결되어 있다.

꽃

저자와 출판사 사이의 중요한 발전은 1995년에 나타났다. 그해 에 여류 번역가 카린 그라프 Karin Graf가 베를린에서 문학에이전시 그 라프 & 그라프 Graf & Graf를 세우면서 앵글로아메리카의 서적시장에 서 오랜 전통을 갖고 있는 영업모델을 독일에 도입했다. 영국에서 는 이미 1875년에 작가를 위한 최초의 에이전시가 창설되었다. 에 이전트는 작가의 계약과 이익을 고려해서 출판사와 계약 조건을 협 상하고, 이에 대해 작가가 계약에서 받는 수입에서 수수료를 받았다. 수수료는 저자 원고료의 15퍼센트다.

영국과 미국에서 수십 년간 에이전시가 작가를 대리하는 일이 관행이었던 반면 독일어권에서 에이전시는 1995년까지 거의 독일 출판사에 책을 판매하는 외국 작가의 라이선스를 담당했다. 에이전시 그라프 & 그라프와 더불어 독일에 에이전시 창업 붐이 일었다. 에이전시 설립은 영국과 미국을 모범삼아 작가들을 자국에 고용했는데, 이는 그들의 책을 독일 출판사에 공급하기 위해였다. 이 시기에 도서시장은 과열되어 있었고, 출판사의 합병이 또 다른 합병으로 이어졌다. 사람들은 성공을 보장하는 책에 비정상적으로 높은 비용을 지급했다. 물론 이는 유리한 순간이었다. 그러는 동안에 시장은 안정되었고 대부분의 출판사들은 문학 에이전시와의 공동 작업에 익숙해졌다.

출판사와 비슷하게 서점도 몇십 년 동안 완전히 달라졌는데, 그 특징을 보여주는 표제어가 있다. 바로 시장집중화다. 이에 대한 결정적인 동기는 하인리히 후겐두벨Heinrich Hugendubel이 주었다. 그는 1979년 뮌헨의 마리엔플라츠Marienplatz에 독일 최초의 도서 백화점을 열었고 몇 년 뒤 기업 확장을 추진했다. 그러는 동안 독일은 소수의 대형 서점과 그 지점에 의해 지배되었다.

도서 백화점을 제외하고 독일의 서적 소매점은 2008년에 대략 51억 유로의 매출을 올렸다. 이 시기 상위 10위의 서점은 대략 22억 유로의 판매고를 올렸다. 그중에 16만 유로가 탈리아Thalia와 독일

서적무역DBH[*](벨트빌트/후겐두벨)라는 두 곳의 대표에게 돌아갔다. 유통사, 인터넷 서점과 백화점을 통계에 포함시키면, 이들의 전체 매출은 약 68억 유로에 달한다. 이중에서 총 30억 이하의 매출이 자영 서점에 돌아간다. 말하자면 족히 40퍼센트다. 서적상 영업의 전체 매출, 즉 2008년의 960만 유로를 기준으로 잡으면, 대형 체인에 속하지 않은—말하자면 출판 분야의 10대 기업에 속하지 않는—서점은 그중에서 27.9퍼센트를 얻은 셈이다.

시장집중화는 지금도 계속되고 있다. 따라서 자영 서점들은 전문화를 거쳐 차별적인 서비스를 계발해 고객과의 관계를 강화해야만 한다. 미래에는 수천 평의 거대한 매장을 가진 대형 서점도 변화할 것이다.

독일과 달리 책의 정가 준수 의무가 없는 국가들의 상황을 살펴보면, 도서정가제가 온전한 서적거래와 고객을 위해서 얼마나 중요한지 알 수 있다. 1997년 영국에서 도서정가제가 공식적으로 폐지되었다. 전체 서점과 체인점은 물론 유감스럽게도 슈퍼마켓, 할인점, 식료품점조차 베스트셀러를 판매 물품으로 넣어 고객을 끌어들이기 위해 거의 매입가로 팔았다. 고객의 입장에서 장점이었던 것이 이내 단점으로 바뀌었다. 왜냐하면 다른 책들의 가격이 어마어마하게 올랐기 때문이다. 도서정가제를 폐지함으로써 영국 서점의 상황

*   Deutsche Buch Handels GmbH & Co. KG의 약칭. 독일서적상협회.

은 악화되었다. 미국과 스웨덴에서도 비슷한 상황을 볼 수 있다.

　이것이 독일 연방회의가 2002년 도서정가제를 허용하기로 결정한 이유 중 하나였다. 서점 구조가 고객에게 장기적으로 이익을 주기 위해서는 시장 참여자들이 가격을 높여 경쟁하지 않도록 막아야 한다.

아름다운 신세계, 디지털 혁명

'매체혁명'이라는 개념이 학문 분야와 일상용어로 계속해서 쓰이지만, 개념의 과정과는 정확히 들어맞지 않는다. 왜냐하면 혁명이란 말은 어쨌거나 프랑스혁명처럼 갑작스러운 전복을 의미한다. 그런데 책의 역사에서 매체혁명은 부분적으로는 수백 년을 가로지르는 과정이다. 또한 디지털 매체혁명조차 하룻밤사이에 나타나지는 않았다. 이는 오히려 4개의 큰 흐름을 통해 서적 분야에 도달했다.

　디지털 혁명의 탄생 연도는 1971년이라고 알려줄 수 있다. 그해에 미국인 마이클 하트^{Michael Hart}는 일리노이 대학에서 비상업적인 '프로젝트 구텐베르크'로 디지털 문서로 만든 책을 무료 다운로드하는 최초의 포털을 열었다. 그 당시에 2만 5000권의 문헌을 다양한 언어로 불러올 수 있었다. 여전히 모든 책을 완전히 또는 부분적으로 다양한 형태로 다운로드할 수 있다. 자료보관소에는 저작권이 없는 작품뿐 아니라 다운로드를 위해 저작권자의 허가를 받은 작품들도 저장되어 있다. 거기에는 문서로 만들어진 작품 이외에 오디오 데이터로 낭독된 책도 발견할 수 있다.

1994년에 마이클 하트의 동의를 얻어 '프로젝트 구텐베르크 독일'이 탄생했다. 이는 슈피겔 온라인^{Spiegel Online} 홈페이지(www.gutenberg.org)가 관리한다. 거기에는 경영자의 진술에 의하면 2000편의 시와 6500개의 동화, 우화 및 전설, 5000권 이상의 책이 저장되어 있다고 한다. 독일의 구텐베르크 프로젝트는 오로지 저작권 시효가 만료된, 말하자면 최소한 70년 전에 사망한 작가들의 책을 선보였다.

디지털 도서 데이터뱅크를 지닌 구글^{Google}은 비상업적인 두 프로젝트를 오래전에 능가했지만, 구텐베르크 프로젝트에 속한 간행본의 질이 본질적으로 더 뛰어나고, 구텐베르크 프로젝트가 책의 디지털화를 시작했다는 점이 중요하다.

활자식 도서인쇄를 구텐베르크가 발명한지 500년이 지난 후, 1946년에 '사식寫植, filmsetting'에 사용된 최초의 기계, 루미타이프 Lumitype(사진식자기)와 함께 핫 타이프^{hottype}* 시대의 종말이 선고되었다. 사식은 사진기의 원리를 사용했다. 평평한 판 위에 문자의 모든 자음과 모음, 특수문자들이 음각으로 표시된다. 글자를 옮길植字 때, 글자를 한 글자씩 빛에 노출시키고 인쇄원본으로 사용되는 필

---

* 활자조판의 별칭으로 핫 타이프조판 시스템hot type-setting system,HTS의 준말. 사진식자나 컴퓨터를 이용한 출판물의 조판방법이 개발되자, 이를 콜드 타이프조판 시스템cold type-setting system,CTS이라고 부르면서 그 상대적 명칭인 활자조판 방법을 핫 타이프조판 시스템이라고 부르게 되었다. 활자조판은 납을 녹여 활자를 만들고, 그것으로 조판한 다음, 지형을 뜨고 다시 납을 녹여 연판을 주조하여 인쇄를 하는 등, 뜨거운 열을 필요로 하는 활자를 사용하기 때문인 듯하다.

름에 고정한다. 독일에 1967년에 도입된 포터 레터링photo lettering은 이런 방식을 디지털방식으로 개선한 것이다. 그 사이에 문자들을 디지털 방식으로 만들 수 있었고, 물질적인 활자서체 받침대는 역사 속으로 사라졌다. 대략 20년 후에 애플Apple은 매킨토시Mackintosh로 인쇄 예비단계, 말하자면 조판, 인쇄원본의 형태와 생산을 혁명하기 시작했다. 지금은 컴퓨터에서 인쇄원본을 이동식 문서PDF로 만들 수 있다. 500년을 이어온 기술이 완전히 사라지기까지는 고작 40년도 걸리지 않았다.

제프 베조스Jeff Bezos는 1994년에 통신판매회사 아마존을 세웠고, 1995년에 미국에서 영업을 시작했다. 이는 최초의 인터넷 서점은 아니었지만, 세계적으로 가장 큰 성공을 거두었으며 서적판매의 문화를 지속적으로 변화시켰다. 아마존이 창립된 해에 매출은 대략 5억 유로 이상이었는데, 그중에 족히 8퍼센트가 서적판매분이다. 2007년에 아마존은 이미 13억 유로 이상을 벌었는데, 독일 서적판매의 14퍼센트에 해당한다.

출판계 안에서 그 누구도 이런 신속한 발전을 예견하지 못했다. 1998년에 독일에서 아마존이 문을 열자 미국 성공 스토리가 독일에서는 반복되지 않을 것이라는 의견이 지배적이었다. 왜냐하면 양국의 서적판매구조를 비교할 수 없기 때문이다. 미국에서는 서점과 별로 비슷하지도 않은 상점을 하나를 찾으려고 종종 수백 킬로미터를 달려가야 하는 반면 독일 주민들은 거의 지역 전체에서 서점을 발견할 수 있기에 온라인 매가 그다지 성공할 수 없을 것이라는 시각이 일반적이었다.

우리들이 오늘날 알고 있듯이, 이는 총체적으로 잘못된 평가였다. 우리는 비슷한 실수를 다시 해서는 안 된다. 왜냐하면 아마존은 2007년 10월에 전자책E-book을 읽는 새로운 기계인 킨들Kindle로 또한 번 새로운 세계적인 유행의—물론 일반 대중에 대해서도—출발 신호를 알렸다. 과학 문헌 분야에서는 전자로 기록된 내용을 거래하는 일이 오래전부터 통용되었다. 예를 들어 슈프링어 출판사는 거의 3만 2000권의 책과 2000권의 잡지 및 수많은 다른 데이터를 디지털 형식으로 마련해놓고 있다.

그럼에도 불구하고 아마존은 킨들로 전자책 사업에 새롭게 뛰어들었다. 왜냐하면 이제 순수문학, 전문서와 실용서, 사전, 여행서, 그리고 아마도 곧바로 교과서도 대부분 디지털로 제작될 것이기 때문이다. 그 누구도 이런 사업이 어떻게 발전할 것인지, 이를 통해 책의 문화가 세계적으로 변화할지, 과연 어떤 변화가 일어날지에 관해 정확히 예상할 수 없다. 그럼에도 나는 과거의 도서문화를 통해 경험한 바를 토대로 이 책의 마지막 장에서 책과 독서의 미래에 대해 감히 살펴보려 한다.

표절은 박학다식한 도둑질을 말한다.
말하자면 타인의 작품을 함부로 베껴 쓰고는 자기가 썼다고 하는 것이다.
이런 따라쟁이 혹은 박학다식한 도둑을 플라기아리우스^{Plagiarius}라고 한다.
— 《환담용 사전 혹은 축약 사전Conversations-Lexikon oder kurzgefaßtes Handwörterbuch》

(1809~1811)

누군가가 우리의 아이디어를 훔치는 것을 볼 때,
소리치기 전에 그것이 진정 우리에게 속한 것인지 점검해보아야 한다.
— 아나톨 프랑스Anatole France (1844~1924)

표절과 위조,
박학다식한 도둑질

고대의 표절 대가

지적 소유물을 강탈하는 성향은 호모 사피엔스 유전자에 잠재해 있다. 동물의 왕국에서는 진화의 최우선적인 관심사가 종의 생존에 달려 있는 반면 인간은 자기 자신 혹은 자신의 패거리에게 이익이 된다면 기꺼이 무분별한 일을 저지른다. 고대부터 근대까지 표절은 도덕적으로 비난을 받을 만하다는 합의가 지배적이었지만, 정신적인 도적질을 징벌할 법적 근거가 희박했기 때문에 사람들은 타인의 지적 소유권을 이용해 이득을 취할 수 있었다.

약 2000년 전에 노골적이며 큰 파문을 일으킨 표절사건이 일어

났다. 2세기에 클라우디우스 프톨레마이오스^{Claudius Ptolemäus}는 오늘
날 《알마게스트^{Almagest}》라고 불리는 수학과 천문학에 관한 저서에
서 광범위한 행성계를 제시했다. 프톨레마이오스는 동시대의 천문
학자들이 주장하는 태양 중심의 천체론을 비판하며 지구 중심의 세
계상으로 대체했다. 그는 지구가—그리하여 인간이—우주의 중심
에 있고, 태양과 행성의 운동이 지구를 중심으로 궤도를 따라 돈다
고 보았다. 그의 가장 중요한 논의는 중력이었다. 말하자면 모든 무
거운 것은 자연적인 중심, 즉 지구의 중심에 몰린다는 것이었다. 프
톨레마이오스는 가장 훌륭한 행성 지도책을 남겼고, 그 자신의 인
식과 저술로 학술적인 거대성운으로 발전했다. 학술적인 세상은 그
이집트 사상가의 손 안에 놓여 있었다. 그의 우주관은 인간의 사고
에 거의 1400년간 영향을 끼쳤다.

하지만 프톨레마이오스의 주요 업적은 열렬한 필사작업에 의한
것이었다. 프톨레마이오스의 발전된 이론은 니케아의 히파르코스
^{Hipparchos}로부터 유래했다. 300년 전에 발간된 그의 작품은 그 사이
에 잊혀졌다. 프톨레마이오스의 유명한 행성 목록과 지구 중심의
이론조차도 이미 히파르코스가 표현한 것이었다. 오늘날 프톨레마
이오스의 명성은 정확하게 표현하자면 역사에서 가장 오랫동안 영
향을 미친 표절 사건이라 할 수 있다.

표절에서 위조로

또 다른 엄청난 표절 사건들을 언급하기 전에 '표절'이란 개념을 정의하고 이를 다른 개념과 구별하고자 한다. 다른 작가의 작품 전체를 차용하고 그것을 자신의 것으로 펴낼 때, 이를 '전체 표절'이라고 말한다. 이에 따라 '부분 표절'이란 타인의 작품에서 일부분을 차용하는 것으로 정의한다. '아이디어 표절'은 다른 이의 생각을 훔쳐 새롭게 표현하는 것이다. 그와 구별되는 것은—저작권법 제51조에 의하면—타인의 원고를 허가 없이 그리고 원고료를 내지 않고 인용하는 것이다. 물론 이때는 인용기호를 붙여서 알려야 하고, 입증할 수 있어야 한다. 게다가 '독자적인 문학작품'으로 인용해야 한다. 하지만 상세하게 정의되어야 할 내용이 거의 법률적으로 정리되어 있지 않다.

표절의 특수형식으로 '작가 표절'이 있는데, 이는 작품의 대부분을 타인의 저술에서 가져오는 것을 말한다. '잠복 기억'은 타인의 지적 소유물을 무의식적으로 자기 작품에 도용하는 것이다.

우리는 '표절'과 '위조'를 구별해야 한다. '위조'는 작품을 타인, 대부분 유명인의 이름으로 표기해 시장에 내놓는 것이다. 이는 일반적으로 생각하는 것보다 더 흔하게 나타난다. 특히 중국에서는 유명 작가가 쓰지도 않은 작품을 그의 이름을 도용해 펴내는 행태가 만연했다. 세계적으로 유명한 《해리포터》 시리즈의 경우 완결편이 나오기도 전에 중국에서는 10개 이상의 후속편이 나오기도 했다. 《해리포터와 용에게 다가선 표범Harry Potter und der Leopardenpfad zum

237

Drachen》은 화려하게 만들어진 위조본 중 하나다. 중국의 베스트셀러 작가들조차도 자기 이름으로 나온 신간에 놀랄 정도다.

위조와 표절의 희생자인 뒤러

알브레히트 뒤러^{Albrecht Dürer}(1471~1528)와 그의 미망인 덕분에 뉘른베르크 시에서 일어난 표절과 위조에 관련된 매우 흥미로운 두서너 건의 판결을 알 수 있다. 1512년 1월 2일 뒤러는 외부 지역의 화상畵商에게 자신의 사인이 첨부된 위조 예술품을 판매하는 행위를 금지하도록 하는 참사회의 확정을 얻어냈다. 이때 뒤러는 41세였고 오래전부터 유럽에서 유명인사였다. 추측하건데 그의 유명세로 비슷한 일이 발생할 경우 의회를 자기편으로 만들려는 의도였던 것 같다.

뒤러가 사망한 지 3개월 뒤인 1528년 7월에 그의 미망인은 참사회에 다시 문의를 해왔다. 같은 해에 뒤러의 유고집 《비율론 Proportionslehre》이 뉘른베르크에서 발간되었다. 참사회 의장은 인쇄업자 히에로니무스 안드레아에^{Hieronymus Andreae}와 화가 한스 제발트 베함^{Hans Sebald Beham}의 책 출판을 금지했다. 뒤러의 미망인은 신간이—오늘날의 용어로 말하자면—아이디어 도용을 했을 수 있으며, 이는 뒤러의 원작 판매에 지장을 준다는 두려움으로 청원서를 작성했다. 뒤러의 《비율론》이 염가에 판매되는 시점에야 인쇄업자 안드레아에는 같은 주제인 자신의 책을 출판할 수 있었다.

1532년 10월 1일 참사회는 뒤러의 미망인을 위해 또 다른 결의를 했다. 뉘른베르크 시의 모든 서점에서 뒤러의 《측량 지도 Unterweisung der Messung》의 라틴어 번역본 판매를 금지하는 내용이었다. 뒤러의 미망인은 자신이 1528년 8월 14일에 황제령 특권을 얻었는데, 이에 따르면 이 작품에 대한 모든 권리가 자신에게 있다는 사실을 참사회에 환기시켰다. 라틴어 번역본은 파리에서 생산된, 판권이 없이 생산된 도용에 해당되었기 때문에, 이 판본이 판매되어서는 안 된다고 주장했다.

위조, 표절, 부당한 작품 도용을 염려한 세 가지 사례는 저작권자를 보호할 수 있는 근대 초기의 법적 실무였다. 물론 이런 일이 거의 일어나지 않았지만 말이다.

미구엘 데 세르반테스 Miguel de Cervantes와 《돈키호테 Don Quijote》

문학적인 완성도와 현실적인 시장의 평가에 관하여 주목할 만한 감각을 입증한 사람은 스페인의 식객이었다. 세밀한 조사를 벌였음에도 그의 신분은 오늘날까지 드러나지 않고 있다. 그의 뻔뻔스러운 쿠데타는 소문으로 빠르게 퍼졌다.

1605년 미구엘 데 세르반테스(1547~1616)는 풍자적인 서사시 《돈키호테》의 첫 부분을 발간했다. 그는 서양문학사에서 유럽 최초의 근대 소설을 썼을 뿐 아니라 엄청난 판매의 성공을 거두었다. 많은 사람이 그의 소설을 기다리는 가운데 오늘날까지 정체가 알려지지 않은 사람이 1614년에 알론소 페르난데스 데 아벨라네다Alonso Fernández de Avellaneda라는 필명으로 세르반테스의 연재소설을 펴냈다. 스페인 독자들은 이 작품의 작가가 세르반테스가 아니라는 사실을 알고 있었다. 그럼에도 판권이 없는 이 연재물은 세르반테스의 소설처럼 엄청나게 판매되었다. 더욱이 1707년에는 독일로 전파되었다. 세르반테스는 위작이 발간되던 때에 연재소설의 59장을 작업하고 있었고―이는 소설의 3분의 2 분량이었다―작품의 완성을 서두르고 있었다. 1615년 마침내 소설이 발간되었고 이로써 그는 다시 세계적인 명성을 얻을 수 있었다.

스코틀랜드의 국가서사시

다음 사건은 조금 자세히 소개하려 한다. 이 사건이 문학세계에 아주 흥미로운 결과를 불러일으켰기 때문이다. 1736년 스코틀랜드 에든버러Edinburgh에서 제임스 맥퍼슨James Macpherson이 태어났다. 그는 젊은 시절부터 시를 썼으나 인정이나 명성을 얻지 못했다. 누구도 그의 시를 출판하려 하지 않아 그는 가르치는 일을 직업으로 삼고 여가시간에 켈트의 민족시를 모으는 데 열중했다. 그는 민족시에 감탄을 금치 못했는데, 그것으로 휴 블레어Hugh Blair라는 영향력 있는 문학비평가의 관심을 끌었다. 블레어는 에든버러에서 문학 서클을 유지하면서 맥퍼슨에게 민족시 탐구를 강화하고 조사 결과를 발간하도록 격려했다. 1760년에 《고대 포에지 단장Fragmente alter

^{Poesie}》이 소책자로 나오자 대중은 이에 열광했다. 서문에서 휴 블레어는 책에 소개된 시들이 스코틀랜드 하이랜드에서 구전된, 기독교 이전 시대 민중문학의 증거라고 칭송했다. 그중에는 전설적인 켈트족의 시인 오시안^{Ossian}의 펜에서 나온 잊힌 서사시가 있었다. 신화 속 스코틀랜드의 왕 핑갈^{Fingal}이 덴마크 침략군을 소탕하는 이야기다.

영국인들에게 군사적으로 굴복했던 스코틀랜드인들로서는 오시안의 서사시를 재발견하고자 했다. 호모의 서사시와 서양문화의 다른 초기 작품들과 동등하게 취급받을 수 있는 스코틀랜드 영웅시의 재구성이라는 생각은 진정한 감동을 불러일으켰다. 스코틀랜드 하이랜드에서 맥퍼슨이 민족문화의 흔적을 조사할 수 있도록 후원자들이 필요한 자금이 모았다. 이로써 맥퍼슨은 오래된 동요와 시와 이야기를 채록해서 돌아왔다. 이후 엄청난 노력을 기울여 오시안의 영웅시가 〈핑갈〉과 〈테모라^{Temora}〉를 구성했다. 이 작품은 1762년과 1763년에 출간되었다.

시가는 스코틀랜드의 암울한 환경, 음울한 분위기, 대량학살의 전장과 비극적인 영웅의 이야기를 담아 당대에 큰 울림을 남겼다. 1768년 독일에서 《오시안의 시집》이 번역되었을 때 바이마르 고전주의 시인이자 철학자인 요한 고트프리트 헤르더는 오시안을 "애처롭고 달콤한 하프, 지나간 시대의 목소리"로 칭송했다. 1771년에 그는 〈오시안과 고대인들의 노래에 대한 서한 발췌^{Auszug aus einem Briefwechsel über Ossian und die Lieder alter Völker}〉라는 논문을 발표했다. 1774년 괴테 또한 《젊은 베르테르의 슬픔^{Die Leiden des jungen Werthers}》에서 이 위조된 작품을 신봉했다. "오시안은 나의 마음에서 호메로스를 밀어냈다. 훌륭한 자가 나를 인도하는 세계는 어떨까!" 클롭슈토크, 실러, 횔덜린, 노발리스^{Novalis}와 장 파울$^{Jean Paul}$도 찬미에 동조했다.

그러는 사이 잉글랜드에서는 오시안의 시의 진정성에 대한 의혹이 불거졌다. 사무엘 존슨$^{Samuel Johnson}$은 서사시에 대해 "원전도 아니고 문학적으로도 무가치"하다고 평가했다. 휴 블레어가 동시대 작가의 창작기술로 그러한 작품들을 지을 수 있는지 상상할 수 있느냐고 물었을 때 존슨은 냉랭한 어조로 이렇게 대답했다. "예, 많은 남자와 여자 그리고 아이들도 이 시를 지을 수 있습니다." 하지만 블레어는 존슨의 의혹을 스코틀랜드에 대한 반감으로 보고 묵살했다. 독일에서는 게오르크 크리스토프 리히텐베르크가 오시안의 서사시에 대해 회의적인 의견을 밝혔다. 철학자 아우구스트 빌헬름 슐레겔$^{August Wilhelm Schlegel}$은 영웅서사시를 "추상적이고, 전부 다른 데서 차용한, 졸렬한 현대의 작품"이라고 보았다. 그럼에도 독일에서는 긍정적인 수용이 우세했다. 《오시안의 시집》은 슈트룸 운트 드랑$^{Sturm und Drang}$*과 낭만주의 시대에 결정적인 동기를 부여했다.

맥퍼슨이 사망한 뒤 1796년에 그의 저작의 출처가 공개되자 속임수는 끝이 났다. 문헌학자들은 맥퍼슨이 영국어로 쓰인 켈트의 "원전 텍스트"를 형편없는 켈트어로 재번역했다는 사실을 입증했다. 스코틀랜드 민족서사시에 대한 유럽 전역의 감동은 카드로 만

---

* 원래는 독일 작가 클링거^{Klinger}가 1776년에 발표한 희곡 작품의 제목이다. '질풍노도'라는 뜻의 이 용어는 18세기 말 독일 낭만주의 문학운동을 지칭하는 용어로 정착되었다. 슈트룸 운트 드랑은 봉건적으로 폐쇄된 당시의 독일 사회에서 지배적인 프랑스적 궁정문화와 일면적 합리정신에 항의하며 개인의 감정과 상상력의 해방을 추구했다.

든 집처럼 허무하게 무너졌다.

스코틀랜드에서 벌어진 거대한 익살극은 독일 전후사에서 가장 거대한 위조 사건을 기억하게 한다. 1983년 4월 독일 시사주간지 《슈테른Stern》에 히틀러의 일기장이 발견되었다는 기사가 실려 세계를 당혹스럽게 만들었다. 그 당시 편집부장은 "독일 역사의 대부분이 다시 쓰여야" 할 것이라고 의기양양하게 공표했다. 하지만 몇 주 지나지 않아 진실이 밝혀졌다. 히틀러의 일기장은 위조로 드러났고《슈테른》은 비난을 면할 수 없었다.

레싱과 종교재판소장

오늘날의 시각으로는 18세기와 19세기 초반의 작가들이 표절 문제를 나태하게 처리했다는 사실을 이해하기 어렵다. 왜냐하면 이 시대에 자유기고가가 최초로 생겨났고, 작가의 정신적인 권리에 대한 관념이 점점 더 폭넓게 유포되었기 때문이다. 그러므로 작가들의 사회적, 법적 지위가 상승하던 시기에 정신적인 도둑질을 거세게 비난했을 것으로 가정할 수 있다. 하지만 사실은 그 반대였다. 이는 문학만의 문제가 아니었다.

바로크 시대 작곡가들도 타인의 작품에서 악절을 자기 작품에 차용하는 행위를 개의치 않았다. 그들은 자기 작품이나 이미 발표한 작품의 일부를 새로운 작곡에 사용했다. 전기작가이자 음악학학자이기도 한 미하엘 하이네만Michael Heinemann은 그런 행위가 헨델

Händel의 작품뿐 아니라 일반적으로 통용되던 일이었음을 입증했다. "다른 작가들의 음악작품을 새로운 작품에 합하고, 자신의 오페라 장면에 활용하는 기법은 널리 퍼져 있었다. 헨델도 이를 과도하게 행했다. 저작권법의 현대적인 범주에 따라서 표절로 표명되어야 할 방식이 18세기 초기에는 예술적인 독창성에 대한 요구에 기껏해야 조건부로 위배된다."

고트홀트 에프라임 레싱은 공공연하게 표절을 발언한 작가에 속한다. 1768년 4월 19일 그는 《함부르크 희극론Hamburgische Dramaturgie》에서 이렇게 표현했다. "다른 사람의 보물을 겸손하게 빌리고, 다른 이의 불로 내 몸을 덥히고, 예술이란 안경을 통해 눈을 강건하게 하는 법을 배우지 못했더라면, 나는 그만큼 가난하고, 그만큼 냉랭하고, 그만큼 근시안적인 사람에 머물렀을 것이다."

레싱과 동시대인인 크리스토프 마르틴 빌란트도 정신적인 자산에 관해 자세히 다루지 않았다. "무엇 때문에 내 외부에 있는 소재를 찾지 않는지 따위를 쓴 적은 없다. 보드머*만큼 작가적 소유물로부터 느슨한 개념을 취할 수는 없다. 보드머는 표절한 죄로 양심에 가책을 별로 느끼지 않았다. 올곧고 정직하게 말하자면, 나는 작가인 그 선량한 노인네가 해오라기처럼 도적질을 했다고 말할 수밖에 없다. 절도라는 나의 독보적인 능력은 그에게서 발전했고, 내가 그를 능가하지 않았다면, 최소한 그와 똑같이 행했을 것이다." 그는 다른 곳에서도 이런 도발적인 이야기를 덧붙였다. 이로써 그는

---

* 　요한 야코프 보드머Johann Jakob Bodmer(1698~1783). 스위스의 작가이자 문헌학자. —저자

표절에 대한 자신의 입장을 정확히 표현했다. "진정한 대가를 만드는 것은 전대미문의 주제, 말하자면 들어보지 못한 일, 인물, 상황 등을 고안하는 데 있지 않다. 자신의 작품에 불어넣을 살아 있는 숨결과 정신, 그리고 그에 대해서 주조할 수 있는 아름다움과 우아함에 있다."

표절 논쟁을 시작한 이는 대부분 표절을 당한 작가들이었다. 종종 그런 논쟁의 이면에는 경제적인 이해관계가 숨어 있었다. 그런데 의학도이자 철학자인 파울 알브레히트Paul Albrecht가 레싱이 표절했다고 비난한 데서 촉발된 논쟁은 심리·병리학적으로 진기한 사건에 어울린다. 알브레히트는 《레싱의 표절Leszings Plagiate》이라는 6권짜리 책의 머리말에 "네가 살아 있는 한, 너는 계속해서 광범위하게 도둑질을 할 것이다./ 마침내 너는 불멸도 훔친다"라고 썼다. 이 졸작은 1890년에 자칭 종교재판소 소장이 자비출판으로 펴냈다. 파울 엥글리쉬Paul Englisch는 파울 알브레히트의 양피지 책을 읽은 후 자신의 책《표절의 대가Meister des Plagiats》에 "알브레히트에 의하면 레싱은 자기만의 고유한 생각을 한 번도 한 적이 없다"고 썼다. 레싱의 시대에는 "타인의 문장을 단순하게 차용"하는 일이 빈번했을 것이다. 요한 볼프강 괴테 또한 표절의 열정적인 옹호자였다. 그는 광범위한 정신적인 도둑질에 몰두해 있었다. 그 때문에 파울 알브레히트가 레싱에 대한 작업을 끝낸 다음 신속하게 괴테를 다루고 싶어 했다는 사실은 그리 놀랄 만한 일이 아니다. 마티아스 쿠베어쿠Matthias Quercu는 《깃펜에서 흘러나온 거짓Falsch aus der Feder geflossen》이라는 책에서 "파울 알베르크는 자살로 생을 마감했다. 그의 때 이른

죽음은 아마도 이어지는 끔찍한 작품으로부터 우리를 보호한 것 같다. 그가 예고한 《괴테에게서의 표절》이라는 작품은 기록되지 않은 상태로 남아 있다"고 조금은 불손하게 언급했다.

표절에 대한 변론

요한 볼프강 폰 괴테를 '표절'이라는 주제와 연관해보면 마르지 않는 샘과 같다. 괴테가 사망하기 전 마지막 10년, 즉 결정판을 작업하던 동안에 그는 종종 표절에 관해 언급했다. 특히 대화를 나누는 중에 많이 나타났다. 괴테보다 나이가 조금 어리지만 친한 친구였던 요한 페터 에커만Johann Peter Eckermann은 《괴테와의 대화Gespräche mit Goethe in den letzten Jahren seines Lebens》라는 책에서 이런 상황을 묘사했다. 괴테가 자신의 작품을 번각으로부터 보호하기 위해 독일연방 전역에서 특권을 확보했기 때문에 사람들은 그가 표절 행위의 결정적인 반대자라고 추측할 테지만 사실은 그렇지 않았다.

괴테는 판권을 확보하지 않은 번각 행위를 항상 비판했다. 하지만 그에게는 자신과 자신의 출판업자의 경제적인 안전이 중요했다. 《시와 진실》에서 그는 자기 작품이 복제된 사실에 대해 분통을 터뜨렸다. "여기에서 나는 최근에 일어난 사건 하나를 떠올려보려 한다. 내 작품을 찾는 사람이 점차 늘어나 작품 모음집을 바라는 사람들이 생겨났지만, 스스로 해야겠다는 생각은 없었다. 그런데 힘부르크Himburg가 독려하는 중에 나는 예기치 않게 내 작품 전체가 인쇄된 견본 몇 부를 받았다. 뻔뻔하게도 자격 없는 그 출판업자는 세간에 내보인 공로를 내 앞에서 자랑했다. 내가 요구한 것과는 반대로 자청해서 베를린의 도자기를 나에게 보내겠다고 했다. …… 염치없는 번각업자에 대해 생긴 경멸은 도둑질에서 느낄 수밖에 없는 불쾌감으로 바뀌었다." 이와 관련해서 괴테는 번각이 합법화되면 "천재의 소유물이 수공업자와 제조업자에게 넘어가는 것"이라 논평도 했다.

이처럼 괴테는 지적 소유권에 대한 작가의 권리 또한 집요하게 주장했다. 1823년 5월 5일 괴테는 허물없는 친구인 프리드리히 폰 밀러Friedrich von Müller에게 번각에 대해 "영혼이 없는 자는 귀신을 믿지 않고 작가의 지적인 소유물도 믿지 않는다"고 언급했다.

괴테는 번각에 반대하고 자신의 지적 소유물을 이용하고 시장에 내놓는 행위에 대해 작가의 권리를 옹호하는 발언을 계속했다. 하지만 그는 자신이 표현한 작품과 그가 얻어낸 원전들을 자세히 구별했다. 괴테는 1828년 12월 16일에 "지금의 세상은 오래되었다. 수천 년 전부터 많은 유명한 사람이 살았다. 이제 새로운 것을 발견할 수도 없고, 말할 수도 없다고 생각했다"며 설명하면서 말을 이었다. "우리는 가능성을 가지고 있지만, 우리의 발전은 거대한 세계의 수천 가지의 영향 덕택이다. 거대한 세계로부터 우리는 할 수 있는 것과 우리에게 적합한 것을 습득한다. 나는 그리스인들과 프랑스인들에게 감사한다. 나는 셰익스피어, 스턴Stern, 골드스미스Goldsmith에게 엄청난 빚을 지고 있다. 이것만으로 나의 문화의 원천이 증명되는 건 아니다. 이는 무제한이 될 것이며 또한 불필요할 것이다. 요점은 사람들이 진리를 사랑하고 영혼이 진리를 발견하는 곳에서 이를 받아들이는 영혼을 가지고 있다는 점이다."

1828년 12월 16일 괴테는 에커만에게 몇 편의 시를 두고 저작권에 대한 토론이 시작되었다는 사실에 대해 불평했다. 이는 그의 관점에서 보면 이는 완전히 쓸데없는 질문이다. "독일인은 속물근성을 떼어놓을 수 없다. 이들은 실러와 내가 펴낸 작품에 나타난 상이한 2행시들에 대해 찡얼거리면서 논쟁했고, 어떤 것이 실러의 것이고 어떤 것이 내 것인지 구별해서 공개하는 것이 중요하다고 한다. 마치 그것이 뭔가 중요한 것처럼, 그것을 통해 뭔가 얻을 수 있는 것처럼, 그리고 마치 사실이 현장에 있다는 점이 충분하지 않은 것처럼!"

괴테는 다른 기회에 그의 친구 실러가 조사를 할 때 얼마나 많은 노력을 기울이는지를 웃음거리로 삼았다. "실러가 텔―《빌헬름 텔》―을 쓸 때 전승된 자료를 어떻게 연구했는지, 스위스를 공부할 때 얼마나 노력을 기울였는지 깊이 생각해보면, 그리고 셰익스피어가 연대기를 어떻게 사용했고 그 내용을 자신의 희곡에 어떻게 옮겼는지를 고려하면, 요즘 젊은 작가한테서도 그와 동일한 작업을 기대할 수 있으리라고 본다. 나의 《클라비고Clavigo》 안에는 보마르셰Beaumarchais의 《비망록》 전체가 담겨 있다."

1825년 1월 18일 에커만과 나눈 대화에서 잉글랜드의 바이런Byron 경이 타인의 작품을 대범하게 이용했기 때문에 악평의 대상이 되었다는 점에 대해, 괴테는 바이런에게 제기된 비난에 대한 방어적인 대처 자세를 비난했다. "여기 있는 것이 내 것이라고 그가 말했다는 것, 그리고 내가 이를 생활이나 책에서 취했는지의 여부는 동일한 것이다. 관건은 그것을 올바로 사용했느냐는 것이다! 월터 스콧Walter Scott은 나의 《에그몬드Egmont》의 한 장면을 사용했고, 그에 겐 그럴 권리가 있다. 이는 이성적으로 한 것이기 때문에 그는 칭송 받을 수 있다. …… 그렇게 나의 메피스토펠레스Mephistophles는 셰익스피어의 노래 한 자락을 부른다. 그런데 그가 왜 이를 하지 말아야 하는가? 셰익스피어의 노래가 진정 참이었다면 그리고 이행되어야 할 것을 언급했다면, 내가 왜 독창적인 노래를 만들어내기 위해 노력해야 하는가? 고로 나의 《파우스트》 초안이 성경의 욥기와 조금 유사하다고 해도 이는 올바른 일이며 나는 비판을 받기보다는 칭찬을 받아야 한다."

괴테는 죽기 몇 주 전인 1832년 2월 17일에 자기의 시문학의 전거들에 대한 질문을 다시 한 번 끄집어냈다. "가장 위대한 천재조차도, 모든 것이 자기 고유의 내면에서 나오기를 바랐다면, 더 나아가지는 못할 것이다. 아주 뛰어난 다수는 이를 파악하지 못하고 독창성이라는 꿈을 꾸며 반평생을 암중모색할 뿐이다. …… 그러나 내가 가졌던 것은, 진실하게 말하자면, 본래 내 것은 보고 듣고, 구별하고 선택하고, 본 것과 들은 것을 약간의 정신으로 활기를 불러 일으키고 약간의 솜씨로 재현하는 능력과 성향이었다. 내 작품들은 어떠한 경우에도 나만의 지혜가 아니라 외부에 있는 수천 개의 사물과 수천 명의 사람 덕택에 나온 것이다. 이들은 나에게 시작詩作의 소재를 제공했으며 …… 그리고 나는 다른 사람들이 나를 위해 뿌려준 것을 잡아채고 거둔 것밖에는 한 일이 없다."

하인리히 하이네 또한 괴테와 비슷한 입장을 취했다. 그는 "생각에 대한 소유권을 요구하는 것처럼 우스운" 것은 없다는 의견을 내비쳤다. 그와 동시대의 동료인 알렉산드르 뒤마^{Alexandre Dumas} père(1802~1870)가 파리의 한 잡지에서 표절을 저질렀다는 비난을 받을 때, 하이네는 그의 편에 서서 자신의 《프랑스 연극에 대하여 Über die französische Bühne》 중 여섯 번째 서신에서 변론청원서를 발표했다. "그는 타고난 희곡작가이며, 법적으로 그에게는 모든 희곡적 소재들이 속한다. 그는 이것들을 자연 혹은 실러, 셰익스피어, 칼데론^{Calderon}에게서 발견한다고 한다. 그는 그것들에 새로운 효과를 불러일으키고, 오래된 가치를 녹여내 기쁨에 넘치는 일상적인 가치를 다시 획득한다. 그렇다면 우리는 그의 과거에 대한 도적질에 대해 감사해야 한다. 왜냐하면 그의 생각을 통해 현재를 윤택하게 하기 때문에 …… 표절이라는 비난보다 멍청한 짓은 없다. 예술에는 여섯째 계명이 없다. 〔보통 일곱째 계명에서 '도둑질하지 말지니라'고 한다.〕* 작가는 작품의 소재를 어디에서 발견하든 취해도 된다. 주조한 기둥머리가 있는 기둥조차 자기 것으로 취해도 된다. 그 기둥이 받치고 있는 신전이 화려하더라도 말이다. 괴테는 이런 점을 매우 잘 이해했고, 그 이전에는 셰익스피어도 그러했다. 시인이 모든 소재를 자기 안에서 창조해야 한다는 독창성이라는 열망보다 어

---

* 독일에서 위 계명은 로마 가톨릭 및 개신교(루터교) 전통에 따라 일곱째로 기록되어 있고, 저자도 이에 따라 하이네의 실수를 지적하고 있지만, 유대교 및 개신교(루터교 제외)에 따르면 도둑질을 하지 말라는 계명은 여덟째 항목이며, 한국 개신교는 이를 받아들였다.

리석은 것은 없다."

뒤마는 표절 비난을 부인하지 않고, 오히려 다음과 같은 말로 응수했다. "천재는 훔치지 않고 정복한다. 그는 차지한 영토를 왕국의 새로운 부분으로 만든다. 자신의 상상력의 피조물로 가득 채우고 황금 왕홀로 전체를 지배한다!"

⁂

여기서 언급한 작가들에게는 표절을 긍정적으로 언급할 다양한 이유가 있었다. 이런 입장이 오늘날 이해되지 않고 우리를 놀라게 할지라도 말이다.

첫째, 그 당시에는 다른 사람에게 표절되는 것이 명예라는 견해가 있었다. 둘째, 솔로몬이 언급했듯이 일반적으로 그리고 특히 예술에는, 해 아래 새로운 것이 없다는 생각이 지배적이었다. 셋째, 물질적인 재화와 비물질적인 재화, 말하자면 정신적인 재화 혹은 작품의 내용을 법률적으로 동일시하는 단계가 완수되지 않았다. 그러므로 이 시대 작가의 주된 관심은 오히려 재산법상의 원고료라는 이익을 보장받는 데 있었다. 로마 소유권이 근본적으로 지적 소유에 대한 물질적인 권리로 확장된 것은, 이미 상술했듯이, 1901년 〈문학과 음악예술 작품에 대한 저작권법에 해당하는 법률Gesetz betreffend das Urheberrecht an Werken der Literatur und Tonkunst〉이 제정되고서야 이루어졌다.

그러므로 레싱과 괴테의 표절에 대한 생각은 놀랄 만한 일이 아니다. 이는 그 당시의 정신적인 그리고 법률사적인 상황이 반영된 결과일 뿐이다.

251

위조로 세계적인 명성을 누리다

1826년 8월 슈투트가르트에 있는 프리드리히 프랑크[Friedrich Franckh] 잡지사에서 《달 속의 인간 혹은 마음의 기차는 숙명의 목소리[Der Mann im Mond oder Der Zug des Herzens ist des Schicksals Stimme]》라는 제목으로 하인리히 클라우렌[Heinrich Clauren (1771~1854)]의 소설이 나왔다. 클라우렌은 그 당시 가장 성공한 오락문학 작가였고 비평가들은 그의 새로운 책을 호의적으로 받아들였다. 몇몇의 비평가는 역사에서 최고라고 클라우렌를 언급하기도 했다. 하지만 클라우렌은 책의 성공을 기뻐하지 않았다. 그는 격분해서 출판업자인 프리드리히 프랑크를 고발했다. 왜냐하면 하인리히 클라우렌은 그 소설을 쓰지 않았기 때문이다.

그 작품 뒤에는 문학적으로 전혀 알려지지 않은, 24세 정도의 가정교사 빌헬름 하우프가 숨어 있었다. 그는 유행 작가의 감상적이며 외설적인 이야기를 풍자적으로 늘려 조롱하고자 했다. "동일한 재료를 넣어 반죽을 개고 같은 조미료를 쳐서 양념해야 한다. 하지만 전체적으로 좀 더 풍부하게, 좀 더 톡 쏘게 만들어야 한다고 스스로에게 말했다. 내가 만든 케이크를 그들은 깨물어 먹을 테고, 불쾌감을 불러일으키지 않는다면 …… 더 바로잡을 것이 없다."

클라우렌은 명의의 남용과 사기와 위조를 거론하며 출판사를 상대로 고소장을 제출해 승소했다. 프리드리히 프랑크는 원고[原告]에게 50탈러를 지급하고 소송비용도 내라는 판결을 받았다. 이 소송으로 빌헬름 하우프는 갑자기 유명해져 대중의 사랑을 받게 되었다. 판결의 격렬함과 고소인의 딱딱한 태도가 대중으로 하여금 비유명인에 대한 호감을 불러일으켰기 때문이다. 프리드리히 프랑크도 결국엔 기뻐했는데, 그의 작가가 패한 소송 덕분에 문학적인 성공을 거두었기 때문이다.

빌헬름 하우프는 같은 해에 《리히텐슈타인Lichtenstein》이라는 독일 최초의 역사소설과 《1826년 동화연감Märchen-Almanach auf das Jahr 1826》을 출판했다. 위조 작품을 출판한 때부터 1827년 11월 사망할 때까지, 고작 15개월이라는 짧은 기간에 그는 〈난쟁이 묵Vom kleinen Muck〉〈칼리프 슈토르호Vom Kalif Storch〉〈난쟁이 코Zwerg Nase〉 등의 창작동화로 명성을 쌓았다. 그 외에 소설과 동화집을 펴내고, 프랑스와 북독일을 여행했으며 코타 출판사의 《교양층을 위한 조간신문Morgenblat für gebildeten Stände》에서 편집자로 위촉되었으며 사촌과 결혼했다.

지적소유권 문제에 대한 부주의

빈의 문화학자 에곤 프리델Egon Friedell은 《근대문화사Kulturgeschichte der Neuzeit》 도입부에서 표절에 관해 자세히 연구했다. 그는 자신에게 겨냥된 모든 표절 의혹을 해명했다. "훔친 재화를 재미없는 소유물로 만드는 자에게는 저주가 내린다." 프리델은 1931년에 저의가 담긴 유머를 쓰면서 안톤 쿠Anton Kuh를 지적했다. 그는 프리델과 마찬가지로 빈 출생이며 유대인 가정에서 자란 동시대인이자 동료였다. "존경하는 귀하! 놀랍게도 저는 귀하께서 제 미천한 소설 《요제프 황제와 매춘녀Kaiser Joseph und die Prostituierte》를 하나도 수정하지 않은 채 '안톤 쿠 지음'이라는 내용만 추가해 《크베어슈니트》 잡지에 출판 하셨다는 사실을 알아냈습니다. 제 재치 있고 소박한 이야기를 귀 하가 선택하셨다는 사실은 물론 제겐 영광입니다. 왜냐하면 귀하는 호메로스 이후에 전체 세계문학을 활용하셔도 되기 때문이지요. 그 때문에 저 역시 기꺼이 보복을 해드리고자 했사오나, 귀하의 전체 작품을 꼼꼼히 살펴본 결과 제 이름을 넣고 싶은 그 무엇도 찾지 못 했습니다. ―에곤 프리들"

베르톨트 브레히트도 수없이 표절을 행했다. 아방가르드 작가이 면서 출판가이자 갤러리 소유주인 헤르바르트 발덴Herwarth Walden 은 1924년 10월 《공화국Die Republik》이라는 잡지를 통해 브레히트의 희 곡 《도시의 정글Im Dickicht der Städte》에는 아르튀르 랭보Arthur Rimbaud의 산문시 《지옥에서 보낸 한 철Eine Zeit in der Hölle》의 구절들이 사용되었 다며 브레히트를 비난했다. 브레히트는 이에 대해 《베를린 증권소 식Berliner Börsen-Courier》이라는 신문에서 약간 거칠게 답변했다. "나의 희곡 《도시의 정글》에 나오는 한 인물은 몇 군데에서 랭보와 베를 렌Verlaine의 운문을 인용한다. 책 속에서 이 부분은 따옴표를 쳐 인 용문으로 표기되어 있다. 하지만 무대에서는 따옴표를 표현할 기술 이 없는 것 같다. 무대가 이런 기술을 갖고 있다면, 문헌학자는 인 기 있는 작품 중 다수를 더 매력으로 느낄 테지만, 관객들은 이를 견딜 수 없어 할 것이다."

1928년에 연극비평가 알프레드 케르Alfred Kerr가 브레히트에게 제기 한 표절 시비는 좀 더 심각하다. 《서푼짜리 오페라Die Dreigroschenoper》

에 나오는 많은 곡을 위해서 브레히트는 프랑수아 비용^{François Villon}의 자택에서 작업했다. 이때 브레히트는 번역이 "뛰어나다"고 칭찬한 빈의 번역가의 이름인 아머^{K.L.Ammer}를 깜빡하고 언급하지 않았다. 브레히트는 비난에 대해서 이렇게 반응했다. "해명이 필요하다. 진심으로 말하지만 아머의 이름을 언급하는 것을 유감스럽게도 잊어버렸다. 지적소유권 문제에 대해서 내가 기본적으로 부주의했다."

많은 다른 표절 사건과 달리 브레히트와 K. L. 아머 사이에는 표절에 대한 불쾌함이 없었다. 금융 조정을 거친 후에도 브레히트는 공공연하게 둘 사이에 싸움이 없었다고 해명했다. 아머의 《회상 Erinnerungen》에서 우리는 표절사건에도 양측이 화합한 이유를 발견할 수 있다. "협약된 인세로 나는 많은 돈을 벌었다. 이로서 그린칭 Grinzing에 있는 포도밭을 살 수 있었다. 황금이 흐르는 그의 선집에 나는 경외심을 담아 '서푼짜리 물방울'로 세례를 해주었다. 과거에 형편없는 원고료를 받았더라도 《서푼짜리 오페라》의 수익금에 대한 내 몫은 그것을 상회한다."

근거 없는 표절 시비

1949년 11월 독일-루마니아계 서정시인 파울 첼란은 시인 이반 골 Yvan Goll과 그의 부인 클레어^{Claire Goll}와 더불어 문학적이며 개인적인 책들을 만들었다. 그런데 그는 나중에 이 일을 후회했다. 첼란은 불치의 백혈병에 걸려 파리의 미국식 병원에 있던 동료인 골을 방문했다. 그때 그에게 프랑스어로 지은 시 몇 편을 독일어로 번역해달라는 부탁을 받았다. 골이 사망한 이후 1950년 2월 27일 클레어 골은 파울 첼란이 번역한 남편의 시를 출판하지 못하게 막았다. 그녀가 느끼기에 그 시가 첼란의 느낌을 너무 많이 담고 있기 때문이었다. 이로써 불화가 시작되었다. 1953년 격해진 불화는 7년 뒤 마침내 정점에 다다랐다. 1960년 봄 《건설노동자 판잣집 시인 Baubudenpoet》이라는 문학잡지에 〈파울 첼란에 대해 알려지지 않은 것Unbekanntes über Paul Celan〉이라는 제목으로 클레어 골의 편지가 실렸다. 그녀의 주장에 따르면 첼란은 남편의 시를 "신속하고 능숙하지 못하게" 독일어로 옮겼을 뿐만 아니라 견딜 수 없을 정도로 "시급한 명예욕" 때문에 그녀가 번역을 거절했다는 것이었다. 게다가 파울 첼란은 신뢰를 악용했으며 이반 골의 시에서 서정적인 비유를 수없이 차용했다고 했다. 특히나 "표절의 대가"는 이반 골의 저명한 〈죽음의 푸가Todesfuga〉에서 "새벽의 검은 우유"라는 비유를 차용했다고 주장했다. 클레어 골은 개인적인 신뢰를 악용했다는 비난을 강조했다. 그녀와 남편 이반 골은 서른 살이나 어린 파울 첼란을 처음 만났을 때 감동했다고 한다. 그 때 그들은 국가사회주의자들에 의해 살해당한 파울 첼란의 부모님의 '슬픈 전설', 즉 "그가 그토록 슬프게 묘사할 수 있었던" 전설을 들었다고 했다.

파울 첼란이 내면의 가장 깊은 곳에서 부모의 죽음을 '슬픈 전설'로 특징지을 수밖에 없었다는 점을 도외시하면, 1953년에 표절 시비가 들끓었기 때문에 그는, 치유가 되었다고 생각을 했겠지만, 매우 깊게 상처를 입었다. 같은 해 젊은 독일인 독문학자 리하르트

엑스너^{Richard Exner}는 1951년에 유고집에 발표된 이반 골의 시와 파울 첼란의 1952년작 《양귀비와 기억^{Mohn und Gedächtnis}》 사이에 놀라울 정도의 유사성이 보인다고 클레어 골에게 알렸다. 계속해서 클레어 골은 파울 첼란이 표절을 저질렀다는 편지를 보내 편집자와 출판사와 비평가를 공격했다. 이미 이 시기에 첼란의 표절 의혹과 연관된 표현이 1948년에 출간된 첫 시집 《유골함에서 나온 모래^{Sand aus den Urnen}》에 실렸다는—그러므로 이 시점에는 첼란이 이반 골의 유고 시들을 알 수 없었다는 점—피상적인 분석이 있었다.

하지만 1960년에 클레어 골은 이미 반박된 비난을 다시 제기하면서 잘못된 인용문과 허위적인 시점을 증거로 내놓았다. 그런데 놀라운 점은 몇몇 유명 신문이 명예훼손 격의 비난을 검증도 하지 않은 채 수용했으며 부당하게 파울 첼란을 표절자로 비난했다는 사실이다. 루마니아에서 유대인 부모의 아들로 태어나 파리에 살았던, 오늘날 독일 현대문학에서 가장 유명한 서정시인의 문학적 명성을 몇 안 되는 기사가 뒤흔들었다.

파울 첼란은 중상모략을 물리치기 위해 독일에서 일어난 반유대주의와 네오나치즘의 활동을 들어서 설명했다. 첼란은 오래된 멘토이자 친구인 알프레트 마굴-슈페르버^{Alfred Margul-Sperber}에게 "이러한 음모들과 명확하게 관련되어 오래전부터 나와 내 시를 파괴하려는 시도가 벌어지고 있다"고 썼다.

독일 작가들과 제도는 첼란을 보호해주었다. 잉에보르크 바흐만^{Ingeborg Bachmann}, 마리 루이제 카슈니츠^{Marie Luise Kaschnitz}, 페터 촌디^{Peter Szondi}, 발터 옌스^{Walter Jens}, 한스 마그누스 엔첸스베르거^{Hans Magnus}

Enzensberger와 그 외 작가들은 첼란을 옹호했다. 독일 언어 및 문학작품 학술협회Deutsche Akademie für Sprache und Dichtung가 발행한 감정서 덕분에 사람들은 "골부인의 비난을 철회"해야 했다. 뷔히너 문학상 수상자들과 오스트리아 작가협회는 공동성명으로 첼란을 지지했다. 결국 몇 명의 문예 기고가들은 첼란에 대한 비난을 철회하고 그에게 사과했다. 마침내 파울 첼란은 1960년에 가장 유명한 독일 문학상인 게오르크 뷔히너 문학상을 받았다.

하지만 파울 첼란은 상처받지 않은 채 그런 사건들로부터 벗어날 수 없었다. 욘 펠스티너John Felstiner는 "심한 모욕은 첼란에게 심각한 불안을 안겼다. 전쟁이 발발한 해에 대한 불안, 망명, 서독, 그리고 시 자체. 그는 이런 문제를 절대 극복하지 못했다"고 첼란의 전기에 썼다. 1970년 4월 20일 파울 첼란은 50세의 나이로 파리에서 사망했다.

향수를 바른 자의 신성모독

📖

근래 국제적으로 알려진 표절 논란이 허다하다. 그중에서 특히 다양한 매체에서 엄청난 주목을 받은 네 가지 가건이 있다. 파트리크 쥐스킨트Patrick Süskind의 《향수Das Parfum》(1985), 댄 브라운Dan Brown의 스릴러물 《신성모독Sakrileg》(2003), 프랑크 쉐칭Frank Schätzing의 베스트셀러 《변종Der Schwarm》(2004), 안드레아 마리아 셴켈Andrea Maria Schenkel의 추리물 《살인의 마을 탄뇌드》(2006)가 그것이다. 이런 사건을 보면 표절 시비에서 무엇이 중요한지가 명확해지는데, 그것은 바로 돈이었다.

네 가지 사건 중 첫 사건을 살펴보자. 출간 후 22년 동안 50개 이상의 언어로 번역된 세계적인 베스트셀러인《향수》는 2007년 8월에 센세이션을 일으킨 독점기사로 그다지 잘 팔리지 않던 잡지인《플리게Fliege》를 장식했다. "훔친 향수? 파트리크 쥐스킨트는 왜 숨어 있나?" 이 기사에서 치료사인 젤마 그뢴벡Selma Grönbeck은 자신의 조상인 구스타브 예거Gustav Jaeger(1832~1917)의 주요 작품에서 쥐스킨트가《향수》의 중요한 아이디어와 핵심 문장들을 차용했다고 주장했다. 예거의 작품은《영혼의 발견Die Entdeckung der Seele》라는 제목으로 출간되어 1884년에 3쇄를 찍었다. 동물학자이자 의학도였던 구스타프 예거는 건강에 영향을 끼치는 인간의 후각 연구에 열중했다.

《플리게》의 기사는 비방과 대담한 추측으로 점철되었다. "젤마 그뢴벡에게는 돈이 중요한 게 아니다. 그녀에게는 정의가 중요하다"고 다루고 있지만, 바로 다음 단락에서 젤마 그뢴벡은 이 사건에 대한 정의가 그녀에게 어느 정도의 가치가 있는지를 예측했다. 바로 700만 유로였다.

2007년 7월 21일자《함부르거 아벤트블라트Hamburger Abendblatt》는 논평에서 젤마 그뢴벡의 생각을 비꼬았다. "아, 친애하는 그뢴벡 씨. 타인의 생각으로 세계적인 베스트셀러를 저술하는 일이 그렇게 단순하다면, 아이디어는 이미 강탈을 당한 것입니다. 괴테, 토마스 만과 아마 쥐스킨트도 훔쳤겠지요. 그러나 훌륭한 아이디어에서 아무것도 사들일 수 없습니다. 오히려 그것에서 무엇을 만들 줄 아느냐가 중요합니다."

애초부터 심각하게 받아들일 수 없는 쥐스킨트 표절 사건은 명백히 해결되었다. 물론 오늘 날까지 소송장조차 제출되지 않았다. 아마도 이유가 있을 것이다.

~※~

2006년 3월과 4월에 미국과 뉴질랜드 출신의 작가 두 명이 미국 작가 댄 브라운에게 소송을 제기해 각종 매체의 이슈를 선점했다.

1982년에 마이클 베이전트Michael Baigent, 리처드 레이Richard Leigh와 헨리 링컨Henry Lincoln이라는 세 작가가 《성혈과 성배Der heilige Gral und seine Erben》라는 전문서적을 펴냈다. 이 책에는 예수가 십자가에서 죽지 않았고, 마리아 사이에서 아이를 낳았으며, 그 후손이 프랑스 왕가와 결혼하여 혈통이 오늘날까지 이어지고 있다는 주장이 제시되었다. 템플기사단은 이런 비밀을 엄수하는 사람들이며, 이를 파헤치는 것은 기독교의 근간을 뒤흔드는 일이라고 했다. 그런데 2003년에 댄 브라운이 미국에서 펴낸 책《다빈치 코드Da Vinci Code》가 바로 이런 생각이 뒤엉켜 토대를 이루고 있으며, 2004년 독일에서 《신성모독》이란 제목으로 출판되었다. 이 때문에 《성혈과 성배》의 대표 작가인 미국인 리처드 레이와 뉴질랜드인 마이클 베이전트가 런던 법정에 댄 브라운을 고소했다. 고소장에는 댄 브라운의 《신성모독》이 자신들의 책을 표절했다고 쓰여 있었다.

그때 댄 브라운은 소송인의 저서를 알고 있다는 사실을 비밀로 하지 않았다. 오히려 《신성모독》에 나오는 소설의 주인공 중 한 명인 레이 티빙 경^{Leigh Teabing}은 《성혈과 성배》의 저자의 이름의 철자를 바꾸어 만들어낸 것이었다. 하지만 댄 브라운은 38권의 책과 수백 개의 서류를 조사했으며, 소설의 기본이 되는 이론은 오래 전부터 음모이론가들 사이에서 떠돌던 이야기라는 변론이 적용되었다. 게다가 예수 그리스도의 생애에 대한 아이디어는 보편적으로 퍼져 있는 내용이어서 법적으로 보호받을 수 없다고도 했다.

《신성모독》은 지금까지 세계 전역에 4000만 권 이상이 판매되었고 작가는 수백만장자가 되었다. 이 때문인지 소송인들의 요구는 간소하지 않았다. 그들은 1500만 유로를 받기를 바랐다. 하지만 법정은 소송을 기각하고 변호인단의 논리를 인정했다. 1500만 유로의 수입 대신에 소송인들은 법정비용과 변호사 수임료로 1500만 유로를 내야 했다. 하지만 이 소송은 모든 참여자를 홍보하는 결과를 낳았다. 댄 브라운은 예술의 자유를 위해 싸운 사려 깊은 저자로 드러났고, 소송인들도 결과적으로 논란에서 잘 벗어났다. 소송인들의 저서는 다시 베스트셀러 목록에 올랐으니 그들 이름의 가치는 분명히 올랐다고 할 수 있다.

냉소적인 시각의 잡지 《프라이빗 아이^{Private Eye}》는 독자적인 시각으로 소송을 평가했다. 아마도 소송에 대한 책이 《다빈치 사건^{Da Vinci Fall}》으로 곧 발간될 것이다. 음울한 비밀이 결정적인 역할을 하며 결말에는 모든 보물을 긁어모을 수 있다고 말이다. 수백 년 묵은 비밀을 지닌 이들—변호사 형제단—은 항상 승리자다.

프랑크 쉐칭의 베스트셀러 《변종》에 대한 표절 시비는 푼돈에서 불거졌다. 함부르크 바다생물학자이자 학술 저널리스트인 토마스 오르트만Thomas Orthmann은 작가가 자신의 인터넷 사이트 '오체안Ozeane.de'의 과학적인 사실과 형식을 책에서 차용했다고 비난했다. 게다가 "소설의 중심인물의 전문적인 장치"가 자신의 홈페이지에서 나온 조사 결과를 사용한 것이라고 했다.

오르트만의 변호사는 프랑크 쉐칭에게 1만 5000유로를 지불할 것을 요구했다. 쉐칭이 요구를 거부하자 오르트만은 2005년 봄 작가를 쾰른 검찰에 고발했다. 키펜호이어 & 비취Kiepenheuer&Witsch 출판사는 프랑크 쉐칭이 자연과학적인 자료들을 저작권법이 허용하는 방식으로 사용했다고 통지했다. 작가는 광범위한 해양생물학적인 조사와 관련해 공식적으로 얻을 수 있는 학술적 사실들을 수집해서 활용했다고 밝혔다. 이는 모든 작가에게 허용된 권리로 저작권법을 침해하지 않았다고 했다. 더구나 오르트만의 홈페이지에 게재된 과학적인 자료에는 다른 학자들의 데이터가 나타나며, 마지막으로 프랑크 쉐칭은 후기에서 자신이 활용한 자료의 출처를 밝혔다고 했다. 결국 이런 이유로 표절의 비난은 아무런 근거가 없다고 보았다.

이런 맥락에서 흥미로운 점은 토마스 오르트만이 제기한 사건에 대한 그의 법적인 평가다. 누리집에서 그는 프랑크 쉐칭의 표절을 비난하며 이렇게 썼다. "'오체안'의 뉴스 섹션은 형식과 범위로

볼 때 각종 텍스트를 편집한 독창적인 모음집이다. 저작권법 제4조에 의하면 이는 개인적, 정신적 창작물이며 독자적인 작품과 같은 작품 모음집으로서 보호받는다고 한다. 여기에서 작가는 수많은 자료와 과학적인 배경과 역사를 사용했다. 소설의 주인공 레온 아나위크Leon Anawak의 이야기를 만들 때 과학적인 주제들이 나타나는데, 이것들은 동시에 '오체안'에서도 발견된다." 그의 말을 뒤집어보면 어마어마한 데이터뱅크가 존재하는 한, 소설의 주제를 하나도 선택해서는 안 된다는 점을 뜻한다. 이는 저작권법을 적용할 수 없는 완전히 기이한 발상이다.

2009년 1월 23일 쾰른 고등법원은 프랑크 쉐칭에 대한 조사를 종결했다. "우리는 형법적으로 위법행위에 대한 어떤 암시도 발견하지 못했다."

⁕

2006년 1월 안드레아 마리아 셴켈의 범죄소설《살인의 마을 탄뇌드》는 소규모 출판사인 에디치온 나오틸리우스Edition Nautilus에서 나왔는데, 초판 3000부를 찍었다. 소설은 오늘날까지 풀리지 않은, 1922년 오버바이어른 지방의 인적이 드문 농장 힌터카이펙Hinterkaifeck에서 일어났던 6건의 연쇄살인을 기초로 한다. 2006년 4월 2일 안드레아 마리아 셴켈은 바이에른의 작가 페터 로이쉬너Peter Leuschner를 방문했는데, 그는 1978년과 1997년에 힌터카이펙의 살인사건에 관해 두 권의 책을 펴낸 사람이었다. 그녀는 자신의 책에 대해 그와 함께 대화를 나누었고 자신의 책을 선물했다.

263

이 시점에 《살인의 마을 탄뇌드》는 2쇄를 제작하는 중이었지만, 그 누구도 이를 베스트셀러라고 생각하지 않았다. 2007년 3월과 4월에 《살인의 마을 탄뇌드》는 범죄물 세계 베스트셀러 순위에서 1위를 차지했다. 이로써 안드레아 마리아 셴켈은 독일 범죄소설상을 받았고, 엘케 하이덴라이히Elke Heidenreich는 〈독서하세요〉라는 텔레비전 프로그램에서 책을 소개하기도 했다. 《슈피겔》은 작가의 이야기를 실었다. 《살인의 마을 탄뇌드》는 이런 관심 속에서 슈피겔 베스트셀러 목록에서 1위를 차지했다.

2007년 4월 페터 로이쉬너는 그동안 만들어놓은 폭탄을 터트렸다. 4월 12일 뮌헨의 《테체트TZ》와 잉골슈타트의 《도나우쿠리어Donakurier》에 로이쉬너가 자신의 변호사에게 안드레아 마리아 셴켈이 표절을 했다고 말했다는 대형 기사가 실렸다. 그때부터 셴켈은 공공연하게 비난을 받았다. 연방의 모든 매체들은 이를 사건으로 다뤘다. 4월 27일자 《독일출판협회지》는 뮌헨의 작가 로베르트 휠트너Robert Hültner의 입장을 실었다. 그 내용은 이러했다. "페터 로이쉬만의 책과 《살인의 마을 탄뇌드》 사이에 원고의 일치 상태는 표절 비난을 우습게 만들 정도로 적다." 에디치온 나오틸리우스 출판사는 4월 23일에 재판 이외의 화해를 배제했다.

2007년 8월 페터 로이쉬너는 뮌헨 지방법원에 안드레아 마리아 셴켈에 대한 고소장을 제출했다. 그는 저작권법을 근거로 소설의 판매금지 가처분을 신청했다. 게다가 그는 손해배상을 요구하며 판매 가능한 소설책들을 파기할 것을 요구했다.

이 때문에 《살인의 마을 탄뇌드》가 명백한 성공을 거둔 직후에 페터 로이쉬너가 안드레아 마리아 셴켈을 고소했을 것이라는 의심이 제기되었다. 2007년 8월 25일 《문학세계Literarische Welt》에는 다음과 같은 글이 실렸다. "《살인의 마을 탄뇌드》가 범죄소설 세계 베스트셀러 순위에 처음으로 공적을 남겼을 때 마치 구름이 잔뜩 낀 독일 범죄소설계의 하늘에 혜성처럼 등장해 베스트셀러가 되자마자, 저널리스트이자 작가인 페터 로이쉬너는 견딜 수 없을 정도로 불안해졌다. 그때 그에게는 안드레아 마리아 셴켈에게 표절 혐의를 덧씌우려는 생각이 떠올랐다." 그가 작가로부터 책을 받은 지 1년의 기간에 대해 사람들은 덧붙일 말이 많을 것이다.

이런 의미에서 안드레아 마리아 셴켈도 표절 혐의가 발표된 지하루 뒤인 2007년 4월 13일에 《프랑크푸르터 알게마이네 차이퉁》과의 인터뷰에서 다음과 같이 말했다. "제 생각에 로이쉬너 씨에게는 돈만 중요한 것 같습니다. 그는 소설이 그렇게 많이 팔리기 이전에 《살인의 마을 탄뇌드》를 알고 있었습니다. 성공을 전혀 예측할 수 없었던 당시에 그는 나의 책에 대해서 항변할 것이 없었습니다. 그런데 지금 그는 도서판매 수입의 대부분을 요구하고 있습니다."

2008년 5월 뮌헨 지방법원은 마침내 《살인의 마을 탄뇌드》가 표절이 아니며 《힌터카이펙 살인사건Der Mordfall Hinterkaifeck》과 "유사성을 지니고 있음에도" 독자적인 창작물이기 때문에 "저작권법에 저촉되지 않는다"고 판결했다. 고소는 기각되었다.

페터 로이쉬너가 안드레아 마리아 셴켈의 표절 혐의를 표방한지 얼마 되지 않은 시점에 오히려 그 자신의 표절 행위가 드러났다. 소름끼치는 범죄를 적확한 시기에 처벌하기 위해서 저널리스트

요제프 루드비히 헥커Josef Ludwig Hecker는 1951년 《도나우 쿠리어》에 6건의 살인에 대해 주목할 만한 연재물을 썼다. 그의 조카 하인츠 라이트너Heinz Leitner는 사망한 삼촌의 기록, 로이쉬만의 두 권의 저서, 《살인의 마을 탄뇌드》를 비교했다. 그리고 2007년 4월 25일 《도나우 쿠리어》에 그 결과가 실렸다. "나는 《살인의 마을 탄뇌드》에서는 일치하는 점을 별로 찾지 못했다. 그러나 로이쉬너의 책에는 삼촌의 소설과 거의 일치하는 부분이 몇 군데 있었다." 신문 기사는 계속해서 다음과 같이 서술하고 있다. "삼촌은 나에게 로이쉬너가 당신의 작품을 베껴 썼다는 사실을 말해주셨다." 헥커는 이에 대해서 분노했다고 한다. 로이쉬너를 방문했을 때 두 작가 사이에 합의가 있었다고 한다. 로이쉬너는 연작소설의 내용을 부분적으로 차용할 수 있지만, 헥커의 것임을 밝히고 인용하는 조건에서만 가능했다고 한다. "삼촌은 책을 읽고 자신의 이름을 찾지 못하자 화를 내셨다." 이와 관련해서 두 사람의 관계는 악화되다가 "중단되었다."

페터 로이쉬너는 당연히 기사 내용을 반박했다. 하지만 그는 이 사안에 대해 걱정을 많이 할 필요는 없었다. 하인츠 라이트너는 아직까지 법적인 절차를 밟지 않고 있다. 바이에른의 코뫼디엔슈타들 Komödienstadl*의 커튼이 완전히 내려오듯 상황이 종결되기를 바라는 바다.

---

*   바이에른 방송사의 코미디 시리즈.

네 권의 책과 연관된 표절 논쟁은 몇 가지 흥미로운 공통점이 있다. 첫째, 모든 작품이 대형 베스트셀러로 말하자면 100만 권 이상 판매된 책이었다는 점이다. 이 책들은 오랜 기간 판매 순위 상위권에 있었고, 작가와 출판사에 엄청난 수익을 안겨주었다. 둘째, 네 명의 작가는 모두 이 책으로 유명해졌다. 그들은—《살인의 마을 탄뇌드》로 등단한 안드레아 마리아 셴켈을 제외하고—이전에도 책을 출판했지만, 표절 논쟁에 휩싸인 책을 통해 국제적인 명성을 누렸다. 셋째, 네 작품 모두 소설이었다. 넷째, 고소인들은 전부 전문서 작가이거나 학자 또는 법적 상속인이었다. 다섯째, 모든 고소는 기각되거나 해결되었다. 이는 바람직한 결론이었다.

이 지점에서 내가 법정에서 표절 논쟁을 해결하는 일을 반대한다는 인상을 받아서는 안 된다. 사실은 그 반대다. 독일 저작권법은 작가가 소재를 각색할 때 엄청난 선택의 여지를 보장하는 한편 타인의 지적 결과물을 엄격히 보호한다.

그러므로 여기서 설명한 사건들에서 오늘날 점점 확산 중인 소송인의 사고방식의 편린을 엿볼 수 있다. 그들은 작권법으로부터 동기를 부여받는 게 아니다. 오히려 예전의 자기 작품과 이후에 나온 타인의 작품 사이에 모호한 유사성에 착안해 성공한 사람들의 지적 업적이나 그들의 물질적인 이득을 가로채려 하고 있다. 그럴 경우 앞서 언급한 법적 결정은 예술의 자유라는 관점에서 환영할 만하다.

이 모든 것은 엄청난 변화의 시작을 의미한다.
이를 역사상 그 무엇과 비교할 수 있을까?
구텐베르크가 발명한 활판인쇄술도
지금 우리가 경험하는 것보다는 중요하지 않다.

— 로버트 단턴Robert Darnton (1939년 출생)

책은 진정으로 자부심을 느낄 수 있는
문명의 유일한 대상이다.

— 미하엘 크뤼거Michael Krüger (1943년 출생)

—

소유, 도둑질과
도서문화의 미래

종이 백과사전부터 디지털 백과사전까지

1808년에 프리드리히 아르놀트 브로크하우스는 라이프치히 가을 박람회에서 백과사전에 대한 권리를 획득했다. 그의 세계적인 명성은 백과사전을 승계하고 완성하면서 더욱 공고해졌다. 그러나 정확히 200년 뒤인 2008년 2월 중순에 출판사는 분노를 일으키는 짧은 소식을 발표했다. "브로크하우스 출판사는 2008년 4월 15일까지 광범위한 무료 온라인 사전 포털로 나아갈 것입니다."

이내 대중매체의 보도와 논평이 넘쳤다. 라이프치히 대학도서관 관장이자 도서학자인 울리히 요한 슈나이더^{Uhlrich Johann Schneider}는

《프랑크푸르터 알게마이네 차이퉁》과의 인터뷰에서 '역사적 단절'에 관해 언급하며 "개인이든 도서관이든 미래에는 책장을 화면에 설치[해야] 한다는 비전을 밝혔다. 그 내용은—이제 텔레비전에서도 이런 일이 점점 더 빈번하게 일어나지만—목적에 따라 내려받을 수 있다." 저널리스트 만프레트 슈나이더Manfred Schneider는 《프랑크푸르트 룬트샤우Frankfurt Rundschau》에 쓴 기사에서 "출판사의 전략이 변한 것만이 아니라 한 시대가 끝났다. 책은 …… 신속성, 적시성, 멀티미디어라고 불리는 새로운 신들의 그림자 속으로 들어섰다"고 보았다. 그는 이와 함께 "새로운 매체에서도 끊임없이 전 세계의 현실적이고 풍부한 측면을 담은 백과사전이 제공될 뿐 아니라 데이터 홍수 속에서 다시 신뢰가 도래했다"는 희망을 결부시켰다. 그의 결론은 다음과 같다. "위키피디아Wikipedia 무정부는 마침내 폐기되었다." 마지막으로 요아힘 귄터Joachim Günter를 인용하겠다. 그는 《노이에 취리히 차이퉁Neue Züricher Zeitung》에서 이렇게 말했다. "책을 소장하는 일은 고귀한 가치를 잃었다. 품위 있는 책으로 거실에 만든 벽은 이제 10년 전이나 15년 전과 같지 않다." 도서문화의 미래에 대한 그의 시각은 출판 분야에 있어서 그다지 희망적이지 않다. "디지털의 승리에는 미학적인 측면도 있다. 디지털화는 매체의 형태에 해당되는 것으로 최소화를 의미한다. 부피는 짐으로 간주되어 책을 취급할 때 짐을 덜려는 요구가 증가한다." 입장과 관점이 제각각이지만 신문의 문예면에는 다음과 같은 의견이 우세했다. 브로크하우스의 결정은 도서문화라는 3000년 이상의 역사의 항해일지로 응당 받아야 할 것보다 더 많이 기록했다는 것이다.

출판 분야에 관해 또 다른 평가도 있다. 대개는 "너무 늦었다"고 비밀스럽게 말했다. 인터넷 백과사전인 위키피디아의 세계적인 시장력은 서적 분야에서 몇 안 되는 브랜드 상품 중 하나인 브로크하우스에 의해 무너지지 않는다는 것이다. 몇몇 자료에 의하면 오늘날 위키피디아는 대략 260개의 언어로 이루어져 있으며, 영어판의 경우 약 250만 개 이상의 항목을 포함하고 있다고 한다. 비교하자면, 브로크하우스의 백과사전의 최근 인쇄본은 약 30만 건 이상의 표제어를 아우르고 있다. 2009년 4월 현재 위키피디아에는 세계적으로 1000만 개 이상의 항목이 있고, 매달 3억 번 이상 클릭된다고 한다.

성급하게 선언한 브로크하우스 백과사전의 온라인판은 2008년 4월에 무기한 연기되었다. 이후 2008년 12월 출판사는 베텔스만 그룹의 기업인 비센스메디아Wissensmedia에 매각되었다.

음악 산업의 재앙

브로크하우스의 무료 온라인 백과사전이 공표되기 전에 인터넷 판매포털 아마존은 2007년 10월에 강력한 전자책 리더인 킨들을 미국 시장에 내놓았다. 출판계에서 이러한 두 가지 뉴스는 종이책과 디지털 도서의 미래와 연관하여 격렬하고 지속적인 토론을 불러일으켰다. 많은 사람이 음악산업의 실수를 되풀이해서는 안 된다고 경고했다. (그리고 여전히 경고하고 있다.) 음악계는 미래가 디지털 자

271

료에 달렸다는 사실이 오래전에 명확해졌음에도 CD 방식을 고수하고 있었다. 그러는 동안에 음악계 자체에서 무수한 의견이 나왔다. 이는 출판계를 겨냥한 적절한 의견이었다. 예를 들면 워너 뮤직Warner Music의 베른트 돕Bernd Dopp은 2009년 2월 말에《쿨투어 슈피겔 Kultur Spiegel》에서 이런 주제에 관해 언급했다. "음악계는 전체 창작활동의 선봉으로서 해적판과 개인 용도의 복제본이라는 문제를 겪은 최초의 사업 분야일 뿐이었다. 영화계 다음으로 단행본 출판사와 잡지 출판사들, 그리고 저술가, 작가 등이 이런 일을 겪을 수 있다. 인터넷은 저작권법으로 보호받는 콘텐츠를 완전히 변화시켰고, 이를 계속해서 행하고 있다."

유니버설 뮤직Universal Music 독일지부의 사장이었던 팀 레너Tim Renner도 다수의 강연과《애들아, 죽음은 전혀 나쁜 것이 아니란다 Kinder, der Tod ist gar nicht so schlimm》라는 책에서 출판계가 잘못된 자기 보호와 무시를 통해 디지털화를 왜곡하지 말라고 경고했다. 나는 이런 의견에 이견을 제시하려는 것은 아니다. 단지 도서 분야가 훨씬 더 오랜 유구한 역사를 지녔다는 사실을 기억하기 바란다. 레코드판은 음악산업에서 최초의 대량생산품으로 19세기 후반의 산물인 반면 책의 문화는 3500년 이상의 역사를 되돌아보면서 배울 바가 있다. 바라건대 우리는 음악계의 가장 지독한 실수, 즉 자기 본래의 역사를 무시하는 실수를, 피할 정도로 충분히 현명하다.

팀 레너는 매번 이런 사태를 즐겨 설명한다. "나는 1994년에 열린 밴쿠버Vancouver 회의에 있었다. 그 당시 매사추세츠 공과대학 미디어 랩의 공동창립자로 잘 알려진 니콜라스 네그로폰테Nicolas

Negroponte는 디지털 음원 판매라는 아이디어를 설명했다. 발표가 끝난 뒤 폴리그램Polygram의 당시 사장인 앨라인 레비Alain Levy가 연단에 올라가 발표에 대해 양해를 구했다. 디지털 판매는 완전 헛소리인데, 왜냐하면 음악은 필수적으로 CD라는 촉각적인 담지체에 연결되어 있기 때문이라고 했다. 우리는 상황이 어떻게 변했는지 알고 있다. 이는 출판 분야에도 일어날 것이다."

음악계의 영향력 있는 매니저들은 음악 분야의 변화를 직시하지 못한 채 늦잠을 잤다. 무엇보다 그들은 적시에 자기 분야의 역사를 바라보는 데 소홀했다. 말하자면 그들은 이미 1960년대에 기술적인 문화혁명이 레코드산업에 광범위한 결과를 초래했음을 이해했다고 한다. 영국 해적방송에 대한 얘기다.

1960년대 초반에 영국 라디오 방송은—다른 나라에서와 마찬가지로—국가에서 독점하고 있었다. 영국방송협회BBC는 교양교육에 대한 시대적 의무를 느끼고 있었다. 그리하여 사회적으로 승인된 고급문화를 전파하기 위해 대중문화를 프로그램에서 배제했다. 이 때문에 젊은이들은 일주일에 겨우 한 시간 정도만 자기 세대의 음악을 들을 수 있었다. 스윙잉 런던Swinging London*은 신성한 BBC에는 나타나지 않았다.

로넌 오라힐리Ronan O'Rahilly는 1963년에 막 스물셋이 되었다. 그는

---

*　1960년대의 역동적인 런던의 모습을 가리키는 말로 젊은이들의 패션, 문화를 총칭한다. 해적 라디오 방송국 '스윙잉 라디오 잉글랜드Swinging Radio England'는 새롭고 현대적인 것을 강조하는 젊은이들의 중심에 있었다. 이 시기는 이는 낙관주의, 쾌락주의, 문화혁명의 시기였다.

레코드 생산자였다. BBC와 라디오 룩셈부르크^{Radio Luxemburg}가 오라
힐리의 레코드판을 틀지 않기로 했을 때 그는 자기 방송국—불법
방송국이자 해적방송사—을 설립하기로 마음먹었다. 1964년 3월
28일 라디오 캐롤라인^{Radio Caroline}은 국가 영토 밖, 영국 해상에서 12시
정각에 불법 방송을 시작했다. 같은 해 12월 19일에 빅 엘^{Big L}이라
는 또 다른 해적방송사가 불법 방송을 시작했다. 이 두 방송사만
해도—당시 대략 10개의 해적방송사가 있었는데—청취자가 거의
1700만 명에 달했다. 그들은 사회적으로 허용되지 않았던 롤링 스
톤즈^{Rolling Stones}, 더 후^{The Who} 같은 그룹들의 노래를 틀었다.

낭만적이게도 해적방송이라는 명칭을 부여받은 기업의 배후에
는 거의 예외 없이 미국 투자가들이 있었다. 그들에게 민간 라디오
방송국은 지극히 당연한 일이었다. 미국 투자자들은 먼 유럽에서
벌어지는 방송의 불법성을 믿지 않았거나 혹은 법적 규제를 수용하
지 않았다.

1967년 8월 14일 〈해상방송 방지법^{Marine Broadcasting Offences Act}〉이
법적 효력을 발휘하면서 짧지만 지대한 영향력을 발휘했던 해적방
송의 시대가 끝났다. 그들이 영업을 철수할 수밖에 없었을 때 영국
전체에서 트랜지스터라디오는 창 밖으로 내던져지거나 혹은 강, 바
다, 호수로 가라앉았다.

그 당시 레코드 사업은 기술혁신의 덕을 보았다. 해적방송사의
음악프로그램은 이동식 트랜지스터라디오라는 하드웨어 판매, 음
반 판매와 같이 음악을 청취하는 방식을 지속적으로 변화시켰다.
록 음악이 인기를 끌자 음악산업의 매상은 음악가의 수입과 동반

상승했다. 해적방송이 라이선스 비용을 저작권자에게 지불하지 않았음에도 말이다. 음악산업은 1964년부터 1967년 사이의 새로운 기술이 시장 판도를 뒤바꿨음을 잊어버렸는지 모른다. 또한 디지털화가 1990년대 중반부터 똑같은 양상으로 전개될 수 있음을 고려하지 않았다. 다만 이번의 변화상은 음악산업의 걸림돌이 되었다.

출판계는 책의 디지털화를 생각할 때 이를 고려해야 했다. 음악계의 딜레마가 일대일로 도서시장에 적용될 수는 없다고 하더라도, 후자의 상황은 몇 년 후 디지털화로 인해 우리가 상상하는 것보다 훨씬 더 급진적으로 변화하게 될 것이다. 작가이자 출판인인 위르겐 네페Jürgen Neffe는 2009년 4월 23일《차이트》의 〈옛날 옛적에Es war einmal〉라는 주목받는 기사에서 "도래하는 세대의 역사를 기술할 때 21세기 초반의 글로벌 금융위기는 포스트 구텐베르크 시대의 주석에 불과할 것이다"라고 경고했다. 그 개연성은 날마다 점점 커지고 있다.

기나긴 책의 문화사를 통과했으므로 이제 역사로부터 현재와 미래에 유용한 인식을 밝히는 연대기 작가의 역할을 취하려 한다. 서적상, 출판사 직원, 출판업자, 대표, 협회 임원, 발행인이자 작가로서 나는 30년 이상 출판계에 종사했다. 이제부터 감히 현재와 미래에 대한 분석과 진단을 내놓으려 한다.

몇몇 예견은 책의 문화사에서 도출되었고, 다른 것들은 다른 업종의 역사적 경험에 기초를 두고 있다. 나의 생각은 예언이라기보다 도발에 가깝다. 나는 내용적으로 완결된 시나리오를 내놓을 수 없거니와 그렇게 하고 싶지도 않다. 오히려 나는 상이한 관점에서 다양한 현상을 관찰했고, 이는 각기 다른 결과로 향한다. 이는 출판계가 미래에도 문화적으로 혁신적이고, 경제적으로 살아남을 수 있도록, 오늘날 발전되어야만 하는 전략을 논의하는 데 기여하게 될 것이다.

⁂

미래를 탐색하기 전에 출판 분야의 한 측면이 오래전에 미래에 도달했음을 간략히 지적하고자 한다. 과학 분야의 출판사들은 디지털화된 글로벌 콘텐츠—다양한 매체 형태로 생산되고 만들어진 콘텐츠—를 판매하고 있다. 이를 통해 가장 큰 이윤을 거두는 독일 출판사 슈프링어 사이언스+비즈니스 미디어는 오늘날 3만 2000권 이상의 책과 2000권의 잡지와 수많은 데이터뱅크 서비스를 디지털 형식으로 제공하고 있다. 발터 데 그루이터Walter de Gruyter 출판사에서는 전자 자료의 매상이 거의 20퍼센트에 달한다. 베를린에서 알 수 있는 이 두 가지 사례는 현대의 학자學者가 이미 오래전에 정의된 디지털 인간Homo digitalis이라는 사실을 보여준다. 하지만 대부분의 군중은 학문 내용의 디지털화 과정을 아직까지도 제대로 인식하지 못하고 있다. 킨들이 도입되고 브로크하우스의 온라인 백과사전 판본이 공개되고 나서야 이 주제는 유명해졌다. 학술도서의 판매는 고유한 법칙이 있어 과학 출판사의 시장 판매 전략이 대중 서적을 넘어설 수 있을지는 불투명하다. 따라서 여기서는 출판계가 이미 전문적인 디지털 생산품을 다루고 있다는 사실 정도를 이야기하는 것으로 만족해야 할 것이다.

새로운 기술의 위험과 해악

사소한 것부터 시작하자. 2009년 3월 26일 헝가리 태생의 미국인 찰스 시모니Charles Simony가 두 번째 우주비행을 감행했을 때—이 여행은 일주일간 대략 3500만 달러가 들었다—독일 매체는 부유하고 약간 정신 나간 우주 관광객만을 화두로 삼았다. 물리학자의 아들이었던 그는 스무 살 때 무작정 미국으로 건너와 정보학을 전공했다. 1981년에 그는 소프트웨어 회사인 마이크로소프트Microsoft에 취직했다. 그가 주도하여 워드Word와 엑셀Excel 프로그램을 개발했다. 20년이 지나 회사를 떠날 때 그는 백만장자 클럽에 속했다.

　미국 시장연구소 밀워드 브라운Millward Brown의 연구 결과는 사소하지 않다. 브라운 연구소는 2009년에 세계 최고의 브랜드 가치를 세 차례 조사했다. 구글은 1000억 달러 가치를 평가를 받아 1위를 차지했다. 하지만 우리가 이런 정보에만 주목하는 것은 아니다. 상위 10위의 브랜드 가운데 6개의 브랜드가 인터넷, 컴퓨터, 소프트웨어, 텔레커뮤니케이션 사업 분야에 속해 있다. 구글, 마이크로소프트, 아이비엠, 애플, 차이나 모바일China Mobile, 보다폰Vodafone 같은 기업이 인터넷 환경에서 디지털화로 수익을 내고 있다. 이 6개 기업의 가치는 총 4210억 달러에 달한다. 급격한 가치 성장을 이룬 상위 4위까지의 기업 순위를 보면 다음의 기업들이 차지하고 있다. 이들 역시 앞서 언급한 사업 분야에서 활동하고 있다. 블랙베리(+100퍼센트), 아마존(+85퍼센트), 에이티앤티^{AT&T}(+67퍼센트), 보다폰(+45퍼센트).

대형 금융거래의 세계에서 나온 이런 사실은 우리에게 새로운 기술력, 인재, 회사 영역에서 어마어마한 재산 가치를 얻을 수 있다는 점을 보여준다. 디지털화와 인터넷은 같은 시장에 속해 있으며, 이는 참여 기업의 본질적 가치와 성장률과 관련하여 명백히 세계경제의 대부분의 다른 서브마켓을 앞질렀다.

이런 기업과 이를 경영하는 사람들의 막강한 경제적, 산업정책적 관심을 고려해보면, 글로벌 경제에 어느 정도 비판적인 관찰자들은 기술 발전의 옹호자가 인터넷 분야에 어떤 희망을 심어두었는지, 말하자면 현재와 미래에 수익성이 있는 세계의 사업모델로 어떤 희망을 두고 있는지에 대해 놀랄 수밖에 없을 것이다. 예일 대학교 법학과 교수 요차이 벤클러^{Yochai Benkler}를 예로 들면, 그는 인터넷 네트워크가 "개인에게 더 많은 자율성, 정치적 공동체, 민주주의와 사회, 자기 성찰과 인간적인 결속을 위해 더 많은 가능성"을 창출하리라고 기대한다. 텍사스의 건축학과 교수 마이클 베네딕트^{Michael Benedikt}는 사이버스페이스에 있는 "천상의 도시"를 "인류의 총체적인 회복"을 위한 장소라고 말한다. 1996년 2월 8일 다보스^{Davos}에서 열린 세계경제포럼에서 그레이트풀 데드^{Grateful Dead}*의 전직 송

---

*　미국의 록 그룹. 1960년대 중후반 미국 샌프란시스코 지역의 히피 문화를 이끌었다.

라이터였던 존 페리 발로우John Perry Barlow는 인터넷을 "정신의 새로운 고향"이라고 선언했다. "우리는 사이버스페이스에서 정신의 문명을 창조하게 될 것이다. 이것이 이제까지 여러분의 정부가 세웠던 세계보다 좀 더 인간적이고 좀 더 정의롭기를 바란다."

그 당시 네트워크의 현실은 알려진 바와는 조금 다르게 보인다. 외설적인 내용이 담긴 사이트와 불법으로 거래하는 인터넷 해적들의 파일공유 사이트는 엄청난 트래픽을 달성했다. 이 때문에 정식 법적 소유자는 이익을 얻지 못한다.

그리고 적어도 베이징에서 올림픽 경기가 열리면서부터—구글이 중국 당국의 검열에 불복종하여 갈등이 최고조에 달했을 때—글로벌 데이터 교류선의 구축이 경제적인 이해관계에 놓여 있다는 사실이 명확해졌다. 네트워크의 자유는 기술적인 실현가능성이 아니라 정치 분야의 문명화 상태를 통해서 현실화된다.

인터넷과 현대 미디어는 그밖에 일련의 사회문제를 제기했다. 여기서 조금만 언급하고자 한다. 2008년 여름 기술비평가 니콜라스 카Nicholas Carr는 《구글이 우리를 바보로 만드는가? 인터넷이 우리 두뇌에 하는 일Is Google Making Us Stuid? What the Internet is doing to our brains》이라는 에세이를 펴내어 주목을 받았다. 책에서 그는 네트워크가 정신을 산란하게 만들 가능성이 있고 인간의 정신적인 집중능력에 미치는 부정적인 결과에 대해 개탄했다. 책에 다음과 같은 내용이 있다. "예전에는 쉽게 하던 집중적인 독서가 힘든 행위가 되어버렸다. 예전에 나는 단어의 대양에서 헤엄치는 다이버였으나 지금은 수상스키를 타는 사람처럼 표면을 따라 바스락거리고 있다." 이런 개인적인 소견은 그 사이 몇몇 학자의 경험을 통해서도 드러난다. 2009년 4월 신경생리학자 게랄트 휘터Gerald Hüther는 《쥐트도이체 차이퉁》에서 우리의 두뇌는 훈련을 많이 한다고 더 잘 돌아가는 것이 아니라 자신이 하는 일에 열광할 때 발전한다고 설명했다. "청소년들이 하루 종일 열심히 문자메시지를 보낼 때, 이로 인해 두뇌에서는 신경망이 생성되어 이런 과정을 점점 더 능숙하게 할 수 있게 된다. 우리는 지난 10년 동안 엄지손가락을 조종하는 두뇌 부분이 청소년들 사이에 더 커졌다는 점을 알고 있다."

미국의 정치학자 벤저민 바버Benjamin Barber에 의하면 지구화된 자본주의는 다른 것과 비교할 때 "어려운 것보다는 쉬운, 복잡한 것보다는 단순한, 그리고 느린 것보다는 빠른" 수용모델을 선호한다고 한다. 이런 학습 및 태도의 방식은 현대적인 소통기제를 통해 도움을 받는다고 한다. 그 때문에 컴퓨터 과학자는 2008년 8월 11일 《슈피겔》에서 자연보호와 비슷하게 우리가 정보의 홍수 앞에서 자유로울 수 있는, 정신의 "사유보호구역"을 요구했다. 이에 대해 세계적인 기술문화 전문지 《와이어드Wired》는 반대의견을 피력한다. "구글이 있는데 누가 기억을 필요로 하는가?"

물론 새로운 기술의 사용과 해악에 대한 문화적인 투쟁은 완전히 열려 있다. 미국과학자연맹이 보도한 기사에 의하면, "디지털 이민자"와 "디지털 원주민"이 서로 대적하고 있다고 한다. 전자는 "까다로운 학교 과제를 풀 때 위키피디아에 접속하기 위해 마우스를 클릭하기보다는 도서관으로 들어가는 길을 찾으려고 하는" 사람들을 말한다. 후자는 다양한 매체와 함께 자라난 사람들을 말한다. 미국 문학비평가인 스벤 비커르트Sven Bickert는《구텐베르크 비가Gutenberg Elegien》라는 책에서 넌지시 후자의 습관에 대해 암시하면서 체념한 듯 이렇게 단정했다. "우리와 이른바 '외부 세계' 사이에 전자 커튼이 드리워 있다. 완비된 기계공원과의 접속을 끊고 하루를 보낸다는 생각은 우리로서는 들어보지도 못한 일이거니와 겁나는 일이다."

구글이나 아마존 같은 기업의 어마어마한 컴퓨터 설비와 마찬가지로 무수한 개인용 컴퓨터역시 과열을 막기 위해 냉각수나 전기를 많이 사용하기 때문에 생태학자들은 웹 환경이 전체 항공우주산업보다 이산화탄소를 훨씬 많이 배출한다고 비판한다. 정보 관련 담당자들은 디지털 데이터 재앙을 예견하고, 지금의 환경은 정보를 장시간 저장하는 전략이 결여되어 있기 때문에 엄청난 지식을 잃어버릴 가능성을 두려워하기도 한다. 도서학자이자 하버드 대학교 도서관장인 로버트 단턴은 "우리는 예전보다 훨씬 많은 정보를 갖고 있지만, 예전보다 훨씬 많은 정보를 잃어버리고 있다"고 말했다. 기자들은 빛의 속도로 네트워크를 통해 퍼지고 수정할 수도 없는 잘못된 뉴스를 확인한다. 개인 정보 보호정책을 고민하는 사람들은 인터넷 서핑을 하는 사람이 어떤 개인 기록과 문서목록을 네트워크에 남기는지 생각할 때 말문이 막혀버린다.

월드와이드웹World Wide Web을 더 많이 사용할 때 초래되는 이러저러한 문제를 지적하는 사람은 비판자들에 의해 가망이 없고, 진보에 적대적인 문화 회의주의자로 인식된다. 2009년 4월 27일 페터 리히터Peter Richter는《파츠 닷 넷》에서 "인터넷은, 그곳에서 만나게 되는 사람들로 대변되기 때문에 자신을 싫어하는 걸 좋아하지 않는다"고 밝혔다. "인터넷은 아직 젊고 독립적이지 않기에 곧바로 상처를 받는다."

현재 진행 중인 매체 논쟁이 종종 구텐베르크 시대를 연상하게 한다는 사실을 이 자리에서 지적해야 할 것 같다. 과거에도 보수적인 비평가들은 종이가 양피지에 비해 안정적이지 않기 때문에 기록의 전승을 망치게 될 것이라고 비난했다. 또한 도서의 인쇄는 전체 직업군을 무직으로 만들고 필사문화와 독서문화보다 필연적으로 피상적인 대중문화를 낳게 될 것이라고 경고했다. 그 외의 비난은 인간의 기억능력과 지식의 민주화 및 과거 엘리트들의 권력 소실에 대한 부정적인 시각과 연결되어 있다.

미국 사회학자 리처드 세넷Richard Sennett은 사람들과 유대관계를 맺으면서 자아의 의식을 간직하는 인간성의 특징을 중요하게 보았다. 반면 단지 새롭고 매혹적이기 때문에 그것을 추종하고 긍정하는 사람들이 있다. 1985년 닐 포스트먼Neil Postman은 《죽도록 즐기기 Wir amüsieren uns zu Tode》라는 책에서 이렇게 밝혔다. "새로운 기술이 사회 변화의 전체 프로그램을 가져온다고 잘못 인식하고 있는 자, 기술이 '중립적'이라고 주장하는 자, 기술이 문화의 친구라고 가정하는 자는, 이런 후기 시대에는 전혀 어리석다고 간주되지 않는다."

인터넷이 엄청난 정보 보관소이고 그것 없이 살아갈 수 없다는 점은 사실이다. 하지만 정보 그 자체가 곧 지식이 아니라는 점도 사실이다. 신중하고 비판적으로 생각하며 정보를 평가하기 위해서 아주 다양한 가닥을 서로 연결한 뒤에야 비로소 우리 사회의 가장 중요한 원천, 즉 지식이 생겨난다. 네트워크의 매력은 지식의 생산보다 무한한 정보에 있다. 네트워크는 채석장일 뿐 완성된 집이 아니고, 도구일 뿐 생산품이 아니며, 통로일 뿐 목적지가 아니다. 그러나 네트워크에 대한 이런 평가에 반대하는 이들은 그 자체를 중요하게 여긴다. 네트워크는 기억과 도서관으로 가는 길을 대신하고, (종종 무료로) 음악과 영화를 조달하고, 소통을 위한 장을 만들고, 유용하고 무용한 수많은 정보를 제공한다. 디지털 원주민 중 다수에게 네트워크는—'정신'이라는 개념과 연관해서 적절하게 사용될 수 있다면—'정신의 새로운 고향'이다.

아날로그와 디지털 문명의 충돌은, 통용되는 법이 인터넷에 적용될 수 있는가 그리고 어떻게 적용되는가에 대한 질문에서 더욱 뚜렷해진다. 네트워크에서 아동 포르노를 다운로드하는 행위는 그와 동일한 내용의 DVD을 구입하는 행위와 똑같이 처벌을 받아야 하는가? 인터넷에서 음악을 불법적으로 복사한 것과 상점에서 도둑질을 하는 것을 비교할 수 있는가? 홀로코스트를 부정하는 사람이 아날로그, 디지털에 상관없이 자신의 경멸을 퍼뜨리는 일은 범죄행위인가? 이런 문제에 대한 법률적인 답변은 명확하다. 유아 포르노, 도둑질과 인종주의는 네트워크 안에서도 처벌할 수 있다. 하지만 네트워크에서 현행법을 적용하려 할 때 몇 가지 문제가 드러난다. 인터넷은 빠르지만, 고발은 시간이 많이 걸린다. 능수능란한 서퍼는 익명으로 가상세계를 휘젓고 다니지만, 법은 명확한 신분의 사람이나 회사에 대해서만 집행된다. 네트워크는 실시간으로 민간 경제의 기술적인 혁신을 통해 변모하지만, 글로벌 제도인 법은 각국의 국경에서 한계를 보이며 입법부의 복잡한 지배를 받는다. 이처럼 네트워크 문화기술에 법을 적용하는 문제 때문에 월드와이드 웹은 거의 무법지대가 되었다. 특히 저작권법으로 보호받는 작품의 창작자는 법적 규정과 네트워크 안에서의 법적 현실 사이의 틈을 다시 메우자고 요구하지만, 인터넷 통제나 규율에 대해 사이버 예언자들은 격렬히 반대한다. 해적질은 절도가 아니라 개인적인 창작물의 사회화이고, 이는 결과적으로 모든 사람의 것이라고 본다. 신자유주의적 이데올로기와 반자본주의적 광기의 결합은 새롭다. 이는 독점, 법칙의 예외성을 요구하지 않지만, 오히려 자유의 이름으로 규범적인 법의 사형을 요구한다. 이는 아동 포르노, 예술 절도, 테러 비디오와 나치 선전물에 대한 기본법의 유예마저 포함한다. 하지만 우리 모두가 평화롭게 살길 바란다면, 실제 생활 속에서 개인적인 자유의 제한을 받아들여야 한다는 점은 예나 지금이나 통용된다. 마찬가지로 네트워크에도 규율하는 법적 명령이 있어야만 한다.

이제 우리는 대립하는 시각의 결정적인 사안에 도달했다. 말하자면 네트워크를 무엇이 지배해야 하는가라는 문제다. 민주주의인가 자의인가? 디지털 원주민은 네트워크에서 민주주의를 많이 언급하지만, 민주주의가 실제로 무엇을 뜻하는가에 대한 그들의 생각에는 현대 민주주의의 표상을 적용해야 할 필요성이 있어 보인다. 2009년 6월 4일 옌스 예센Jens Jessen은 《차이트》에서 고대국가에서 민주주의를 이해할 때 다수의 보호가 발전되지 못한 상태였음을 지적했다. "아테네에서는 다수의 결정을 통해 대중에게 사랑받지 못하는 자를 추방할 수 있었다. 도편추방제라고도 불리는 이런 배척은 시민에 대한 시민의 무기명 투표를 허용했다. 민주주의가 오직 다수 결정의 원칙을 의미한다고 해도 이는 의심할 바 없이 민주주의적인 절차다." 반면 현대의 민주주의는 소수의 권익을 법으로 보장한다. 특히 헌법은 지배하는 다수에 제한을 둔다. 하지만 네트워크에 열광하는 사람들의 이론에는 "상점 카운터의 이상이 확립된 듯 보인다"고 옌진은 밝히고 있다. 사람들은 어떤 생산품[사고 혹은 작품]의 품질을 특성으로 인식하지 못하고 판매자[혹은 도둑]의 수만 인식한다. 이 때문에 네트워크에서 강자의 문화가 폭발하는 것을 허용해서는 안 된다. 자칫하면 네트워크 문화는 저작권법을 훼손한다. 예를 들어 저작권자의 소유물 주변에는 울타리를 칠 수 없는데, 이는 지적 자연이기 때문이다. 자유는 의심할 바 없이 보호할 가치가 있는 고귀한 대상이다. 하지만 권리 없는 자유는 민주주의가 아니라 자의에 불과하다.

새로운 매체혁명

2008년 8월 출판가 헬게 말쵸브Helge Malchow는 《책시장Buchmarkt》이라는 전문잡지에 "서적인쇄술이 발명되고 500년이 지나 우리는 다시 비슷한 혁명과 마주했다"고 썼다. 이런 사실을 오늘날 그 누구도 의심하지 않지만, 오히려 우리는 이미 새로운 매체혁명 안에 놓여 있다.

매체혁명은 새로운 저장매체의 도입과 전통적인 방식에서 벗어나 매체기술적으로 새롭게 변모된 방식으로 기록하는 것이다. 고대 그리스에서 구전되던 이야기나 설형문자로 쓴 메소포타미아의 점토판은 새로 등장한 양피지 두루마리로 대체되었다. 양피지 형태의 책은 코덱스라는 형식에 의해 철폐되었다. 그리고 필사본 코덱스가 마침내 인쇄도서로 대체되었다.

이런 역사적인 경험을 통해 새로운 매체가 수정·보완된 기능으로 옛 매체를 사라지게 했다는 사실을 파악할 수 있다. 이런 대체 과정은 과거 몇 세기 이상 지속되었다. 디지털 책이 인쇄된 책을 언젠가 완전히 사라지게 할 수 있을까라는 질문은 여러 가지 이유에서 의구심으로 남아 있지만, 그럼에도 우리는 과거 매체혁명의 결과를 도외시해서는 안 된다.

현재의 매체혁명은 무엇보다도 다음과 같은 점에서 과거의 혁명과 비슷하다. 새로운 매체의 내용과 과거의 매체 내용이 같았다. 이는 구텐베르크에 의해 새로 나타난 매체에서도 똑같았다. 그는 손으로 쓴 각각의 글자를 활자로 옮겨 놓았다. 그 결과 책을 필사하는 과정이 인쇄를 통해 대체되었다. 오늘날에도 이런 일이 일어난다. 현재의 전자책은 인쇄된 책과 내용 면에서 기본적으로 똑같다.

하지만 본질적으로 이것 외에는 공통점이 없다. 사실 더 중요한 것은 차이점이다. 오늘날 진행 중인 매체혁명의 특수성은 도서인쇄라는 발명보다 파급력이 더 크다는 점에서 두드러진다.

이제까지 우위에 있던 매체 담지자인 종이로부터 콘텐츠가 벗어날 수 있게 되었다. 책이 탄생한 이래 우리는 콘텐츠의 엄청난 사용가치를 알고 있다. 책은 일단 출판되고 나면 베껴 쓰거나 복제되거나 도서관을 통해 대출되거나 라디오나 영화에 수용된다. 그러나 디지털 콘텐츠는 형식에서 바로 벗어난다. 콘텐츠의 데이터는 상이한 매체 속에 자리할 수 있다. 콘텐츠는 책, 컴퓨터, 스마트폰, 인터넷 연결이 가능한 모바일 텔레폰, 지피에스GPS와 그밖에 다른 형태로 전자책 독자들과 다른 데이터 수용자에게 도달한다. 이 때문에 콘텐츠는 시공간의 제약을 넘어 지구 전체에 퍼질 수 있다. 콘텐츠는 항상 그리고 거의 세계 모든 장소에서 즉각적으로 읽힐 수 있다.

이전의 매체역사에서는 독점의 위험이나 혹은 매체를 쓰기 위해 내용과 도구의 과점이 별로 나타나지 않았다. 하지만 오늘날 마이크로소프트는 컴퓨터 소프트웨어 세계를 장악하고, 구글은 세계의 지식을 독점하려 하고 있으며, 유튜브YouTube는 네트워크에서 영화를 실시간으로 보여주는 가장 거대한 플랫폼이며, 위키피디아는 도전 상대가 없는 세계적인 백과사전이다. 파이럿 베이The Pirate bay는 전 세계에 2500만 명의 회원을 거느리면서 저작권법으로 보호되는 음악, 영화, 책, 오디오북, 게임, 소프트웨어 등을 강탈해서 공급했다.

게다가 디지털화와 인터넷은 수많은 사람의 의식을 근본적으로 바꾸어놓았다. 계몽주의의 가장 중요한 업적 중에 하나인 저작권법이 디지털화에 의해 무너질 위험에 처해 있다. 베른트 그라프Bernd Graff는 "실제로 중요한 사건이 벌어졌다"고 본다. 그는 파이럿 베이에 대한 스웨덴 법정의 유죄판결을 계기로 2009년 6월 1일 《쥐트도이체 차이퉁》을 통해 "이런 디지털 해적은 다른 세계에 존재한다. 우호적인 생각 따위가 없는 평행우주 공간에 나타난다. 사람들은 이제 도랑 한편에 저작권법 대변자와 재판권의 세계가 있고, 다른 한편에 무정부주의의 위법자들의 세계가 있다고 말할 수 없다. 우리는 완전히 상이한 가치와 규율을 대변하는 두 문화에서 출발해야만 한다. 이에 대해서는 더 할 말이 없다"고 말했다. 나는 이런 평가를 좀 더 자세히 보충하려고 하는데, 저작권법에 대한 의식의 붕괴는 오늘날 매체혁명에 동반된 현상이기 때문이다.

디지털화와 불법 음악 다운로드는 음악산업의 전통적인 사업모델을 폐허의 영역으로 바꾸어 놓았다. 무해하고 우호적이었던 '글로벌 마을'이 빠르게 '글로벌한 황량한 서부'로 변형되었다. 서부에는 법과 경제의 진공상태가 생겨났고, 이는 지적소유권에 대한 전통을 뒤죽박죽으로 만들려 한다. 디지털 원주민은 지적소유권에 대한 생각과 마찬가지로 역행적인 사고를 이해하지 못하며 자신을 위해 네트워크에서의 권리를 재해석할 특권을 주장한다. 그들에게 온라인상에서의 해적질은 그 자체로 21세기의 디지털 서명이겠지만, 지적소유권 옹호자들로서는 이들을 앙시앙 레짐^{Ancien Régime}의 대변자로 생각한다. 이 와중에 지적소유권 옹호자들은 19세기의 이념적인 초안으로 되돌아가는데, 말하자면 프랑스 무정부주의자인 피에르 조제프 프루동^{Pierre-Joseph Proudhon}의 소유는 도둑질이라는 격언을 이용한다. 통용되는 법에 대항해서 타인의 지적 소유물을 훔치는 사람이 도둑이 아니라, 지적 창작물은 모두에게 속하며 그 때문에 이를 사회적으로 이용하지 않고 사익을 추구하는 사람이 도둑인 것이다. 이런 생각에 기반을 둔 디지털 원주민 공동체는 공유사이트에서 다운로드를 함으로써 창작사업 전체의 재산을 몰수하려고 한다. 한편 콘텐츠의 불법적인 사용은 출판 분야에도 항상 나타나는 현상이다. 번각, 해적판, 표절은 예전부터 도서문화의 하위에 항상 존재했으며, 저작권자는 매번 자신의 작품이 불법적으로 사용되는 문제와 씨름해왔다. 디지털 환경에서는 지적 소유물 강탈이 새로운 국면을 맞이한다. 타인의 지적 창작품을 시공간적으로, 양적으로, 질적으로 무제한 사용할 수 있게 되어 신세계가 열린 것이다.

오늘날 디지털 범죄행위는 특히 음악 분야에서 활개치고 있다. 음악산업의 재앙을 수치화해서 표현하자면 이렇다. 1990년대 말 독일의 음반시장은 25억 유로 규모였으나 2008년에는 16억 달러 규모로 줄었다. 반면 2008년 합법적인 디지털 음원으로 5000만 유로 가까이를 벌어들였다. 하지만 같은 시기 3억 개 이상의 음원이 공유사이트를 통해 불법으로 유통되었다. 영국 음악프로듀서인 클리프 존스^{Cliff Jones}는 《선데이 타임스^{Sunday times}》에 자신의 이웃에 대해 이야기했다. 진중한 가장인 그의 이웃은 하드디스크에 8만 개의 클래식 음악 파일을 가지고 있는데, 어떤 친구한테서 무료로 받았다고 한다. 클리프 존스는 이를 합법적으로 구매한다고 가정했을 때 친구에게 지급해야 할 금액이 7만 5000유로에 달한다고 계산했다.

일반적으로 공유사이트의 배후에 남에게 해를 끼치려는 괴짜나 지적소유권 철폐라는 확신에 가득 찬 디지털 원주민만 있는 것은 아니다. 스웨덴 인터넷 파일공유 사이트인 파이럿 베이는 예외적이다. 이 사이트의 운영자는 2009년 4월 기소되어 유죄판결을 받았다.* 대부분의 공유사이트 운영자는 알려지지 않고 네트워크의 익

---

* 세계 최대 토렌트 시드^{Torrent seed} 공유 사이트인 파이럿 베이는 공유를 수호하려는 토렌트 업체와 불법 자료의 공유를 막으려는 정부의 치열한 각축장이었다. 2014년

명성 속으로 사라져버린다. 그들의 서버는 테헤란이나 모스크바에 있고, 조사 관할청은 그들을 '조직 범죄자'로 분류해 예의주시하고 있다. 노르트라인베스트팔렌Nordrhein-Westfalen 연방주 경찰청의 서장 베르너 도어Werner Dohr는 국제적으로 조직된 인터넷마피아, 즉 조직화된 지하경제가 활동하고 있으며, 이들은 작가, 음악가, 감독, 여타 예술가들의 지적소유권으로 엄청난 거금을 벌어들인다고 한다. 구체적으로 얘기하자면, 이윤은 저작권자가 아니라 광고수익을 통해 불법 파일공유 사이트 운영자가 얻는다. 도어는 그 액수가 매월 2만 5000에서 10만 유로가 될 것으로 추정한다.

2009년 6월 20일 《쥐트도이체 차이퉁》 보도에 따르면 테러단체 또한 해적질로 자금을 확보한다고 한다. 1990년대에 아일랜드공화국군IRA은 아일랜드에서 불법 제작한 비디오와 DVD로 거래의 80퍼센트를 장악했다. 파키스탄에서는 오늘날에도 해적판으로 탈레반Taliban과 알카에다al-Qaida의 전쟁금고를 채우고 있다.

일상범죄자도 불법제조 DVD와 CD로 돈을 번다. 그 이유는 뚜렷하다. 약물 거래와 달리 경미한 처벌이 내려지기 때문이다. 기사는 "이로 인해 오랫동안 감옥을 옮겨 다녀야 하는 위험이 적다. 미

12월 스웨덴 경찰의 급습으로 파이럿 베이는 잠정폐쇄되었다. 하지만 이내 다른 토렌트 사이트인 iso헌트가 생겨나 파이럿 베이의 과거 데이터를 기반으로 복제 사이트인 '올드 파이럿 베이'를 선보이기도 했다. 이 때문에 토렌트 사이트와 정부 및 저작권수호 단체와의 전쟁은 이제 막 시작되었다는 평가가 일반적이다. 파이럿 베이 공동창업자인 고트프리드 스바트홀름 와그는 덴마크 IT서비스 기업 CSC를 해킹한 혐의로 6년형을 선고받았으며, 또 다른 공동창업자 한스 프레드릭 레나르트 네이즈는 2014년 11월 태국에서 체포되었다.(〈경찰 급습에 '전쟁' 선포한 최대 자료 공유사이트 토렌트〉, 《머니투데이》, 2014. 12. 21 참고)

국에는 집행유예가 있다. 해적판의 대부분이 생산되는 브라질, 중국, 파키스탄과 러시아 같은 나라에서는 이런 범죄가 사소한 위법 행위로 다뤄진다"고 밝히고 있다.

저작권법 옹호자들은 예술가들의 재산을 강탈하는 이데올로기적인 전제를 만든 사람들, 말하자면 디지털 원주민들의 의견을 주의 깊게 살펴야 한다. 일례로 로렌스 레싱Lawrence Lessing을 언급할 수 있다. 그는 스탠퍼드 법과대학 교수이자 저작권법을 가장 단호하게 반대하는 사람이다. 레싱은 전통적인 저작권법이 이른바 리믹스 비디오의 생산과 확산을 저지한다는 사실을 지적한다. 리믹스 비디오는 알려진 음악가의 음악을 넣어 새롭고 독창적인 작품을 재탄생시킨 사적 용도의 비디오를 의미한다. "예를 들어 모든 리믹스 창작품을 유튜브에 올리는 것 …… 이는 아마추어의 창의적인 활동이자 새로운 것을 표현하기 위해 네트워크의 자료를 사용하는 우리 아이들의 창의적인 활동이다." 그런데 이런 활동이 저작권법의 엄격함 때문에 방해를 받는다고 레싱은 말한다. 이에 대해 여기서는 논쟁할 수도 없고, 그렇게 하지도 않을 것이다. 다만 레싱의 가정처럼 예술 아마추어들, 말하자면 아이들의 창작을 위한 자유가 진정 그 정도의 높은 평가를 받을 수 있을지 의문이 든다. 저작권법 철폐는 모든 예술가의 창작을 위한 물질적인 토대를 빼앗을 가능성도 있다. 저작권법 철폐는 예술가로 하여금 자신의 작품을 이용하여 미미한 수입을 벌어들이거나 혹은 제후와 후원자들한테서 빵부스러기를 구걸하는 시대로 후퇴시킬 것이다. 자신의 작품에 대한 저작권법을 아이들 혹은 아마추어의 예술 조형 욕구를 위해 희생하려

291

는 생각을 과연 얼마나 진지하게 받아들일 수 있을까?

"막강한 사업 분야는 그 자체의 오래된 영업모델을, 문화작품을 유포하는 새로운 형식에 대항해 보호하려고 한다." 로렌스 레싱의 대중선동적인 주장이 2009년 5월 15일 《함부르거 아벤트블라트Hamburger Abendblatt》에 소개되었다. 레싱은 "막강한 사업 분야"로 영화 비즈니스, 음악 및 출판 비즈니스를 꼽았다. 하지만 이런 분야가 창작 활동에 있어서 과연 얼마나 막강하며, 어느 정도의 영향력을 끼치며, 얼마만큼의 파급력을 지니는가? 앞서 언급한 세계 100대 브랜드 가치 순위 목록을 보면 레싱이 언급한 분야 중에 딱 하나의 기업이 들어 있다. 바로 디즈니Disney 영화스튜디오다. 디즈니는 237억 달러의 가치를 지닌 것으로 조사되어 23위를 차지하고 있다. 디즈니 상위에 소프트웨어, 컴퓨터, 텔레커뮤니케이션 사업체가 즐비한데, 이런 기업들은 인터넷 환경에서, 멀리 바라보면 불법적인 내용으로 엄청난 이익을 벌어들이고 있는 중이다 이런 회사들의 가치는 1조 달러 이상이다. 그러므로 전 세계적인 발전은 소프트웨어, 컴퓨터, 텔레커뮤니케이션산업에 속한 기업들에 의해 규정된다. 이런 기업이 지구의 미래를 구성하고, 그들의 이해관계와 영업모델이 발전의 속도를 통제한다.

2009년 3월 23일 장크트갈렌 대학교 법학자인 우르스 가서Urs Gasser는 《쥐트도이체 차이퉁》에서 인터넷의 불법복제 사용에 대해 "사회적인 현상이 중요하다. 인터넷은 어떻게 사용되는가에 대한 양식에서 분배의 형식을 제공했고, 이는 사회적이며 또한 인정받았다. 우리는 아이들에게 나누어가지라고 교육한다. 나누는 일은 좋은 일이기 때문이다"라고 언급했다. 그런데 이런 해석의 뒤편에는 분배에 대한 이상한 견해가 숨어 있다. 분배의 정의는 원래 제한된 자원을 나누는 일이다. 말하자면 자신의 소유물 중 일부를 개인적으로 포기하는 것이다. 가서의 주장은 분배와 복사의 개념을 동일시하고 있다. 이로써 개념이 완전히 바뀐다. 가서는 자신의 관찰을 통해 인터넷에서 불법복제 문화가 발전된 것을 정당화했다. 그러나 도둑질의 형식을 나눈다고 보고 "사회적이며 또한 인정받았다"고 하는 그의 주장을 받아들일 수 없다. 오히려 불법적인 나눔은—좋게 표현해서 분배하는 것은—저작권법으로 보호받는 내용으로 예나 지금이나(다행히도 금지되어 있으니) 사회적으로 인정받지 못한다.

저작권법이 보호하는 영화, 음악, 오디오북, 전자책을 무료로 개인 컴퓨터에 저장하는 행위는 의심의 여지없이 인기가 있다. 그 때문에 일상적으로 벌어지는 위법행위를 견제하기 위해서는 여론을 환기시키는 정책적인 의견이 필요하다. 2008년 12월 10일 저작권법 전문변호사인 틸 크로이처Till Kreuzer박사는 《쥐트도이췌 차이퉁》에 "상점에서 '진품'을 사거나 혹은 온라인 상점에서 다운로드하고 요금을 지급하는 대신, 파일공유 사이트에서 데이터를 다운로드하는 사람들의 행위에는 불법적인 요소가 조금은 있다. 그럼에도 그들은 자신이 범죄자나 해적이 아니라 음악과 영화와 문학 애호가라고 생각한다"는 의견을 피력했다. 예술가들이 인터넷에서 쉴 새 없이 절도를 당할 때 행복하다는 생각을 할 수도 있을 것이다. 그렇다면 결과적으로 예술가들로부터 그들의 창작물을 강탈하는 사람은 그 작품의 애호가에 해당할 것이다. 그런데 예를 들어 인터넷 연결이 불가능해진다면 상점에서도 도둑질을 하지 않을까? 이에 대해 베를린의 큐레이터인 헨리엣 홀디쉬[Henriette Huldisch]는 2009년 5월 11일《파츠》에서 이렇게 답변했다. "영화를 다운로드하는 것은 단순히 DVD를 훔치는 것과 다릅니다. 왜냐하면 완전히 상이한 법적 감정이 존재하기 때문입니다." 이런 진술에서 대중의 의식이 현행법으로부터 얼마나 멀리 떨어져 있는지를 가늠할 수 있다. 매체학자 폴커 그라스무크[Volker Grassmuck]는 2009년 4월 17일 베를린의《타게스슈피겔》에서 "10년간의 경험을 통해 다음과 같이 말할 수밖에 없다. 이는〔해적판〕도입된 문화기술이다. 그러므로 이를 합법화해야 한다"고 요규했다.

　폭넓게 확산된 예술작품 절도 행위를 "문화기술"로 표명하는 일이 별로 놀랍지도 않다. 하지만 이런 입장에는 더 큰 근본적인 문제가 숨어 있다. 즉 불법복제가 도입되었고 대중적으로 사용되고 있으므로 더는 반대할 수 없다는 의견 말이다. 이런 관점은 정치적인 사유와 행동으로부터 결별하는 것일 뿐이다. 점점 심각해지는 지구의 오염과 기후온난화 문제도 개별 국가의 이익과 이기주의 때문에 해결할 수 없는 문제처럼 보인다. 지구를 구하자는 정치적인 이념을 현실화하기 힘들다는 이유로 이를 포기할 수 있을까? 무차별적 살상이 현대에 광범위하게 유포되어 있기 때문에 우리는 자살테러단의 요구에 굴복하는 것일까? 세계적으로 마약거래가 만연하다는 것을 국제적인 마피아가 전혀 잡히지 않는다는 말로 받아들이고 있는가? 우리의 법적 위치와 정치적인 이념을 시행하기 힘들다는 이유로 포기하는가? 네트워크에서 자행되는 지속적인 위법 상황 앞에서 이를 포기하고 불법을 합법화하길 바라는가? 단지 우리 사회에서 소수지만 떠들썩한 무리가 함성을 지르며 훔친 영화, 음악, 책을 네트워크에서 마구잡이로 다운로드한다는 이유만으로?

기술적인 발전으로 위법적 행위가 쉬워지고 이를 예견하고 방지하기 힘들다고 해도 법을 포기해야 할 근거가 없다는 생각을 나는 항상 내세운다.

저작권법을 상대화함으로써 이득을 보는 쪽은 앞서 말한 파일 공유 사이트다. 이는 자세히 말하자면 일종의 탐색기에 해당한다. 어떤 개인의 컴퓨터에서 영화, 음악, 오디오북, 전자책 파일을 받을 수 있는지를 방대한 목록표로 알려준다. 2002년에 프로그래머인 브램 코헨Bram Cohen은 이를 위해 소프트웨어를 개발하고 비트토렌트BitTorrent라고 불렀다. 이를 번역하면 '정보의 홍수'를 의미한다. 이런 기술 기반에서 실제로 정보의 홍수가 중요하다는 사실이 불법 데이터 교환의 통계가 증명한다. 대략 330만 명의 중국인이 매일 비트토렌트를 통해 파이럿 베이에서 불법 복제물을 다운로드한다. 중국은 22.3퍼센트의 시장점유율로 복제물 유통의 최고봉을 차지하고 있다. 세계적으로 족히 1500만 명의 유저가 매일 디지털 위법행위를 저지른다고 한다. 1년치를 계산하면 55억 명이다.* 그 누

---

* 우리나라에서는 지난 2013년 한 해 동안 166만 건, 1억 3031만 점의 온라인 불법 복제물이 단속되었다. 음악, 영화, 방송, 출판, 게임 등의 불법 복제물을 이용한 인구는 1243만 9000명으로, 지난 2012년 1218만 5000명에 비해 늘었다. 불법 다운로드 파일 관련 시정 권고 조치건수는 지난 2009년 3만 5345건, 2010년 8만 5085건, 2011년 10만 7724건, 2012년 25만 건으로 꾸준히 느는 추세다.(한국저작권단체연합회 저작권보호센터 자료 참고)

구도 저작권자와 산업에 발생하는 손해를 정확히 계산할 수 없다.

이런 배경에서 2009년 봄에 일어난 파이럿 베이에 대한 소송은 세계적인 주목을 받았다. 스웨덴에서 공유사이트를 운영하던 4명은 "저작권법으로 보호받은 생산물을 유포하는 데 동조"했기 때문에 일심에서 1년의 징역형을 받았고, 약 300만 유로의 벌금을 판결 받았다. 그들의 변호인은 파이럿 베이 운영자가 저지른 불법 다운로드 행위는 부엌칼 제조자에게 살인의 책임을 묻는 것과 같다고 항변했다. 부엌칼이 살인에 이용될 수 있으나 그 때문에 칼을 만든 사람에게 유죄판결을 내릴 수는 없다는 논리였다. 하지만 법원은 파이럿 베이가 불법 복제물의 유통을 목적으로 창립되었기 때문에 이를 부엌칼에 비유하는 것은 부적합하다는 견해를 보였다. 결국 변호인단은 패소했다.

파이럿 베이 판결 이후 스웨덴에서는 저작권법 문제에 대해 의견이 엇갈렷다. 페르 올로프 엔크비스트Per Olov Enquist와 헤닝 만켈Henning Mankell과 같은 유명 작가는 자신들의 오디오북에 대한 불법복제 반대에 앞장선 반면 파이럿을 선택한 사람들은 스웨덴의 해적정당을 유럽 국회로 보냈다. 파이럿 베이에 대한 법정다툼은 최종 판결에 이르기까지 몇 년간 계속되었다. 그동안 파이럿 베이는 폐쇄되었다. 2009년 7월 1일 사람들은 파이럿 베이가 거의 600만 유로에 스웨덴 인터넷기업인 글로벌 게이밍 팩토리Global Gaming Factory에 매각되었다는 뉴스에 놀라게 된다. 새로운 사주는 해적선을 합법적인 기업으로 바꾸길 원했다. 이로써 파이럿 베이는 초기의 입지를 상실했다. 거대한 산업에 대항하는 다윗으로 등장했으나 합법

사이트로 변모했다. 회사는 최적의 판매액을 얻기 위해 소송을 통해 상승한 인지도를 이용했다. 스웨덴 재판관들은 네 명의 운영자들에게는 그들이 비판하던 것, 즉 광고로 돈을 버는 일만이 중요하다는 사실을 알고 있었다. 2009년 7월 2일자《파츠》는 "3000만 크로네Krone를 위해서라면 나는 원칙마저도 내팽개칠 것이다"라고 한 블로거의 의견을 인용했다. 다른 사람도 "모든 것은 팔 수 있다. 너희의 거짓까지도"라며 비웃었다.

놀랍게도 베른 연방행정재판소의 2009년 5월 27일 판결은 대중매체가 거의 주목하지 않은 채 남아 있다. 이는 파일공유 사이트 사용자의 아이피IP 주소를 공유를 위해 개발된 소프트웨어로 저장하는 것이 정보보호법으로 허용되는가라는 논쟁에 관한 것이었다. 법원은 데이터 수집으로 해당자의 개인권이 훼손된다고 판단했다. 그렇지만 법원은 그 부당함을 인식하려 하지 않았다.

여기서 저작권법을 근본적으로 다시 생각해보고자 한다. 이는 법적 체계로 보면 비물질적인 재산권의 한 부분이며, 다시 말해 비물질적인 재산에 대한 절대권의 일부다. 이런 법에는 저작권법 외에 전매특허법, 상표법, (식물 재배에 있어서)품종보호법, 의장특허권, 초상권, 구장명칭권Naming Right 등이 있다. 그런데 나를 항상 놀라게 하는 것은 제약회사가 엄청난 투자로 개발한 약품에 대한 회사의 권리에 대해 그 누구도 의문을 제기하지 않는다는 사실이다. 혹은 건축가의 자기 건축물에 대한 권리, 코카콜라의 제조법과 상표명과 디자인 마크에 대한 권리, 구글의 알고리즘에 대한 권리, 메르세데스 벤츠의 차체에 대한 권리, 마이크로소프트의 프로그램에 대한 권리 등등. 이런 사례는 끝도 없이 나열할 수 있다. 이상하게도 문화 분야의 지적 창작물에 대한 법적 보호권만이 공공연한 의문에 대상이다.

소외될 위험에 처한 종이책

📖

"무엇을 읽느냐가 아니라 어떻게 읽느냐가 우리를 규정한다." 미국 메드퍼드Medford에 있는 독서와 언어 연구센터 소장 매리언 울프Maryanne Wolf의 기본적인 생각인 이와 같다. 많은 연구자의 견해에 따르면 소통 및 정보 매개의 현대적인 형식을 집중적으로 사용하면 우리의 뇌와 독서하는 방식이 변화한다. 단편적인 정보의 습득에 멈춰 있는 독서는 조용히 이뤄지는 이른바 '심층적인 독서'와 선형적인 텍스트 수용을 밀어낸다. 1882년에 프리드리히 니체Friedrich Nietzsche는 편두통과 시력저하에 맞서 필기도구를 타자기로 바꿨다. 그는 일련의 서신, 시, 격언 등을 덴마크 목사 한스 라스무스 한센Hans Rasmus Hanse이 발명한 '슈라입쿠겔Schreibkugel'을 이용해서 썼다. 니체는 비서인 하인리히 쾨젤리츠Heinrich Köselitz에게 다음과 같은 문장을 전달했다. "자네가 옳네. 글쓰기 도구가 우리의 사고에 동참하네." 이런 관찰이 옳다면, 매체도 우리의 강독 양상에 영향을 미친다.

디지털 매체를 사용함으로써 나타나는 전통적인 독서문화의 변화 양상은 많은 곳에서 관찰할 수 있다. 이런 현상은 특히 일본에서 두드러진다. 2000년 도쿄에 사는 한 젊은이는 〈딥 러브Deep Love〉라는 제목으로 처음으로 휴대폰 소설을 출판했는데 엄청난 성공을 거뒀다. 이를 바탕으로 출간된 종이책은 270만 부가 팔렸고 여러 번 영화로 만들어졌다. 〈딥 러브〉는 일본의 휴대폰에 통용되는 방식에 따라 왼쪽에서 오른쪽으로 글자가 배열되었다. 이는 위에서 아래로 읽는 일본 서적의 독서방향과는 다른 것이었다. 가로쓰기는 핸드폰 소설의 표준이 되었다. 그 사이에 나쓰메 소세키夏目漱石 같은 일본 문학의 고전도 휴대폰 소설 형태로 글을 찍었다.

휴대폰 소설은 언급할 만한 문학적인 가치가 없는 진부한 사랑 이야기가 대부분이다. 전화의 특성상 화면 크기가 제한되어 있어 짧은 문장과 대화를 선호한다. 소녀들이 이런 소설의 주된 고객이었다. 소설은 디지털 형태로 출판된 다음 이따금 인쇄 형태로 출간되었다. 2007년 일본에서 출간된 책 가운데 연간 베스트셀러 상위 10위 안에 5권이 핸드폰 소설이었으며 1~3위 자리를 차지했다. 휴대폰 소설의 출판본은 평균적으로 40만 부가 팔린다. 종합해보면 출판계는 핸드폰 소설과 라이선스 상품으로 연간 6000만 유로의 수익을 내는 셈이다. 앞으로 1억 유로의 매출을 예상되고 있다. 무수한 작가 중에서 유능한 후진작가를 길러내기 위해서 오래전부터 휴대폰 소설 문학상을 수여하고 있다. 명망 있는 일본 작가들도 휴대폰 소설을 쓴다. 예를 들면 1922년에 태어난 비구니 세토우치 자쿠초瀬戸内 寂聴가 있다.

독일에서도 몇몇 휴대폰 소설이 등장했다. 일본에서 나타난 광범위한 영향을 바라기는 어렵다. 하지만 휴대폰 소설의 성공은 새로운 책의 형태가 얼마나 짧은 기간에 전통적인 독서습관에 변혁을 일으킬 수 있는지를 보여주는 대표적인 사례다. 휴대폰 소설과 또 다른 디지털 수용 형태는 특히 제3세계 국가에서 전도가 유망하다. 그런 국가에서는 오늘날까지도 언급할 만한 아날로그적인 도서문화가 발전되지 않았다.

⋰⋰

전통적인 것, 말하자면 인쇄된 책은 이용의 편리성 덕분에 "자전거가 자동차의 등장에도 살아남았듯이" 생존가능성을 지닌다. 최근 뮌헨의 한 출판가는 이런 말로 책의 대체불가능성을 증명하고자 노력했다. 그 당시에는 이런 방식으로 비교하는 것이 열풍이었다. 사람들은 라디오가 텔레비전, 영화 같은 영상매체와의 경쟁에서 생존했다는 사실도 지적한다. 아마존의 창시자인 제프 베조스도 이와 비슷한 의견을 밝혔다. "물리적인 책은 말馬이 사라지지 않듯이 완전히 없어지지 않을 겁니다."

이런 비교가 표현하는 바는 사실상 명확하다. 자전거는 많은 사람의 여가활용에 중요한 역할을 하지만 세계에서 인간과 재화의 운송에 관한 한 그 의미는 미미하다. 텔레비전 방송국, 할리우드와 유튜브가 쏟아내는 엄청난 영상의 우위에 맞서 라디오가 인류의 문화발전에 과연 어떠한 영향을 끼치고 있는가? 앞서 이야기한 비유는 그럴싸한 좋은 의도로 말한 이미지에 불과하다. 이는 제프 베조스가 인쇄된 책의 가능성에 대해 표현한 바에도 드러난다. 자동차 도로와 데이터 트랙의 시대에서 말馬은 오래전에 사라져 버린 세계의 사랑스러운 유물로 존재한다.

제프 베조스가 전자책 리더 킨들을 상상하면서 책을 "아날로그의 마지막 보루"라고 표현하고 "시간이 흐르면서 책이 전자기계에서 읽힐 것이다"라는 점을 상세히 설명했을 때, 그 누구도 심각하게 놀라지 않았다. 오히려 놀라운 사실은 전통적인 출판시장에서 이런 식의 미래에 대한 비전이 보이는데도 여전히 못 믿겠다는 듯 고개를 설레설레 젓고 있다는 점이다. 책은 결론적으로 대체할 수 없는데, 그 누구도 《전쟁과 평화Krieg und Frieden》를 화면이나 휴대폰으로 읽고 싶지 않을 것이라고들 한다. 음악가와 사진작가들도 자신의 분야에서 디지털 매체의 미래에 관해 토론할 때 이와 유사하게 반응했다. 얼마 뒤 애플이 아이팟을 시장에 내놓았다. 아직도 아날로그 방식으로 사진을 찍는 사람을 알고 있는 사람이 얼마나 있는가? 여기에서 염두에 둬야 할 것은 출판 분야 그 자체다. 가장 중요한 작업수단인, 배송 가능한 책들을, 인쇄본 형태에서 CD로 옮기고 마침내는 온라인에 올렸다.

"인쇄된 책은 완전히 사라지지 않을 것이다"라고 팀 레너는 우리에게 예언한다. "하지만 음악산업의 매출은 지난 10년 동안 반토막이 났고, 점점 더 축소되고 있다." 나 역시 인쇄된 책이 예술, 건축 혹은 사진을 담은 화려한 화보집으로, 사랑스럽게 만들어진 아동 및 청소년 도서로, 대중문학과 질적으로 가치가 높은 전문도서로 살아남을 것이라고 믿는다. 하지만 실용서와 사전, 취미와 여가를 위한 문학 등의 미래는 어떻게 보이는가? 우리는 이런 분야의 책이 인쇄본으로 5년 아니 8년 후에 언급할 만한 매출을 낼 수 있다고 진지하게 믿고 있는가?

여행할 때 나는 지도가 필요 없다. 도시 계획표도, 여행 안내자도 사전도 이제 필요가 없다. 장미를 어떻게 자르고, 튤립 구근은 언제 심을까? 내일은 로마식 육류요리를 먹어볼까? 뒤셀도르프에 있는 어린이 박물관에 가볼까? 인터넷을 보면 그만이다. 이것이 우리 맘에 드는가라는 질문은 지진 혹은 지구화가 우리 맘에 드는지가와 마찬가지의 문제다. 2009년 4월 23일 위르겐 네페Jürgen Neffe는 《차이트》에서 "정신이 병 밖으로 나와 있다면, 그것은 다시 그곳으로 돌아가지 않는다. 미래의 세대는 정신이 애초에 그 안에 들어 있었다는 사실을 전혀 믿지 못할 것이다"라고 말했다.

튀빙엔에서 오시안더Osiander 체인 서점을 운영하는 하인리히 리트뮐러Heinrich Riethmüller는 2008년 협회지에 "주도 매체로서의 책은 사라질 것이다"라는 추측을 실었다. 매체의 다양성과 활용이라는 관점에서 나는 인쇄된 책이 주도 매체로서 그 역할을 이미 오래전에 상실했다는 사실을 걱정하는 중이다. 종이책의 의미는 진보하는 판매 방법과 더불어 디지털화로 말미암아 점점 더 퇴색할 것이다. 이 때문에 나는 종이책이 사멸이 아니라 소외될 위험에 처했다고 생각한다.

전자책과 도서문화

2007년 11월 아마존은 킨들이라는 미래지향적인 최초의 전자책 리더를 시장에 내놓았다. 이때 아마존은 9만 권의 전자책을 판매할 수 있었다. 반년도 채 지나지 않은 2009년 3월에 전자책 판매는 20만 8000권으로 거의 세 배나 상승했다.

2007년에 미국은 전자책으로 6700만 달러를 벌어들였다. 이는 도서 판매 총액의 0.27퍼센트에 해당한다. 그런데 2008년에 전자책 판매 매출은 1억 1300만 달러로 상승했다. 도서 판매 총액에서 전자책의 몫이 0.47퍼센트로 두 배나 상승했다. 2009년 1월 미국출판사연합은 880만 달러의 전자책 매출을 보고했다. 이는 174퍼센트의 매출 상승을 의미하며, 도서 판매 총액의 1.1퍼센트에 해당한다. 주목할 만한 사실은 2009년 1월에 전자책 판매가 처음으로 오디오북의 판매를 앞지를 수 있었다는 점이다.

독일의 전자책 시장을 살핀 연구를 보면 2015년까지 1500만 ~6000만 권 이상의 전자책이 판매될 수 있을 것이라는 결과를 보여준다. 이는 단지 전자책 리더에 의한 판매분을 조사한 것으로, 엄청난 잠재력을 내재한 아이폰 같은 스마트폰을 통한 전자책 판매분을 포함시키지 않았다. 그런 점에서 나는 예측된 전자책 판매분을 능히 넘어설 수 있다고 본다. 사람들은 독일 전체 도서시장 중에서 전자책의 잠재적인 시장점유율을 생각할 뿐이다. 그 당시의 예상에 따르면 2012~2015년 사이에 5~25퍼센트에 도달한다고 한다. 엄청난 성장이 더 이른 시기에 도래한다 해도 나는 별로 놀라지 않을 것이다.

하지만 위에서 예측한 전자책의 25퍼센트의 시장점유율이란 단지 도서시장의 한 측면만을 기술할 뿐이다. 특정한 서브마켓에서 디지털 방식은 가까운 미래에 인쇄된 책을 완벽히 대체할 수 있을 것이다.《뉴욕 리뷰 오브 북스New York Review of Books》의 전설적인 창립자이자 발행인인 로버트 실버스Robert Silvers는 "미래에는 책을 대부분 화면에서 읽게 될 것이다"라고 확신한다. "나는 킨들을 갖고 있고, 이를 끊임없이 검색을 위해 사용한다. 지금 이 기계는 아직 400달러다. 내 생각엔 곧 4달러가 될 것이다." 2009년 봄, 몇 년 안에 이런 매체 변화가 일어날 것인가라는 《스탠더드Standard》의 질문에 대해 이렇게 말했다. "나도 잘 모른다. 손에 책을 쥐고 있는 것은 매력적이고 편안하다. 하지만 후세대는 이런 느낌을 그리워하지 않을 것이다." 그러므로 우리는 후세대에게 현재 보유한 것을 보완해줘야 한다.

사람들은 성장한다. 우리에게는 '책'이 작가의 '펜'이라는 비유가 익숙하다. 그러나 가까운 미래에 책은 단지 디지털로 나타날 것이다. 매체혁명의 정점은 전자책이 베스트셀러에 오르는 순간 도래할 것이다. 그때까지는 다양한 일이 일어날 것이다. 예를 들어 전자책은 인쇄된 표면으로부터 빠르게 해방되었다. 구텐베르크시대의 활판인쇄기는 새로운 매체의 기술적인 가능성을 인식하고 사용될 때까지 수십 년이 걸렸다. 그 이후 비로소 표지, 본문, 단순한 목판, 컬러판 인쇄기술이 도입되었다. 하지만 이런 과정은 전자책에서는 광속으로 완수된다. 텍스트, 이미지, 문서, 웹 링크, 비디오, 오디오 등 생각할 수 있는 모든 기술이 전자책에 사용된다. 새로운 매체는 이제 막 시작되었으나 엄청나게 방대한 복잡성, 기능성, 편리성을 지닌 하나의 생산품으로 거듭났다. 인터넷이 보조하는 전자책은 연동되어 다른 독자들의 주석을 훑어볼 수도 있다. 아마도 통계 정보도 얻을 수 있을 것이다. 얼마나 자주 클릭했는지? 얼마나 자주 온라인 도서관에서 대출되었는지? 우리는 전자책이 지금의 형태로부터 어떻게 달라지고 어떻게 새로운 기술적인 가능성을 창조할 수 있는지를 곧 알게 될 것이다.

스마트폰이 전자책 리더의 표준으로 발전한다

"전자책 리더는 각진 화면에 표시되고 재생시간이 길다는 장점이 있지만, 그 자체의 약점 때문에 다른 곳으로 관심을 돌린다. 오래된 와인을 새로운 가죽부대에 넣는 것이다." 2009년 4월 23일 위르겐 네페는 《차이트》에 전자책 리더의 가능성을 예측하는 의견을 실었다. 전자책 리더는 그해 봄 독일 시장에 나와 과대광고를 촉발했다. 고객은 전자책 리더에 대해 소극적으로 반응했다. 출판계의 관심은 독자의 욕구보다 더 큰 것처럼 보였다. "우리는 원고의 대부분을 이제 소니 리더로 읽는다. 우리는 대부분의 원고를 전자매체를 통해 받는다. 과거에는 원고를 발행부수에 따라 인쇄했고, 완성된 책은 두꺼운 가방에 넣어 이리저리 들고 다녔다. 오늘날의 관점에서 보면 이는 우리의 어깨를 위해서도, 열대우림을 위해서도 현명하지 않다. 새로운 기술은 직업상 원고를 다뤄야 하는 모든 사람과 교정자를 위해서도 완벽하다." 2008년 6월—독일에서 소니 리더를 구할 수 없던 시기에—출판인 헬게 말쵸프는 《책시장》을 통해 이렇게 말했다. 실제로 많은 출판사에서 전자책 리더가 독일 시장에 도

305

입되기 오래 전부터 사용되었는데, 특히 교열자들이 사용했다.

이 때문에 사람들은 전자책 리더가 텍스트 관련 작업을 하는 사람들에게는 신뢰할 만한 기계로 간주된다는 이야기를 자주 듣는다. 시장에 나온 기계는 대용량의 저장공간과 장시간 사용이 가능한 배터리가 탑재된 강력한 작업도구였다. 그것은 아마존의 킨들에 대한 독일의 대응물이었다. 킨들은 2007년 11월 미국에서 선보였고, 현지에서 주목할 만한 성공을 이루며 진정한 전자책 붐을 일으켰다. 우리가 미국의 전자책 판매를 통해 가능성을 잘 배우고 있는 동안 아마존은 판매된 킨들의 수에 대해서는 침묵했다. 이 때문에 실제적인 평가는 흔들렸다. 24만 개에서 75만 개 정도가 미국에서 판매되었다고 한다. 적은 수는 아니지만 실질적인 대중시장이라고 보기는 어렵다. 소니 리더는 출시 후 2006년 10월부터 2009년 6월까지 세계적으로 30만 개 이상이 판매되었다.

기업컨설팅업체인 키르히너+로브레히트^{Kirchner+Robrecht}의 진단에 따르면 2010년 중반까지 대략 8만 명의 독일인이 전자책 리더를 소유할 것이라고 한다. 또한 2013년 말까지 100만 개가 팔릴 것이고, 2015년 중반에는 300만 명의 독일인이 독서를 위한 단말기를 갖게 될 것이라고 예측한다. 하지만 이런 수치는 조심스럽게 봐야 한다. 왜냐하면 스마트폰은 전자책 리더와 상관이 없기 때문이다. 실제 판매와 예측은 완전히 다른 것이다.

애플의 아이폰이 시장에 도입된 이후 2007년 6월 전 세계적으로 3700만 개 이상의 아이폰과 아이팟 터치가 팔렸다. 2008년에만 세계적으로 1억 6200만 개의 스마트폰이 가판대 위에 놓였다. 2013년까지 스마트폰은 핸드폰 시장에서 38퍼센트의 시장점유율에 도달할 것이라고 한다. 그러므로 여기에서 전자책을 저장하고 읽을 수 있는 수백만 개의 기계에 대해서 살펴보기로 하자. 전자책과 하드웨어 판매에 대해서 언급될 때면 이런 수치를 기억하기 바란다.

아이폰은 전자책 리더에 대항해 상이한 기능을 제공하는데, 이것은 독서 단말기로서 대단히 경쟁력이 있다. 상대적으로 빠른 아이폰의 인터넷 접속은 전자책을 읽을 때 세상만사의 정보, 이를테면 외국어 관련 텍스트를 읽을 때 사전으로 연결되거나 사건 및 지리 정보 등등에 곧바로 접속할 수 있도록 해준다. 게다가 아이폰은 저작권법으로부터 자유로운 책들의 거대한 도서관으로 들어가게 해준다. 수천 권의 책이 독점적인 애플리케이션 스탠자[Stanza]를 통해—예를 들면 구텐베르크 프로젝트 같은 다양한 플랫폼에서—제시되거나 내려받을 수 있다.

아이폰 사용자들은 전자책 리더 기능이 이미 장착되어 있는데, 무엇 때문에 전자책 리더에 300~500유로를 써야 하는지 의아하게 생각할 것이다. 결과적으로 아이폰 사용자의 대부분은 큰 화면을 포기하고 비교적 짧은 배터리용량 또한 수용할 것이다. 사업계도 이를 다르게 볼 수 없다. 나에게 문의했던 사람들도 전자책 리더가 주로 전문적인 독서가의 관심을 끌 것이며 이와 반대로 전자책의 대중시장은 스마트폰을 통해 나아가게 될 것이라는 확실한 의견을 갖고 있다.

역사상 가장 큰 구조변동에 직면한 서점

《도서와 출판 통계Buch und Buchhandel in Zahlen》는 출판 분야의 통계연감으로 매년 독일출판협회에서 발간된다. 지난 10년간의 자료를 훑어보면 출판계가 어떻게 변화해왔는지 파악할 수 있다. 이런 변화가 앞으로 어떻게 진행될지를 보기 위해 예언자가 될 필요는 없으나 지역 서점에 결정적인 결과가 담겨 있다.

지난 몇 년간 일어난 변화로 온라인 서점은 명백히 이익을 보았다. 그 성장은 오직 인터넷 거래 덕분이다. 1998년에 온라인 서점은 인터넷으로 족히 3000만 유로를 벌었으나 2008년에 이르러 인터넷 도서거래는 상상할 수 없을 정도로 성장했다. 독자들은 온라인으로 도서를 구입할 때 10억 유로 이상을 썼다. 2003년 온라인 서점이 도서 전체 매출에서 9.4퍼센트를 차지했던 반면 5년 뒤에는 14퍼센트로 급상승했다. 특히 도서 구매 방식의 변화가 이런 성장을 가능하게 했다. 2005년에는 14세 이상 69세 이하의 독일인 가운데 26.9퍼센트가 인터넷에서 쇼핑을 했으나 2008년에는 46퍼센트가 되었다. 책은 구매 목록의 최상위권에 놓여 있다. 지난 4년 동안 인터넷 도서거래는 해마다 평균 20퍼센트씩 성장했다. 이런 성장률을 적용하면 인터넷 도서거래로 2013년에 약 25억 유로를 벌어들일 것이며, 이는 전체 도서 매출의 25퍼센트를 차지할 것이다.

이로써 패자를 명확하게 언급할 수 있다. 지역에 있는 전통적인 서점이다. 지역 서점은 2003년부터 2007년까지 인터넷 판매로 인해 독일 서적 매출의 2.9퍼센트를 잃었다. 평균적인 손실을 따져

보면 연간 대략 7500만 유로 정도가 된다.

지역 소매상은 똑같은 규모가 아니다. 개인 회사부터 지방 및 전국에 지점이 있는 대형 서점도 있기 때문에 어떤 곳이 계속해서 손해를 볼 것인가는 분명하지 않다. 하지만 현재의 상황으로 볼 때 대형 서점이 상권을 장악하면 대부분 손해를 볼 수밖에 없다. 2009년 여름 전국구 서점인 벨트빌트 플러스Weltbild plus와 후겐두벨Hugendubel이 경제적인 사정으로 직원이 3분의 1이 될 때까지 해고할 수밖에 없다는 소식에 깜짝 놀랐다. 두 기업은 이러한 결정을 내린 이유로 고객의 주문이 인터넷으로 옮아갔다는 사실을 들었다.

이런 변화와 관계없이 앞서 서술한 환경의 변화 때문에 인터넷 시대에 과연 7000평방미터의 서점이 필요한지 근본적인 의문이 든다. 한때 서점은 도시 안에 있는 대형 매장을 새로운 영업모델로 생각하는 듯 보였다. 확실히 도시 내부의 최고 상권을 포기하기는 쉽지 않았을 것이다. 그러나 점차 도서 외 판매점을 입점시키거나 혹은 숍인숍 모델을 수용할 수밖에 없었다. 베를린의 대형서점 두스만Dussmann이 전형적인 예다. 미래에는 대형매장에서 책으로만 영업할 수 없는 것이다.

2009년 3월 13일 안드레아스 베른하르트는 《쥐트도이체 차이퉁》에서 대형서점이 전통적인 책 진열 방식에서 벗어나 체험의 영역을 도입하는 방식으로 전향함으로써 인터넷 판매 성장에 대응했다고 말했다. "이런 노력의 대표적인 예는 책 진열을 도서대에서 책상으로 바꾼 것이다. 매장 뒤편에 꽂힌 책을 알파벳 순서로 정리하던 방식에서 벗어나 …… 전면에 내세워 책을 주제별로 재배치하는 것으로 대체되었다. '체험 특성'은 책을 불규칙적으로 전시하거나 피라미드처럼 쌓는 방식으로 강조되었다. 이는 역동적으로 끊임없이 변화하는 서점의 이미지를 부여한다." 서점은 신간을 가판대에만 진열하는 것이 아니라 이슈에 따라 주제별로 구성한다. 이를 위해 서점은 대중서, 전문서, 전기, 여행 혹은 영화로 이어지는 전통적인 도서 분류를 포기했다. 또한 매대에 오래 놓이는 베스트셀러 진열 방식도 새롭게 고안되었다. 한곳에 모아두는 방식이 아니라 다양한 곳에서 볼 수 있도록 분산 배치하기 시작했다. 책을 이러저러하게 진열하는 방식은 현실적인 유행이나 주제를 받아들이지 않고, 찾기 편하게 만들려 하지도 않는다. 서점은 무엇보다도 인터넷과 비교되는 체험 세계를 본받으려고 한다. "이 책을 구입하신 분들이 다음 책도 구입하셨습니다." 이렇게 아마존에서 나오는 추천 방식을 서점도 따라했다. 디지털의 임의성의 원칙은 서점에서는 상이한 배열로 나타난다.

처음에 서술한 매출의 변화상을 살펴보면, 이런 모방전략이 온라인 서점의 행진을 막기에 충분한 것인지 의문이 생길지도 모르겠다. 하지만 새로운 영업모델과 다양한 도전으로 지역 서점은 풍부한 결과를 산출할 수 있을 것이다.

2009년 봄 독일에 도입된 전자책 리더와 전자책은 신상품으로 불렸다. 그러나 앞서 언급했듯이 이런 단말기 판매는 출판계에서 별 볼일 없는 사업이 될 것이다. 전자책 리더에 대해 스마트폰이 확고한 지위를 점유할 경우 전자책은 계속 출간되고 인터넷을 통한 판매도 이어질 것이다. 하지만 지금은 그 누구도 독일의 전자책 시장이 향후 몇 년간 어떻게 발전하게 될지를 말할 수 없다. 다만 이 시장이 지속적으로 매출을 올리게 될 것이라는 사실 정도는 짐작할 수 있다.

"디지털 콘텐츠는 미래에 더 이상 책과 연결되지 않고 컴필레이션이나 개인적인 편집물로 판매될 것이다. 출판사와 서점의 중요한 업무는 개별적인 도서와 관계없는 영업모델을 개발하는 것이라고 한다." 런던의 소니 BMG 매니저 제러드 블룸Gerhard Blum의 이 같은 예측은 2008년 겨울 협회지에 실리기도 했다. 오늘날 소비되는 새로운 형태의 콘텐츠는 매일 수백만 개씩 생겨난다. 심지어 인터넷에는 무료 콘텐츠가 허다하다. 요리, 정원관리, 여행과 관련된 인터넷의 수많은 정보는 고전적인 취향의 인쇄물, 여가생활을 위한 인쇄물과 여행 관련 인쇄물을 대체하고 있다. 또한 인문학과 과학 분야의 전문적인 내용들도 부분적으로 얻을 수 있다.

최근에는 대형 전자마트가 전자책 리더 판매에만 관심을 보이는 것은 아니다. 메디아마르크트Mediamärkte의 대변인 에바 짐멜바우어Eva Simmelbauer는 "우리의 관심은 콘텐츠를 함께 제공하는 데 있다"고 말했다. 그렇지만 이런 판매망으로는 지역에 있는 서점에 큰 지장을 주지 않는다. 대신 구글은 심각한 두려움을 느꼈을 것이다. 2009년 여름 메디아마르크트는 도서판매를 시작하겠다고 공표했다. 이는 우선 아마존과 여타 온라인 서점의 매출에 영향을 주지만, 중장기적으로 보면 지역에 있는 서점에도 영향을 끼친다.

2009년 1월 독일출판인서적상협회는 3953명의 서적 소매상 회원을 두고 있었다. 10년 전에는 4847명이었다. 말하자면 18.5퍼센트의 회원을 잃은 셈이다. 이는 불만족 때문이 아니라 서점의 어려움 때문에 일어났다. 서점의 시장 확장은 한계에 도달했고, 온라인 서점의 성장으로 지난 10년간 900개의 서점이 문을 닫았다.

더구나 인쇄된 책, 서점 및 출판사의 종말이 심심치 않게 언급되었다. 지난 몇 년간의 발전에도 불구하고 나는 도서문화가 가톨릭 성당보다 오래되었으며, 유럽에서 2500년 이상의 역사 속에서 숱한 변화를 경험했으며, 이를 극복했다는 사실을 언급하고 싶다. 이런 구조변동이 모두에게 해당되지는 않았지만, 상당수가 희생되기도 했다. 결국 변화에 따라 새로운 서점과 새로운 영업 방식이 생겨날 것이다.

오프라인 상점이 처한 구조변동을 이겨내기 위해서 상상력과 실행력이 더욱 요구되는 것만은 틀림없다.

"해변에서 눈을 뗄 용기가 없다면 새로운 대륙을 발견하지 못한다"

노벨 문학상 수상자인 앙드레 지드^{André Gide}의 격언은 디지털 시대 출판 상황을 추측하기에 알맞은 출발점이다. 왜냐하면 여기에 새로운 생각의 단초가 있기 때문이다.

몇 주 전 나는 도서관에서 우연히 클레트 코타 출판사 대표로 일하던 시절에 만든 테이프 몇 개와 마주했다. 출판사는 1986년에 《코타의 오디오극장^{Cottas Hörbühne}》이라는 연작으로—미국에서 첫

312

오디오북이 성공을 거둔 것에 고무되어—카세트 제작을 시작했다. 클레트 코타는 오디오북 시리즈를 자체적으로 만든 최초의 독일 출판사였다. 우디 앨런Woody Allen, 고트프리트 벤Gottfried Benn, B. 트레이븐B.Traven, 괴테, 칼 발렌틴Karl Valentin 등등의 작가, 연설가, 감독을 섞은 오디오북 시리즈는 유감스럽게도 성공을 거두지 못했다. 1990년부터는 단행본만 냈고, 1993년에 시리즈가 완성되었다. 같은 해 클레트 코타는 한저, 주어캄프, 키펜호이어 & 비취, 그 외 다른 출판사들과 공동으로 오디오북만 발간하는 최초의 출판사Hörverlag를 창립했다. 회어출판사Hörverlag는 1995년에 첫 오디오북으로 성공을 거두었으며, 독일에서 이쪽 분야에서는 최대의 출판사가 되었다. 그 당시 미국에서 오디오북이 마치 오늘날 전자책처럼 유행했다. 그런 점에서 우리는 전자책과 전자책 리더의 시장 도입 시점을 잘 선택할 수 있었던 것 같다. 새로 생긴 시장에서 초창기의 판매 상황을 볼 때 낙관적인 생각이 중요할 수도 있겠지만, 그 시대에는 공급이 매우 제한적이었다. 하지만 이런 상황은 신속히 바뀔 것이다.

가까운 미래에 몇 개의 대형 출판사가 공동의 출판사를 창립하기 위해 힘을 모을 것 같기도 하다. 과거 오디오북만 내는 출판사를 만들었듯이, 전자책만 제작하는 출판사를 만들기 위해서 말이다. 이런 식의 출판사 건립을 옹호하는 데에는 몇 가지 근거가 있다. 이렇게 만든 출판사는 경제적으로 탄탄하고, 매체기술적으로 능력 있는 사람들의 작업으로 책을 생산할 수 있으므로, 아마도 시장을 선도할 수 있을 것이다. 그 외에도 이런 출판사는 수많은 흥미로운 책에 바로 접속하게 해줄 것이다. 전자책에 주력하므로 전통적인 출판사들이 전문성을 발휘하지 못하는 전혀 새로운 생산과 공급 구조가 발전하게 될 것이다.

꼭 이런 식으로 출판사가 설립되지 않더라도, 전자책만 출판하고 인쇄본 판권을 기존 출판사에 출판사에 판매하는 기업들이 생겨날 것이다. 이는—앞서 보았듯이—일본에서 이미 진행되고 있는 형태다. 휴대폰 소설은 디지털 마케팅 단계를 성공적으로 끝내고 난 다음 종이책으로 나온다.

오디오북의 시장 발전을 고려하면 또 다른 결론을 유추할 수 있다. 애초에 오디오북은 1920년대 음반의 확산과 더불어 시작되었다. 이 시대에 이미 음악 이외에 시낭송을 삽입한 음반이 생산되었다. 토마스 만, 에리히 캐스트너^{Erich Kästner}, 그 외 다양한 작가의 작품을 언제 어디서나 들을 수 있게 되었다. 클레트 코타의《오디오극장》이 시장에 나오기까지 오디오북은 음반산업에 속해 있었다. 회어출판사가 창립되고서야 비로소 오디오북은 완전히 출판시장으로 들어왔다. 이런 발전과 비슷하게 현재는 출판 분야와 어느 정도 거리가 있는 전자책 기업이 IT산업이라는 광활한 분야에서 그에 걸맞은 기술적인 능력을 사용할 것을 가정할 수 있다. 이들은 출판을 필요로 하지 않는다. 왜냐하면 그들의 고객이 추측하건대 바로 최종 고객일 것이기 때문이다.

전통적인 출판사는 하드커버, 페이퍼백 형태로 단행본을 출간한다. 하지만 "아마도 몇 년 뒤에는 전자책으로만 출판된 책이 나올 것이다. 다른 책들은 디지털과 종이책 형태로 제공될 것이다. 그다음으로 특별히 아름답게 만든 책의 영역이 생길 것이다. 이것의 독점적인 매력은 네트워크에서만 습득할 수 있는 내용에서 드러날 것이다. 그러면 전자책은 책의 마력에서 벗어나 아우라를 되찾게 될 것이다." 나는 후베르트 슈피겔Hubert Spiegel이 2008년 8월 29일《파츠》에서 언급한 추측과 연관해서만 말할 수 있다. 전자책은 출판사에 새로운 형태의 콘텐츠를 시장에 내놓을 가능성을 열어주었다. 출판사가 전자책을 생산하고 판매할 능력을 갖추고 이에 따른 유동적인 고객이 생긴다면, 일본에서처럼 특수한 대상을 위한 맞춤식 전자책이 생산될 것이라고 추측할 수 있다. 그 외의 시장에서는 기존의 책처럼 자체의 제목과 내용에 따라 성공 혹은 실패가 결정된다.

2008년 10월 키펜호이어 & 비취 출판사의 헬게 말쵸프는《쿨투어 슈피겔》에 출판사의 미래에 대한 기고문을 실었다. 디지털 시대에 출판사의 생존가능성에 대해 그는 다음과 같이 확신했다. "무수한 원고가 있다. 그중에 일부만 인쇄된다. 이런 선택에는 출판사의 몫이 있다. 이 때문에 출판의 형식이 바뀌진 않는다." 실제로 도서 문화의 역사에서 작가 스스로 출판에 성공한 사례는 드물다. 레싱과 클롭슈토크의 출판사는 18세기 후반에 비참하게 실패했고, 이를 모방한 사람도 없었다. 2000년에 스티븐 킹Stephen King만이 인터넷으로 내려받게 한 단편집《총알차 타기Riding the Bullet》로 성공을 거뒀다. 70만 명 이상의 독자가 그의 작품을 읽었다. 하지만 이는 예외적인 사례에 속한다. 전자책 판매시장에서는 당연히 상황이 바뀔수 있다. 디지털 시대에 자라난 젊은 작가들은 많은 비용을 들이지 않고도 자신의 작품을 네트워크에 올려 경제적 성공을 기대할 수 있다. 출판사를 통해 작품을 출간하는 데 만족하지 못하는 작가들도 네트워크의 자기 시장화를 고려할 수 있다. 그럼에도 나는 헬게 말쵸브의 낙관적인 예측을 지지한다. 왜냐하면 인쇄본은 복잡다단한 과정을 거쳐 출간되기 때문에 그런 과정이 생략된 디지털 생산품보다 내용면에서 강점이 있기 때문이다. 독일에서 전통적으로 인쇄본에 적용되는 엄격함이 큰 역할을 한다. 인쇄, 종이, 표지와 디자인 측면에서 독일의 책은 세계적으로 최고의 생산품에 속한다. 이는 유성잉크를 사용하는 활판인쇄술이 독일에서 발명되었다는 사실과도 분명히 연관이 있을 것이다.

⁓✿⁓

2008~2009년 가을학기 중에 베케^{Bäke} 근처에 있는 베를린 초등학교 교장 엔스 하제^{Jens Haase}는 '칠판 시대의 종말'을 선언했다. 그 학교는 칠판대신 화이트보드 시설을 갖췄다. 상호작용이 가능한 화이트보드는 분필이 아니라 전자펜을 이용해 글씨를 쓴다. 화이트보드는 컴퓨터의 모든 기능을 사용할 수 있다. 말하자면 화이트보드는 아주 큰 모니터와 같이 사용할 수 있는 셈이다. 인터넷 서핑이 가능하며 터치스크린 기능도 제공한다.

교과서 시대의 종말이 왔느냐는 나의 질문에 교과서 출판사들은 이미 기술적으로 준비되어 있음을 환기해주었다. 모든 콘텐츠가 디지털 방식으로 되어 있어 학생용 전자책 리더에 적합한 내용을 업로드할 수 있다고 한다. 디지털 교과서에 준비가 덜 된 대상은 교사밖에 없다. 미래의 교육가를 양성함에 있어 현재의 기술적 발전에―이제까지 디지털 교과서를 기본으로 한 수업계획서가 발전되어 있지 않다는 점을 제외하면—충분히 주의를 기울이지 않았다는 평가다. 기술적으로 더 우월한 학생들과 교사 혹은 교수 사이의 괴리는 교육학의 굼뜬 디지털화 과정에 기인한 것이다.

다른 나라의 경우 교육 문제에서 더 앞서 나아가는 것 같다. 중국의 학생들이 곧 전자책을 소유하게 될 것이라는 소문이 들린다. 요즘 캘리포니아 주지사인 아널드 슈워제네거Arnold schwarzenegger는 공식적으로 자신의 연방에서 인쇄된 교과서가 곧 사라지게 될 것이라고 말했다. 교과서는 "오래되었고 무겁고 비싸다." 캘리포니아 사람들은 "기술과 혁신의 도입자"이며 전자책이 도입될 때 학교에서 가장 먼저 이뤄져야 한다고 말한다. 상호작용적인 전자책으로 독서를 하고 전자펜으로 글쓰기를 배우는 세대에게는 아마도 인쇄된 책은 구시대의 유물일 것이다.

출판계와 가까운 분야에서 최근 벌어지고 있는 상황은, 도서 분야가 안고 있는 폭탄의 임계점에 점점 다가가고 있다는 사실을 명확하게 보여준다. 미국에서 종이신문의 종말에 대한 잦은 논의는 이런 극적인 상황을 반영한다. 이런 상황은 도서시장에 도래할 수 있다.

2000년부터 마이크로소프트의 사장으로 일하면서 세계의 부자중 110억 달러의 자산의 소유자로 평가받는 스티브 발머Steve Ballmer*

---

* 　2003년 발머는 자신이 가진 MS 주식의 8.3퍼센트를 매각하고 회사 스톡옵션 제도를 대폭 수정했다. 이로써 2008년 포브스가 발표한 세계에서 가장 부유한 사람 중 43위에 뽑혔다. 그의 재산은 150억 달러에 달하는 것으로 알려졌다. 2007년 출시한 윈도 비스타에 이어 2011년 출시한 윈도8의 실패, 모바일 시장에 대한 뒤늦은 대처 등으로 은퇴 압박을 받다가 2013년 9월 26일 최고경영자 자리에서 물러나 2014년 2월 이후 이사로 일하고 있다.

는 2008년 8월에 《워싱턴 포스트Washington Post》와의 대담에서 늦어도 10년 뒤에는 인쇄된 일간지가 존재하지 않을 것이라고 예언했다. 이제까지의 "매체와 소통과 광고세계가 뒤집힐 것"이고 뉴스는 종이신문 대신 온라인으로 보게 될 것이라고 한다.

실제로 미국 언론은 역사상 가장 거대한 위기를 맞이하고 있다. 2008년 워싱턴 최고의 입지에 7만 5000평방미터 규모로 4억 5000만 달러의 가치를 지닌 뉴지엄Newseum을 재개관한 지 1년 만에 미국 신문 전체의 주가가 폭락했다. 광고가 중단되고, 직원들이 해고되고, 매각되거나 문을 닫는 신문사가 속출했다. 미국에서 18~24세 이하 젊은이 중에 3분의 1만이 일주일에 한 번 일간지를 집어 든다. 고연령층의 일간지 소비도 해마다 줄어드는 추세다. 미국 전문가들은 인터넷이 주요 정보처인 일간지를 이미 넘어섰다고 본다. 이는 미국의 퀼러티 저널리즘Quality Journalism에도 영향을 끼쳤다. 점점 더 많은 일간지가 비용을 이유로 조사부를 닫고 있다. 이런 변화는 뉴스매체들이 고급지Quality Newspaper의 보도를 단순히 복사하고, 자사의 보도를 위해 사용함으로써 가속화되었다. 디피에이dpa의 미하엘 제크베르크스Michael Segbergs는 베를린 《타게스슈피겔》을 통해 "취재에 많은 비용을 들여 기사를 작성하면 다른 이는 인터넷으로 검색해서 이를 상업적으로 사용한다. 또한 기자들이 전쟁과 위기 상황에서 자신의 삶을 걸고 모험을 하는 반면 다른 이는 온라인 클릭으로 이득을 본다. 이래서는 안 된다"며 불만을 토로했다. 구글 뉴스 서비스는 광범위한 세계의 뉴스를 주제별로 모아 쉽게 확인할 수 있어 언론인들이 표절의 유혹을 느낀다.

디지털화로 인한 변화상이, 음악이나 언론 분야만큼 출판계에 직접적인 타격을 가하지 않았다고 할지라도, 한때 가장 중요한 출판 브랜드였던 브로크하우스 백과서전이 인터넷과의 경쟁에서 굴복할 수밖에 없었다는 사실을 간과해서는 안 된다.

도서문화의 구글화

구글에서 '구글google'이라고 검색하면 0.11초 만에 25억 건 이상의 검색 결과가 뜬다.* 이런 엄청난 정보에 어지럽지 않을 사람이 있을까? 1997년에 《타임스》는 구텐베르크를 세기의 인물로 뽑았다. 만일 21세기의 인물로 구글 창립자인 레리 페이지Larry Page와 세르게이 브린Sergei Brin을 선정한들 그 누구도 놀라지 않을 것이다. 경제, 문화, 기술적인 관점에서 구글은 인터넷 시대의 가장 놀라운 현상이다. 구글 무료 검색, 구글 뉴스, 구글 맵스, 구글 지도, 구글 이미지 검색, 구글 비디오(유튜브), 구글 캘린더 등등 사람들은 네트워크에서 복합기능을 지닌 글로벌 서비스 리더를 그냥 지나치지 못한다.

"전 세계의 정보를 체계화하여 모두가 편리하게 이용할 수 있도록 하는 것입니다"라는 구글의 목표는 비공식 표어이자 모토인 "사악해지지 말자"와 연결되어 구글을 선한 기업으로 보이게 한다. 그러나 광고로 운영되는 검색 서비스가 전 세계 검색 시장의 80퍼센

---

*   2015년 2월 현재 0.33초 만에 92억 3000만 건이 검색된다.

트를 점유하고 있다는 사실이 의심쩍다. 또한 전 세계에서 가장 큰 도서관이자 세계적인 서적상이 되고자 하는 구글의 시도는 회의적인 생각을 갖게 만든다. 왜냐하면 구글은 전 세계의 텍스트로부터 가장 거대한 광고 시장을 형성하기 위해서 어느 날 불쑥 나타났기 때문이다. 2008년 11월 24일 피터 글레이저^{Peter Glaser}는《베를리너 차이퉁》을 통해 "구글은 댐을 무너뜨리기 위해서 행성의 자투리 광고 발전소를 이끌고 있다"며 "구글은 전 세계의 지식을 거대한 광고판으로 바꾼다. …… 구글은 책의 문화를 세계적인 비즈니스 모델에 종속되게 한다"고 이야기했다. 구글은 때때로 난폭한 행동을 한다.

2004년 구글은 과거에 발간된 모든 책을 디지털화하겠다는 목표와 함께 미국 주요 도서관의 장서를 스캔하기 시작했다. 그사이 유럽 도서관도 이 프로젝트에 참여했고, 독일에서는 바이에른 주립도서관이 참여했다. 이로써 약 700만 권의 책이 구글 온라인 도서관 장서가 되었다. 구글은 디지털 문서의 온라인 접근권을 제공하는 조건으로 도서관의 동의를 얻었고, 스캔에 드는 비용은 구글이 떠안았다.

언뜻 보기에 이는 모두가 이득을 얻는 이른바 윈윈^{Win-Win} 상황이다. 하지만 정말 그럴까? 아니다. 그렇지 않다. 구글이 스캔한 책은 크게 세 부류로 나눌 수 있다. 첫째 그룹에는 저작권법의 적용을 받지 않는 저작물이 있다. 말하자면 책의 작가가 사망한 지 70년 이상이 되었다는 의미다. 이런 텍스트는 타인의 권리, 예를 들어 번역자의 권리를 침해하지 않는 한, 재생산하고 상업적으로 유포할 수 있다. 물론 이런 책에도 숨겨진 난점이 있을 수 있다. 둘째 그룹에 속한 책은 문제의 소지가 있어 비판적으로 볼 수밖에 없다. 말하자면 고아가 되어 버린 텍스트로 이는 저작권자를 찾을 수 없는 책을 뜻한다. 이런 책은 저작권법의 적용 대상이지만, 그 누구도 법적 권리를 요구하지 않기 때문에 법으로부터 자유롭다. 구글도 이를— 현행 저작권법과는 반대로—알고 있다. 셋째 그룹은 여전히 판매되고 있는, 말하자면 의심의 여지없이 저작권법에 의해 보호받는 책들로 이루어져 있다.

구글은 매우 다양한 법적 상황을 구별하지 않고, 법적 소유자에게 허가를 받지도 않은 채, 도서관에 있는 책을 스캔했다. 구글이 스캔한 책 중에는 독일 작가들의 책도 어림잡아 10만 권 정도나 있다. 2005년에 미국 출판사협회를 대표하는 5곳의 대형 출판업체가 저작권법 침해를 이유로 구글에 소송을 제기했다. 미국 작가협회도 구글을 고소했다. 하지만 구글은 부당하게 피고인석에 앉아 있다고 생각했다. 구글의 톱 매니저인 마리사 메이어Marissa Mayer는 구글의 디지털 프로젝트를 인류의 달 착륙에 비유할 수 있다고 설명했다. 이런 미션에 반대하며 저작권법을 끌어들이는 사람은 구글의 비전을 이해하지 못한 것이라는 얘기다.

미국 작가협회는 작가들의 이름으로 집단소송을 제기했다. 이 지점에서 상황이 복잡해졌다. 미국에서 벌어지는 집단소송은 특성상 판결이 소송 당사자 전체에 적용될 뿐 아니라 비미국인 작가들에게까지 적용되기 때문이다. 법정공방을 위해서는 엄청난 선임비용을 받는 최고의 변호사들이 일을 맡게 되는데, 그 결과 소송이 진행되면서 분쟁 건마다 수백만 달러의 변호사 비용이 들었다. 결국 원고 측과 피고 측이 협상을 위해 만났다. 이로 인해 미국 출판사협회는 실질적으로 집단소송에 출두했다. 2008년 10월 18일 소송 당사자들은 합의안, 말하자면 구글 세틀먼트^{Google Settlement}를 뉴욕 남부지법에 제출했다.

합의안은 334페이지 분량이며 이는 상세히 보면 법률 전문가들에게만 자명한 협정문이다. 그러므로 여기에서는 합의안 중 가장 중요한 부분만 언급하겠다. 합의안에 의하면 구글은 절판된 책들을—저작권법에서 벗어나 있는 책이 아닐지라도—다양한 문서와 전자책의 형태로 사용할 수 있다. 구글은 도서관이나 고등학교 같은 공공기관의 사용자를 위해 소장 도서에 대한 온라인 접근이 가능한 사이트에 광고를 유치할 수 있다. 구글은 저작권자가 동의할 경우 현재 유통 중인 책들도 앞서 언급한 목적을 위해 사용할 수 있다.

이를 위해 구글은 4500만 달러에 해당하는 소송비용을 부담한다. 그 외에 구글은 책 한 권당 60달러를 저작권자에게 지급하는데, 이와 관련해서 구글의 상업적 활용 여부를 결정할 수 있다. 저자나 출판사가 동의하는 경우 저작권자는 해당 도서를 활용해 구글이 벌어들이는 수입의 63퍼센트를 받을 수 있다. 그 외에 구글은 색인 작업에 드는 비용을 대고, 그런 도움으로 출판사와 저자들은 자신의 작품을 권리 등록기관에 등록할 수 있다. 구글은 합의금으로 1억 2500만 달러를 지급하기로 했다.

이는 정당한 거래처럼 보인다. 그러나 사실상 구글이 책 한 권당 대략 18달러의 비용으로 모든 시대의 700만 권에 달하는 책의 사용권을 확보했다고 봐야 한다. 협약은 보호를 받으므로 아마도 구글은 계속해서 스캔할 책에 대해 지속적으로 비슷한 협약을 맺으려고 노력할 것이다. 2008년의 합의로 구글은 인쇄된 책에 관한 한 세계적으로 최대의 권리를 지닌 소유주가 되었다. 독일번역가협회 회장인 힌리히 슈미트 헨켈Hinrich Schmidt-Henkel은 협회지에 이렇게 논평했다. "구글 사건이 핵심적으로 의미하는 바를 눈앞에서 목도하고 있다. 콘체른은 위법행위를 저지르고, 뒷길로 허가받고, 세계적으로 이를 통용시킬 수 있다. 국내법과 국제법은 폐기되고, '합의문'이 이를 대체하는 것이다. 기업의 특수한 목적에 맞춰 주가 가치에 유익하게 …… 구글의 행보를 법원이나 정치적으로 중단시키지 않으면, 경제 논리에 의한 입법권의 장악이라는 주목할 만한 사건이 일어난다. 문명적으로 뭔가 심히 수상한 일이다."

구글 세틀먼트에 이의를 제기할 수 있다. 이에 대해서는 2009년 10월 7일 서부지법에서 공판이 이루어질 것이라고 한다. 그러므로 현재 이런 소송의 결말을 확언할 수는 없다.* 독일 법률 전문가들은 구글 세틀먼트가 법적으로 효력을 지니는지에 대해 아직 의견의

---

* 구글이 빗발치는 비난에서 벗어나기 위해 작가협회 및 대형 출판업체와 잠정적인 합의를 이뤄내면서 2008년에 소송이 일시적으로 중단되었다. 그러나 소송을 담당하던 미국 뉴욕 연방법원 데니 친 판사가 2011년에 이들의 합의안을 거부하면서 소송이 다시 진행되었다. 구글이 미국 외 지역의 출판회사와 작가들의 권리를 침해했다는 주장이 제기된 데다 미국 법무부가 합의안이 반경쟁적 행위라고 지적했기 때문이다. 이후 2013년 11월 14일 뉴욕 맨해튼 연방법원은 구글의 손을 들어주었다. 데니 친 판사는 8년간 이어진 소송에서 구글이 책에서 발췌한 일부 내용을 게재하는 것은 '공정 사용Fair use'으로 볼 수 있다면서 구글의 프로젝트가 사회에 유익하다고 판결했다. 이에 구글은 환영성명을 발표했으나 작가 측은 항소의 뜻을 밝혔다.

일치를 보지 못했다. 이런 일이 일어나면 출판사와 저자 그리고 개인 유저와 공공기관 이용자들에게 구글의 새로운 서비스가 정당성과 시장성을 확보할 수 있는지, 과연 어느 정도나 확보할 수 있는가라는 질문이 놓여 있다.

그것이 가능하다면 구글은 가장 거대한 도서관의 사서이자 글로벌 서적상이 될 것이다. 그리고 "전 세계의 정보를 체계화하여 모두가 편리하게 이용할 수 있도록 하는" 목표에 근접하게 될 것이다. 그것이 우리 모두의 복지를 위해서인지는 두고 봐야 할 것 같다.

오픈액세스 Open Access 운동

솔직해지자. 국제적인 서적 콘체른은 STM(과학 Science, 기술 Technology, 의학 Medicine) 영역에서 지난 10년간 독점적 지위를 악용했다. 과학 잡지 분야의 광고 가격을 너무 심하게 올린 탓에 많은 도서관이 구독을 중단해야 할 정도였다. 자기방어 목적과 인터넷의 소통가능성에 장려되어 과학연구단체 내부에서 네트워크에 있는 학술자료의 무료 유포를 지지하는 오픈액세스 운동이 전개되었다. 이에 대해서 항변할 것은 없다. 누구든 자유롭게 자료를 활용하도록 네트워크에 올릴 수 있기 때문이다. 그런데 이때 인터넷이 엄청난 정보의 바다이며, 이런 정보를 심사하고 관리할 주체가 필요하다는 사실을 생각해 봐야 한다. 바로 이 지점에서 고등학교와 과학단체 연합회, 전문서적 작가들, 과학 책을 제공하는 출판사들 사이에 다툼이 생겼다.

2009년 3월 25일 고등학교와 과학단체는 〈과학단체 공동성명〉에서 "공공자금을 투입했으므로 학술연구와 사회를 위해 연구 결과물의 …… 무료 간행"을 요구했다. 출판사가 국가기관의 연구 결과물을 발간하고 이후 이를 국가자금을 투입해서 구매하는 것은 문제가 있다고 한다. 이는 가장 강력하고 지속적으로 제기되는 논거다. 이로써 많은 국립 고등학교와 연구기관은 과학 분야에서 연구 결과물을 연구소 소유의 서버에서 무료로 제공해야 한다는 사실을 도출한다.

이런 추론은 언뜻 보면 논리적인 것 같다. 하지만 국고로 보조하는 다른 물질적인 생산물은 어떤가? 예를 들어 석탄이나 농업 생산물 같은 것 말이다. 이런 생산품을 국가가 보조했으니 무료로 혹은 저렴하게 판매해야 한다고 요구하는 사람이 얼마나 있을까? 예술 분야와 마찬가지로 학술 분야에서도 비물질적인 자산과 가치에 대한 권리를 상대화함으로써 결과적으로 저작권자의 권익을 빼앗는 경향이 확산되고 있다.

학술적인 연구 결과물을 부속된 서버에 올려 무료로 제공하라는 요구는 헌법 제5조 3항에 위배되는 일이기도 하다. 이 조항은 연구자에게 그가 어디에서 어떻게 자신의 작품을 발간하고 싶은지의 여부를 스스로 결정할 수 있는 양도할 수 없는 권리를 부여한다. 이에 반하는 요구는 선한 동기에서 법적으로 정착된 학술적 자유를 침해할 수 있다. 상업적으로 계약을 맺은 연구와 달리 국가가 연구비를 보조한다는 이유로 학술 연구 결과물이 후원자, 즉 납세자나 국가의 소유가 된다는 결론을 끌어낼 수는 없다. 연구 결과는 연구한 사람에게 소유권이 있다. 헌법도 이를 바랄 것이다.

뮌헨의 루트비히 막시밀리안 대학에서 노동법과 시민법 교수직을 갖고 있는 폴커 리블레^{Volker Rieble}는 2000년 4월 28일 《파츠 닷넷》에서 또 다른 문제점을 지적한 바 있다. "납세자나 대학등록금 납부자로부터 후원을 받는 학술전문잡지의 '공영 서비스권'에 대한 헌법적 토대는 없다." 국가 연구기관의 임무는 "대학의 고유한 '작업과 영향권'을 넘어서 학술 출판이 추진되는 곳에서 끝난다. 이는 대학의 법적 임무가 아니므로 금지된다. 연방 대학법에 따르면 …… 법적인 토대가 결여되어 있는 한 연구기관의 출판 활동에 대한 자격을 박탈해야 할 것이다."

이런 논의에서 가장 큰 오해는 오픈액세스 간행물의 무료 출판이 중요하다는 사실일 것이다. 이용자에게는 무료이지만, 이를 출판하는 기관은 비용을 고려해야 한다. 오픈액세스 간행물도 형식과 형태를 갖춰야 한다. 간행물을 저장하기 위한 서버를 운용하기 위해 구매하고 관리하고 정비해야만 한다. 이를 위해 제3의 서비스 영업자가 비용을 지급해야만 한다. 그 누구도 국가기관에 비해 개인 사업체가 이런 기부금을 덜 낸다는 사실을 심각하게 여기지는 않을 것이다. 이 때문에 연구소의 기금으로 출판을 하는 경우 대학이 개인 사업체에 맞서 국가로부터 보조금을 받는 경쟁자로 등장하게 된다. 이를 도외시 하면 종국에는 재정 부담 없이 지원을 받는 출판이 동반하는 문제들이 나타날 것이다.

마지막으로 출판사의 간행물에는 원고 감수와 편집, 디자인, 제작에 드는 비용이 전제되어 있다는 사실을 지적해야겠다. 이는 연구자의 명예를 위해서도 중요한 의미를 지니고 있다.

STM 분야에서 벌어진 과오를 타산지석으로 삼아 오늘날 많은 출판사가 연구 지원을 위한 다양한 출판 프로그램을 제공하고 있다. 여기서 슈프링어 사이언스+비즈니스 미디어, 발터 데 그루이터와 여타 출판사의 출판모델을 설명하기에는 공간이 부족하다. 이런 모델들은 매우 다양한 방식으로 서로 경쟁하고 있기 때문이다. 어쨌거나 출판사의 관점에서 보면, 대학이 연구 결과물을 출판할 때 연구와 강의의 자유 그리고 저작권법의 적용을 인식하는 한, 오픈액세스라는 주제가 더는 쟁점이 되지 못한다.

저작권법 보호에는 정치적 결정이 따른다

문화콘텐츠사업은 국내총생산 중 610억 유로를 차지한다. 이는 독일에서 가장 중대한 상업 분야에 속한다. 화학산업보다 앞서며 자동차산업을 바짝 뒤따르고 있다. 이는 《문화산업 연감Jahrbuch der Kulturwirtschaft》에서 강조되고 있다. 따라서 정치는 저작권법을 효과적으로 보호하는 데 힘을 기울여야 한다. 그렇다고 단지 경제적인 관점만으로 문화콘텐츠사업을 정당하게 평가할 수는 없다. 미래에도 문화적인 콘텐츠가 계속 생성되기를 바란다면, 이런 가치를 창출하는 예술가들이 이를 통해 수익을 얻도록 보장해줘야 한다.

이런 견해에 대해 저작권법이 없던 시대에도 예술이 생겨났고 판매되었다는 반론을 제기할 수 있다. 하지만 책의 문화사를 통해 나는 저작권법의 발전이 단지 작가의 경제적인 상황을 개선했던 것만은 판단한다. 저작권법은 무엇보다 작가의 법적인 지위를 변화시켰다. 오늘날에도 많은 저자가 자신의 작품으로만 생계를 유지할 수는 없다. 하지만 그들은 자기 작품에 대한 저작권을 보호받는다. 그들은 이를 자유롭게 양도할 수 있고, 법적 보호에 의지해 성공과 실패가 판가름 나는 시장에 제공할 수도 있다.

음악, 영화, 출판 분야에서 지금까지 일어난 수많은 경험과 이를 경고하는 의견에도 불구하고 정치권은 2009년 봄에 저작권법의 보호를 받는 작품들을 인터넷에서 불법 복제하는 행위를 저지하자고 결의하지 못했다. 그해 1월 불법 다운로드로 특히 피해를 본 회어 출판사의 사장 클라우디아 바움회버Claudia Baumhöver는 "이런 문제를 근본적으로 들여다보려는 정치적인 의지가 없다"며 탄식했다. "기껏해야 2020년에 메르켈Merkel 정부에 이 나라에서 창작물이 완전히 국유화되었다는 사실에 대해 책임을 물을 수 있을 것이다."

같은 달에 법무부장관 브리기테 치프리스Brigitte Zypries는 정상회담 이후 불법 인터넷 다운로드에 대한 자의적인 해결책을 제안했다. 그녀는 인터넷 커뮤니티 공급자에게 책임을 지우는 것을 수락하지 않았다. "공급자는 이를 성과라고 평가했다"고 1월 29일《한델스브라트Handelsblatt》가 보도했다. "프리넷Freenet의 사장 에릭 버거Eric Berger는 불법 다운로드가 인터넷의 책임이 아니라고 생각한다. 말하자면 '아우토반 사업자는 누군가가 위법 행위를 하려고 아우토반을 사용하더라도 이로 인해 구속되지 않는다'"는 내용이 이어졌다. 이 얼마나 단순하고 알아듣기 쉬운 비유인가! 물론 사람들이 범죄행위를 **저지르기 위해** 인터넷 도로 위를 달리는 것은 아니다. 하지만 인터넷 도로는 불법 다운로드라는 위법행위를 가능하게 해준다.

문예학자 롤란트 로이스[Roland Reuß]가 2009년 3월 22일 〈하이델베르크 호소문〉을 쓴 지 3개월 만에 2584명의 작가, 출판인이 서명함으로써 독일출판인서적상협회의 의도를 지지하면서 공공연하게 이뤄지는 불법 다운로드 문제를 새롭게 평가하고 정치적으로 재고하게 했다. 2009년 6월 18일 독일연방 문화미디어청 장관 베른트 노이만[Bernd Neumann]은 독일출판인서적상협회의 기조연설에서 저작권법 유지와 강화를 지지하면서, 당사의 법무부장관에게 인터넷 해적행위를 추적할 방안을 도입하자고 명확히 요청했다. 그사이에 이 문제가 국제적으로도 중요하다고 인정을 받았고, 유럽위원회가 여기에 몰두하고 있다는 사실이 다행스럽다.

동맹 90/녹색당[Bündnis 90/Die Grünen]은 인터넷 해적행위를 해결하기 위해 이른바 문화요금제를 제안한다. 공영 라디오와 텔레비전의 재정 운영과 비슷하게 문화요금을 거둬 이를 저작권 소유자에게 매월 지급하는 방안을 제안한다. 녹색당은 이런 방법으로 소비자와 예술가의 사이에서 이익의 균형을 공정한 방식으로 맞추자는 견해를 내세운다. 문화요금제는 헌법에 저촉되지 않지만, 그 목적을 이루려면 독일 저작권법을 바꿔야 한다.

문화요금제의 도입은 인터넷에 군림하는 무법 앞에 입법기관의 실질적인 항복을 의미할 수도 있다. 2009년 4월 녹색당 매체정책 대변인 그리티에 슈타펠트[Grietje Staffelt]는 위 사안이 좌초되었음을 미화해서 전달했다. "우리는 인터넷 파일공유 사이트 유저들의 누명을 벗겨내길 바랍니다." 이때 슈타펠트는 문화요금제가 시민들이 저지르는 절도만이 아니라 이런 도둑질을 가능하게 만들어준 마피아 조직들도 합법화한다는 사실을 전혀 고려하지 않았다.

사람들은 왜 생필품 정액요금제를 요청하거나 국가 자원으로 본디 모든 시민에게 속하는 생수 정액요금제를 요구할 생각을 하지 않았을까? 여기서 다시 물질적인 재산과 지적 재산을 다루는 오늘날의 불균형한 태도가 드러난다. 지적재산권의 엄청난 업적이 시대정신의 엄청난 희생양이 될 염려가 있다. 시대정신은 **저렴하거나** 혹은 **무료**라는 특성을 기본적인 권리로 제기하고자 한다.

문화요금제의 도입은 예술가로서는 재산 몰수를 의미할 수도 있다. 개인적인 지적 소유물을 공공의 재산으로 바꾸려고 하기 때문이다. 이렇게 되면 저작권자는 어떻게 혹은 어떤 범위로 자신의 작품을 사용해도 되는지를 결정하는 주체가 되지 못한다. 문화요금제는 정신적인 업적의 특이성을 고려하지 않는다. 경제적인 관점에서 볼 때 문화요금제는 요리책과 문학작품을, 〈독일은 슈퍼스타를 찾습니다Deutschland sucht den Sperstar〉같은 히트방송 프로그램과 새로이 연주된 바흐Bach의 교향곡을 동등하다고 본다.

도서 출판업계와 음악산업계로서는 문화요금제가 몰락을 뜻할 수도 있다. 매달 5유로의 정액요금을 지불하고 인터넷에서 무제한 사용할 수 있는 사람은 비슷한 상품에 돈을 전혀 쓰지 않을 것이다. 문화산업은 디지털화에 이제껏 소극적으로 반응했지만, 그사이에 저작권법의 틀 안에서 언급할 만한 영업모델을 발전시키기도 했다. 아이튠즈iTunes와 리브레카Libreka라는 다운로드 플랫폼을 통해 사람들은 합법적으로 콘텐츠를 내려받을 수 있다. 문화요금제는 개인 사업자가 개발한 이러한 발전된 영업모델을 무너뜨릴 수도 있다.

인터넷의 무법 상태가 현실 정치와 사회에서 해결할 수 없을 것 같은 문제를 제공했다는 점은 논쟁의 여지없이 확실하다. 인터넷은 다른 매체가 아니라 우리 시대를 변화시켰다. 독재체제에서 인터넷은 정보 전달, 여론 형성, 합법적인 저항을 위한 유일한 창구가 된다. 하지만 자유로운 사회에서는 모든 문화적인 콘텐츠에 대한 오픈액세스와 지적 소유물에 대한 저작자의 권리가 충돌하는 사례가 빈번하다. 글로벌 금융위기는 정치가 매우 확실하게 전 지구적인 문제를 열정적으로 다룰 수 있음을 보여주었다. 이제 정치는 지적 재산에 대한 소유권을 보장하거나 아니면 법적으로 오용되는 현실 앞에서 굴복할 것인지를 결정해야 한다.

독일연방 대통령 호르스트 쾰러Horst Köhler는 협회지와의 인터뷰에서 자신의 의견을 명확하게 표현했다. "저작권법은 독창적인 성과물의 문화적인 가치만이 아니라 물질적인 가치도 보호합니다. …… 그사이에 많은 사람이 인터넷으로 인해 예술적인 혹은 지적인 생산물을 무료로 사용하게 해달라는 요구를 갖고 있는 것 같은데, 저는 이 점을 그리 좋게 생각하지 않습니다. 이는 일종의 정신적인 착취 혹은 몰수입니다. 콘텐츠의 창조자나 고안자가 그것으로 적당한 이득을 보지 못한다면, 예술적이고 지적인 다양성은 실패로 끝나게 될 것입니다."

옮긴이 후기

———

본인은 문서로 작성된 해당 리포트(세미나 보고서)를 혼자 작성하고 본인이 명시한 보조수단 이외에는 어떤 것도 사용하지 않았음을 선언합니다. 다른 작품에서 본문과 의미를 차용한 부분은 어떠한 경우에도 (인터넷, 여타 전자 텍스트 및 공동데이터 자료를 포함하여) 출처를 명시하여 알아보도록 하였습니다. 이는 첨부한 그림, 표, 스케치 및 이와 동일한 것에도 해당됩니다. 기만적 시도로 간주될 그 어떠한 위반행위를 저지를 경우, 학점 인정이 취소되고 그 이상 적절한 처벌이 뒤따른다는 사실을 본인은 숙고하고 있습니다. 표절행위가 발각되어 생기는 모든 일에 책임을 질 것을 서약합니다.

이것은 몇 년 전부터 독일의 대학생이 사소하게는 기말과제부터 크게는 학위논문을 제출할 때 서두나 혹은 말미에 덧붙이는 서약이다.

인터넷 창에 간단한 검색어 몇 개만 넣으면 주제에 맞는 학술자료부터 개인 블로그 글까지 열람해 간편하게 복사·편집하여 새로운 문서를 작성할 수 있는 요즘, 말하자면 우리는 표절하기 쉬운 환경에서 살고 있는 셈이다. 최근 표절 논란으로 학위를 박탈당하거나 해당 직위에서 물러난 독일 정치인을 일일이 거론하지 않더라도, 소셜네트워크서비스^{SNS}에서 남이 만든 이미지나 텍스트를 버젓이 자기 것인 양 사용하는 일이 부지기수로 일어나고 있다. 그 때문에 몇 사람 읽지도 않을 것 같은 과제용 글쓰기에서조차 표절행위를 근절하기 위해 대학이 이런 절차를 마련했다는 점은, 글쓴이가 표절을 자각하고 멀리하는 습관을 들이는 것만이 해법이라는 의미로 이해할 수 있을 것 같다. 게다가 구글 학술검색$^{Google Scholar}$이나 표절 검색 소프트웨어 같은 표절 검사 도구들도 표절 기술과 함께 진화하고 있으니 표절에 대한 객관적 판정 기준도 점차 강화될 것 같다. 하지만 표절 기준이 명확해진다는 게 학술과 창작 분야에 독일까, 득일까?

말하자면, '패러디'와 '오마주'라며 표절 논쟁을 교묘하게 벗어나 원저작자에게 경제적 손해를 끼치는 저작권 침해행위도 나타나지만, 저작권을 보호하겠다고 앞의 두 가지 양식을 폐기할 수는 없기 때문이다. 표절은 윤리적·사법적 의미에서 '나쁘다'고 판정하지만, 그 판정 기준이 모호하기에 양날의 검으로 남을 수밖에 없는 문제인 듯하다.

《책의 문화사》는 고대 이집트《사자의 서》에서부터 현재 전자책$^{e-book}$에 이르기까지 '책'이 어떤 역사과정을 거쳐 발전해왔는지를 보여주면서 표절이 책의 발전사에 어떠한 영향을 끼치며 공생해왔는지를 기술하는 책이다. 저자가 이를 위해 방대한 자료를 꼼꼼히 정리하고 재미있는 역사 에피소드를 덧붙였기에, 독자로서는 그의 박학다식함에 경탄하며 새로운 지식을 알아가는 소소한 즐거움을 느꼈지만, 번역자로서는 일일이 문헌을 뒤져가며 대조하느라 부족한 깜냥을 절감했다.

부족한 점이 많은 사람에게 번역의 기회를 준 생각비행 출판사에 감사드린다. 편집부의 도움 덕분에 글이 더 매끄럽고 책이 더욱 풍성해져 세상에 나오게 되었다. 그럼에도 번역문에서 드러나는 문제는 번역자의 탓이니 독자 여러분의 질정을 달게 받겠다. 부디 독자분들이 책을 매개로 펼쳐지는 서양 역사의 거대한 흐름을 따라가면서 그 안에 벌어진 여러 가지 이야기를 재미있게 읽어주시기 바랄 뿐이다.

정일주

책의 문화사

초판 1쇄 인쇄 2015년 2월 9일
초판 1쇄 발행 2015년 2월 16일

지은이 데틀레프 블룸
옮긴이 정일주
책임편집 손성실
편집 조성우
디자인 권월화
용지 월드페이퍼
제작 영림인쇄
펴낸곳 생각비행
등록일 2010년 3월 29일 ┃ 등록번호 제2010-000092호
주소 서울시 마포구 월드컵북로 132, 402호(성산동, 4층)
전화 02) 3141-0485
팩스 02) 3141-0486
이메일 ideas0419@hanmail.net
블로그 www.ideas0419.com

ⓒ 생각비행, 2015, Printed in Korea.
ISBN 978-89-94502-26-7 03300

책값은 뒤표지에 있습니다.
잘못된 책은 바꾸어드립니다.